世纪英才高等职业教育课改系列规划教材（经管类）

电子商务实践教程

汤 云 主编

王 丹 王双萍 董 俊 谢更新 副主编

人民邮电出版社

北京

图书在版编目（CIP）数据

电子商务实践教程 / 汤云主编. -- 北京 : 人民邮
电出版社，2011.2（2013.12 重印）
世纪英才高等职业教育课改系列规划教材. 经管类
ISBN 978-7-115-23917-4

Ⅰ. ①电… Ⅱ. ①汤… Ⅲ. ①电子商务－高等学校：
技术学校－教材 Ⅳ. ①F713.36

中国版本图书馆CIP数据核字(2010)第221219号

内 容 提 要

本书依据企业在电子商务应用中的主要业务环节，构建了任务学习引导与任务实践有机融合的教材内容框架，采用项目引领、任务驱动、行动贯穿的模式编写的电子商务应用教材。本书由开篇导读和5个项目组成，即网络营销、网上支付、电子商务物流、电子商务客户关系管理、电子商务的创业。本书注重"做中学"，突出教、学、做一体化，具有较强的实践性、操作性。

本书可作为高职高专经济贸易类、工商管理类教材，也可作为借助网络从事商品生产、经营、储运、销售等领域的工商企业经营管理人员阅读的参考资料，还可供网上创业和网上购物的读者作为参考书。

世纪英才高等职业教育课改系列规划教材（经管类）

电子商务实践教程

◆ 主　编　汤　云

副主编　王　丹　王双萍　董　俊　谢更新

责任编辑　丁金炎

执行编辑　严世圣

◆ 人民邮电出版社出版发行　　北京市丰台区成寿寺路 11 号

邮编　100164　　电子邮件　315@ptpress.com.cn

网址　http://www.ptpress.com.cn

大厂聚鑫印刷有限责任公司印刷

◆ 开本：787×1092　1/16

印张：12.25　　　　　　　2011 年 2 月第 1 版

字数：296 千字　　　　　2013 年 12 月河北第 4 次印刷

ISBN 978-7-115-23917-4

定价：24.00 元

读者服务热线：(010)81055256　印装质量热线：(010)81055316
反盗版热线：(010)81055315
广告经营许可证：京崇工商广字第 0021 号

世纪英才高等职业教育课改系列规划教材编委会（经管类）

丛书前言

随着我国社会经济的发展，近几年，我国高等职业教育规模快速增长，到 2008 年年底，全国独立设置的普通高职高专院校已经达到 1000 多所。应当说，基本适应社会主义现代化建设需要的高等职业教育体系已经初步形成。

高等职业教育依托经济发展，为经济发展提供适应需要的人力资源。同时，高等职业教育要适应经济和社会发展的需要，就必须提高自身创新能力，不断深化课程和教学改革，依靠传统的课程已经不能满足现代职业教育对职业能力培养的要求。围绕高等职业教育专业课程体系建设及课程开发，做好人才培养模式、课程体系改革、专业师资队伍、实践教学条件等方面的建设，已经成为高职院校教学改革的首要任务，同时也成为我国高等职业教育发展的当务之急。

随着高等职业教育改革形势的纵深发展，我国高等职业教育在课程体系建设指导思想上逐渐汇流，"基于工作过程"的课程开发的理念逐渐为广大高职院校师生所接受。

"基于工作过程"的课程开发设计导向遵循现代职业教育指导思想，赋予了职业能力更加丰富的内涵，它不仅打破了传统学科过于系统化的理论束缚，而且提升了职业教育课程设计水平。这与高等职业教育的办学方向比较吻合，因此，得到了教育部有关部门的大力倡导。为了响应教育部的号召，我们于 2008 年组织了"基于工作过程"课程改革和教材建设研讨会，认真分析了当前我国高等职业教育课改现状，充分讨论了高等职业教育课改形势以及课程改革思路，并初步构建了面向21 世纪的"世纪英才高等职业教育课改系列规划教材"体系。

我国高等职业教育以培养高级应用型人才为目标，承担着为我国社会主义新型工业化社会建设输送人才的重任，大力发展高等职业教育是我国经济社会发展的客观需要。自国家大力倡导高职高专院校积极研究探索课程改革思路以来，我国的高等职业教育就步入了一个追求内涵发展的新阶段。"世纪英才高等职业教育课改系列规划教材"按照"基于工作过程"的课改思路，将科学发展观贯彻在高等职业教育的教材出版领域里，希望能为促进我国高等职业教育的发展贡献一份力量。

"世纪英才高等职业教育课改系列规划教材"会聚了国内众多职业教育专家、高职高专院校一线教师的智慧和心血，以工作过程的发展展开教学过程，有区别地运用"结构模块化、技能系统化、内容弹性化、版面图表化"的表现手段，内容结构层次从简从便，教材容量深度适当、厚度适合，并配以必要的辅助教学手段。相信本系列教材一定能成为广大高职高专院校师生的良师益友。

"世纪英才高等职业教育课改系列规划教材"建设是对高等职业教育课程改革的一次建设性的探索，期望得到广大读者的肯定和大力支持。如果您在阅读本系列教材的过程中有什么意见和建议，请发邮件至 wuhan@ptpress.com.cn 与我们进行交流，或进入本系列教材服务网站 www.ycbook.com.cn 留言。

世纪英才高等职业教育课改系列规划教材编委会

电子商务（Electronic Business 或 E-Business）是依靠信息技术进行的一切商务活动，是通过电子网络购买或出售产品、服务与信息的过程，是一种全新的商务模式。电子商务涉及社会经济生活的各个层面，它的冲击不仅仅是创造了基于网络的商务活动，推动着网络经济的快速发展，而且对整个社会经济也将产生重大影响。2009 年 12 月 23 日，中国工业和信息化部发布《中国中小企业电子商务发展报告（2009）》。报告显示，2009 年，中国中小企业通过电子商务创造的新增价值占 GDP 的 1.5%，拉动 GDP 增长 0.13%。中小企业电子商务对国内贸易和国际贸易的贡献也非常突出。2009 年中小企业电子商务规模将达 1.99万亿元，同比增长约 20%，其中，内贸、外贸分别为 1.13 万亿元和 0.86 万亿元，分别相当于 2008 年全国国内商品销售总额和出口额总值的 6% 和 8.9%。此外，中小企业通过开展电子商务直接创造的新增就业超过 130 万，相当于 2008 年城镇新增就业人数的 11.7%。每增加 1%的中小企业使用电子商务，就能带来 4 万个新增就业机会。

中国的电子商务市场已经进入了快速发展期。来自中国互联网络信息中心（CNNIC）资料显示，截至 2010 年 6 月底，我国网民的规模已达 4.2 亿。互联网商务化程度迅速提高，全国网络用户已达到 1.4 亿，网络购物、网上支付和网上银行的使用率分别为 33.8%、30.5%和 29.1%。2010 年第三季度中国网络购物市场规模为 1210 亿元。中国电子商务行业呈现出快速增长的潜力。

《国务院办公厅关于加快电子商务发展的若干意见》中明确指出，电子商务是国民经济和社会信息化的重要组成部分。发展电子商务是以信息化带动工业化，转变经济增长方式，提高国民经济运行质量和效率，走新型工业化道路的重大举措，对实现全面建设小康社会的宏伟目标有着十分重要的意义。2009 年 12 月，商务部发布了关于加快流通领域电子商务发展的意见，提出要扶持传统流通企业应用电子商务开拓网上市场，培育一批管理运营规范、市场前景广阔的专业网络购物企业，扶持一批影响力和凝聚力较强的网上批发交易企业。2010 年十一届人大第三次会议上，《政府工作报告》中也明确提出，要加强商贸流通体系等基础设施建设，积极发展电子商务。电子商务发展环境的极大改善，必将促使电子商务进一步快速发展。

本书的主要目的在于阐述什么是电子商务，并基于其主要业务流程学习如何进行网络营销、如何进行网上支付、如何进行电子商务物流配送、如何进行电子商务客户关系管理、如何进行网店的运营等。

本书的特色。

1. 教材编写指导思想明确，定位清晰。强调通过行动导向的学习将认知和职业活动结合起来，突出高等职业院校人才的关键能力培养。

2. 在内容框架的构建上和企业电子商务业务流程密切结合，真实性强。

3. 在教学内容的组织上突出理论上达到必需、够用，力求体现"繁中求精，精中求用"，实践性强，可操作性强。

4. 在学以致用方面，不仅注重电子商务实践能力的培养和提高，同时在国家政策以创业带动就业的大背景下，注重融入以网络为平台开展自主创业知识和能力的培养。

本书可作为高等职业院校经济贸易类、工商管理类、信息管理类专业教材，也可作为借助网络从事商品生产、经营、储运、销售等领域的工商企业经营管理人员阅读的参考资料，还可作为网上创业者和网上购物的消费者进行网店运营和网上购物的指南。

本书由武汉商业服务学院汤云任主编，武汉商业服务学院王丹、武汉软件工程职业学院王双萍、湖北第二师范学院董俊任副主编。具体编写内容分工为汤云编写开篇导读、项目二、王丹编写项目一、项目四、王双萍编写项目三、董俊编写项目五。

　　本书在编写过程中，吸收和引用了有关专家、学者的著述或研究成果，特别是支芬和教授在编写模式、编写思路、结构和内容的确定上给予了创新性的指导，在此表示深深的谢意！另外还感谢在本书写作过程中给予支持和帮助的各位朋友。

　　限于水平，书中难免有不妥和错误之处，敬请同仁和广大读者不吝赐教。

编者

Contents

Contents

开篇导读 电子商务基础知识学习

电子商务是通过包括互联网在内的计算机网络来实现商品、服务、信息的购买、销售与交换的商务活动。电子商务具有全球性、商务性、低成本性、电子化、服务性、协调性等特点。按照参与主体的不同，电子商务的模式有企业对企业电子商务（Business to Business，B2B）、企业对消费者电子商务（Business to Consumer，B2C）、消费者对消费者电子商务（Consumer to Consumer，C2C）等。电子商务的发展受电子商务环境的影响，主要包括电子商务的社会环境、技术环境和管理环境等。

网络购物是借助网络实现商品或服务从商家（卖家）转移到个人用户（消费者）的过程，网络购物包括发生在互联网中企业之间（B2B）、企业和消费者之间（B2C）、个人之间（C2C）、政府和企业之间（Government to Business，G2B）通过网络通信手段缔结的商品和服务交易。网络购物作为一种新型的交易方式，具有传统交易方式所不具有的特性。通过网络零售渠道（包括 C2C、B2C 等电子商务网站）交易的消费品，也就是被广大消费者所最为熟知的网货。

导读一 电子商务现状及趋势

0.1 电子商务发展现状

1. 电子商务的发展阶段

（1）电子商务的产生

从宏观上看，电子商务的产生是由商务的发展和信息技术的进步驱动的。由于传统商务的劳动工具的低效率和高成本，商务活动者必然会寻求、高效率和低成本的新工具和新方式。同时，信息技术的快速发展，从电报到电话、电视、微型计算机、互联网等通信工具的产生对电子商务的发展产生了巨大的影响，如图0-1所示。

（2）电子商务的发展阶段

世界上对电子商务的研究与应用始于 20 世纪 70 年代末。电子商务的发展可分为两个阶段，始于 20 世纪 80 年代中期的 EDI 电子商务和始于 90 年代初期的 Internet 电子商务。

① 第一阶段，20 世纪 80 年代~90 年代基于 EDI 的电子商务。

从技术角度看，人们利用电子通信的方式进行贸易活动已有几十年的历史了。

早在 20 世纪 70 年代末就出现了作为企业间电子商务应用系统雏形的电子数据交换（Electronic Data Interchange，EDI）和电子资金传送 EFT，而实用的 EDI 商务在 20 世纪 80 年代得到了较大的发展。20 世纪 90 年代 EDI 电子商务技术已经十分成熟。

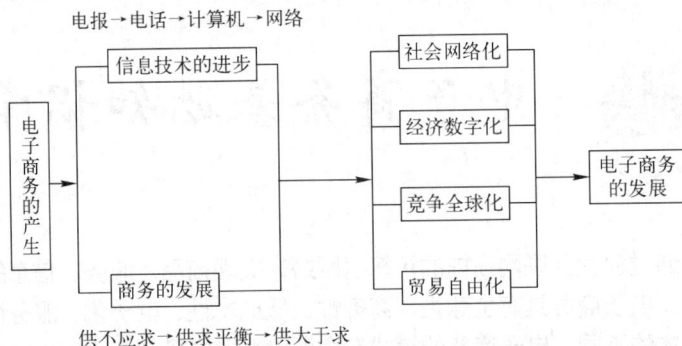

电报→电话→计算机→网络

供不应求→供求平衡→供大于求

图 0-1　电子商务的产生和发展

EDI 电子商务主要通过增值网络（Value-Added Networks，VAN）实现的。通过 EDI 网络，交易双方可以将交易过程中产生了的询价单、报价单、订购单、收获通知和货物托运单、保险单和转账支票等数据以规定的标准格式在双方的计算机系统上进行端对端的数据传送。

② 第二阶段，20 世纪 90 年代以来基于 Internet 的电子商务。

在 20 世纪 90 年代初期，计算机网络技术得到了突破性的发展，依托 Internet 的电子商务技术也应运而生了。20 世纪 90 年代，Internet 电子商务是以飞速发展的遍及全球的 Internet 为架构，以交易双方为主体，以银行支付和结算为手段，以客户数据库为依托的全新的商业模式。中国电子商务 12 年五阶段与标志性事件如图 0-2 所示。

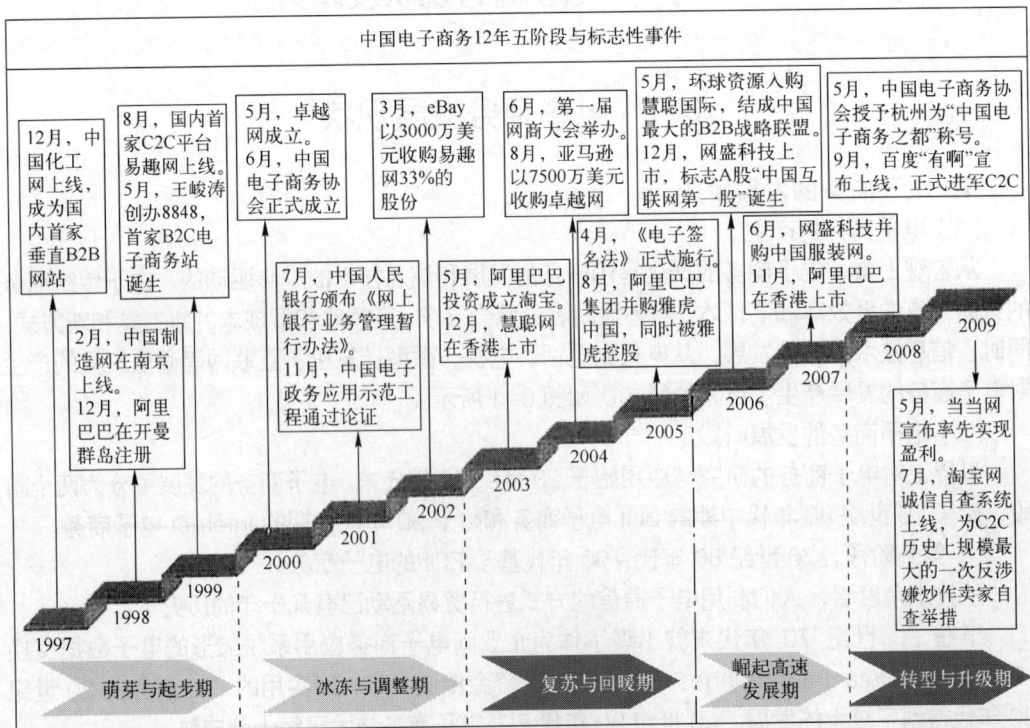

图 0-2　中国电子商务 12 年五阶段与标志性事件

（资料来源：中国 B2B 研究中心《1997～2009：中国电子商务 12 年调查报告》）

基于 Internet 的电子商务比基于 EDI 的电子商务具有明显的优势，一是费用低廉，二是覆盖面广。

2．电子商务的基本含义

（1）政府、国际组织对电子商务的定义

美国政府的《全球电子商务纲要》中指出：电子商务是指通过 Internet 进行的各项商务活动，包括广告、交易、支付、服务等，全球电子商务将会涉及全球各国。

全球信息社会标准化大会认为：电子商务是个参与方之间以电子方式而不是物理交换或直接物理接触方式完成任何形式的业务交易。

WTO 认为：电子商务是通过电子方式进行货物和服务的生产、销售、买卖和传递。这一定义奠定了审查与贸易有关的电子商务的基础，那就是继承关税及贸易总协定（GATT）的多边贸易体系框架。

1997 年布鲁塞尔全球信息社会标准大会上提出了一个关于电子商务的比较严密完整的定义：电子商务是各参与方之间以电子方式而不是通过物理交换或直接物理接触完成的业务交易。

（2）企业对电子商务的定义

IBM 公司认为，电子商务=Web+IT。电子商务是在计算机网络环境下的商业应用，是把买方、卖方、厂商及其合作伙伴在（Internet）、企业内部网（Intranet）和企业外部网（Extranet）结合起来的应用。

HP 公司认为，电子商务以现代扩展企业为信息技术基础结构，电子商务是跨时域、跨地域的电子化世界 E-World，EW=EC（Electronic Commerce）+EB（Electronic Business）+EC（Electronic Consumer）。

（3）学者对电子商务的定义

电子商务专家李琪教授对电子商务的定义是：电子商务可划分为广义和狭义的电子商务。广义的电子商务定义为使用各种电子工具从事商务或活动。这些工具包括从初级的电报、电话、广播、电视、传真到计算机、计算机网络，到 NII（国家信息基础设施GII（全球信息基础结构）和 Internet 等现代系统。狭义的电子商务定义为主要利用 Internet 从事的商务活动。电子商务是在技术、经济高度发达的现代社会里，掌握信息技术和商务规则的人，系统化地运用电子工具，高效率、低成本地从事以商品交换为中心的各种活动的总称。

电子商务专家杨坚争教授对电子商务的定义是：电子商务系指交易当事人或参与人利用现代信息技术和计算机网络（主要是因特网）所进行的各类商业活动，包括货物贸易、服务贸易和知识产权贸易。

电子商务的含义可以从不同的角度进行定义和理解，如图 0-3 所示。

因此，在本书中电子商务可定义为：通过包括互联网在内的计算机网络来实现商品、服务、信息的购买、销售与交换的商务活动。

3．电子商务的主要特征

① 全球性。以 Internet 为其交易载体，没有明显的地域和国界，面对的是全球性大市场。

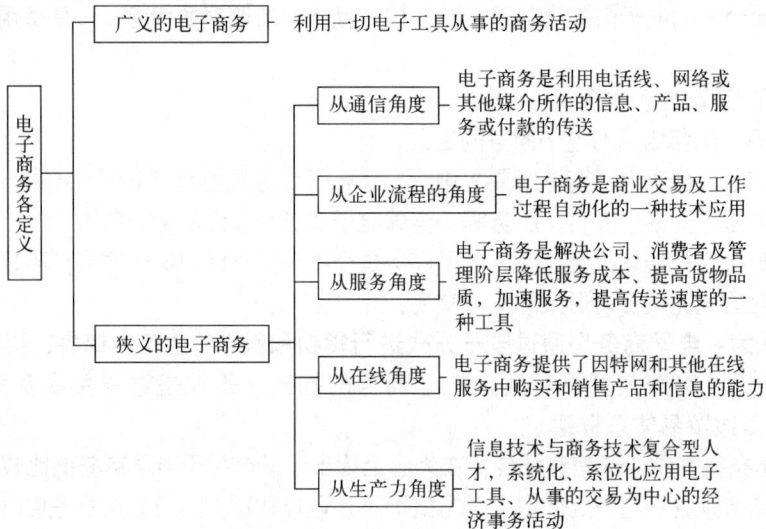

图 0-3　电子商务的定义

② 商务性。提供买、卖交易的服务、手段和机会。企业利用电子商务可扩展市场，增加客户数量。

③ 低成本。没有店面租金成本、没有专门的销售人员、没有商品库存压力和很低的行销成本。

④ 电子化。书写电子化、传递数据化。同时，便于收集客户信息。

⑤ 服务性。Internet 的应用使得企业能自动处理商务过程，能为客户提供完整服务。

⑥ 协调性。商务活动本身是一种协调过程，需要客户与公司内部、生产商、批发商、零售商间的协调，在电子商务环境中，更要求银行、配送中心、通信部门、技术服务部门等多个部门的通力协作。往往电子商务的全过程是一气呵成的。

⑦ 集成性。电子商务能够规范事务处理的工作流程，将人工操作和电子信息处理集成为一个不可分割的整体，不仅能提高人力和物力的利用，也可以提高系统运行的严密性。

⑧ 可扩展性。网民数量的增多要求电子商务系统能够有与其相适应的可扩性。

⑨ 安全性。在电子商务中，安全性是一个至关重要的核心问题，要求网络能提供一种端到端的安全解决方案，如加密机制、签名机制、安全管理、存取控制、防火墙、防病毒保护等，这与传统的商务活动有着很大的不同。

0.2　电子商务的基本业务流程

电子商务的基本业务流程包括：客户咨询产品、接受订货、接受订单及要求生产产品、生产部门生产产品、仓储单位出货以及客户服务报告。

具体流程如图 0-4 所示。

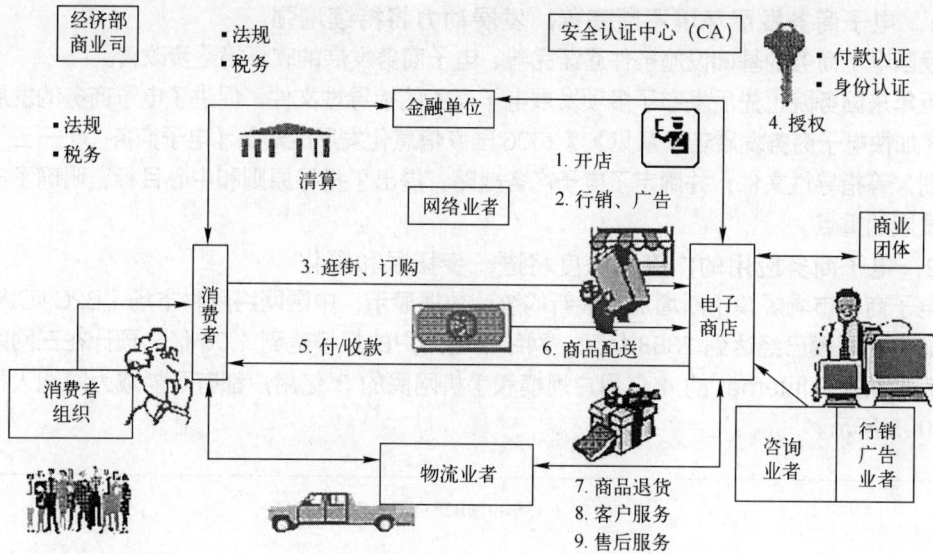

图 0-4　电子商务基本业务流程

0.3　电子商务的基本组成要素

在前面电子商务业务流程的学习中，我们知道电子商务活动的开展涉及网络、电子商务用户、认证中心、配送中心、网上银行以及商务活动的管理机构等要素。

网络包括 Internet、Intranet、Extranet。Internet 是电子商务的基础，是商务、业务信息传递的载体；Intranet 是企业内部服务活动的场所；Extranet 是企业与用户进行商务活动的纽带。

电子商务的用户包括企业用户和个人用户。个人用户通过使用浏览器、电视机机顶盒和个人数字助理（PDA）等接入 Internet，获取相关信息、购买产品。企业用户通过建立企业内联网、外部网和企业管理信息系统，对人、财、物、供、销和存进行科学管理。

认证中心负责发放和管理电子证书，使网上交易各方能互相确认身份。

配送中心接受商家的要求，组织运送商品，跟踪商品的流向，并将商品送到消费者手中。

网上银行在网上实现买卖双方结算等传统的银行业务，为商品交易的用户和商家提供支付服务。

商务活动的管理机构主要包括工商行政管理部门、税务机构和海关等。

0.4　电子商务的发展趋势

全球电子商务作为网络化的新型经济活动，正以前所未有的速度迅猛发展，并成为各国增强经济竞争实力，赢得全球资源配置优势的有效手段。世界电子商务的持续、快速发展，使电子商务成为经济全球化的助推器；电子商务的应用已经成为决定企业国际竞争力大小的重要因素；电子商务正日益引领世界服务业的发展潮流；电子商务还影响着未来的商业发展模式。

1．电子商务发展环境不断完善，发展动力将持续增强

我国电子商务的基础设施条件逐渐完善、电子商务发展的软环境逐步改善。

近年来国务院也先后发布了多项发展电子商务的指导性文件，促进了电子商务的发展，包括《加快电子商务发展若干意见》、《2006 国家信息化发展战略》、《电子商务"十一五"发展规划》等指导性文件，并确定了电子商务战略，提出了指导原则和中心目标，明确了电子商务发展的重点。

2．电子商务应用的广度和深度将进一步拓展和深化

电子商务市场规模不断增加。最新的统计数据显示，中国网络购物市场（B2C+C2C）的总体交易规模已经达到 2388 亿元。网络购物用户的规模达到 1.08 亿，预计在三网融合的进程加快后，Internet 的 4 亿用户规模和手机网民的 3 亿用户都有可能成为网购人群，如图 0-5 所示。

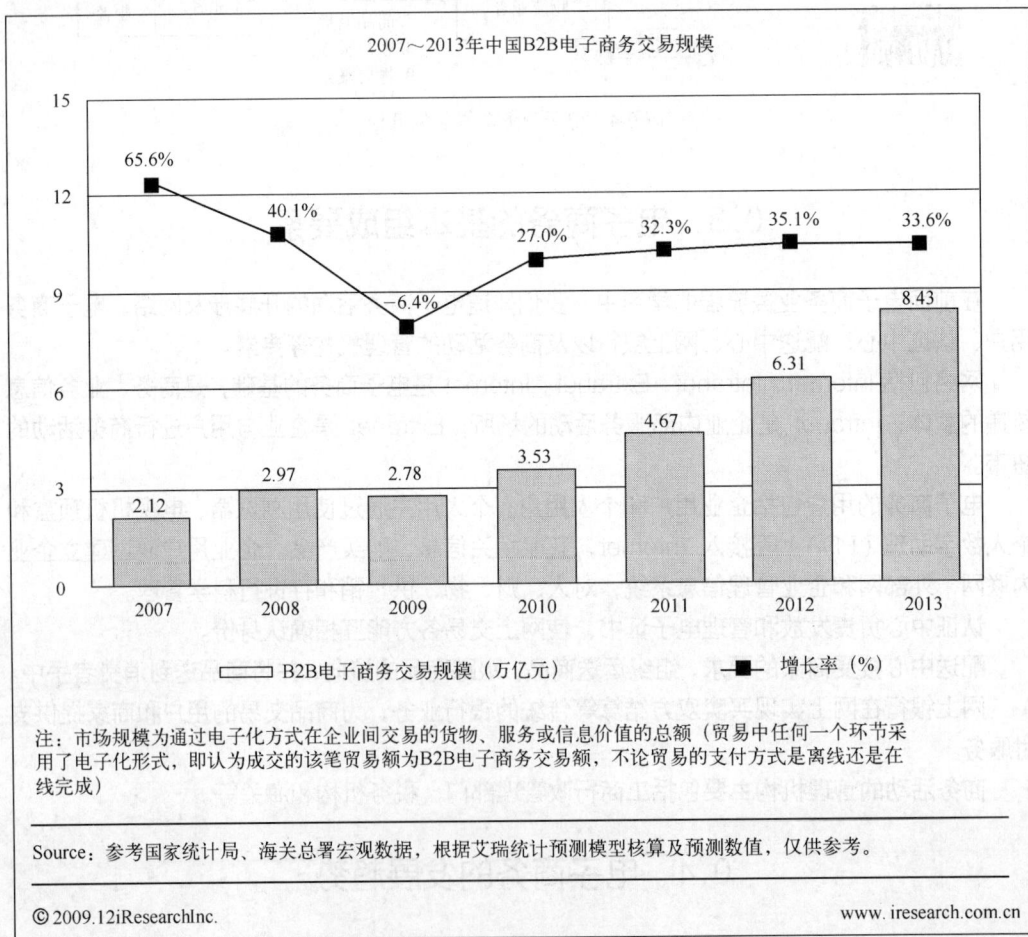

2007～2013年中国B2B电子商务交易规模

B2B电子商务交易规模（万亿元）　　增长率（%）

注：市场规模为通过电子化方式在企业间交易的货物、服务或信息价值的总额（贸易中任何一个环节采用了电子化形式，即认为成交的该笔贸易额为B2B电子商务交易额，不论贸易的支付方式是离线还是在线完成）

Source：参考国家统计局、海关总署宏观数据，根据艾瑞统计预测模型核算及预测数值，仅供参考。

© 2009.12iResearchInc.　　　　　　　　　　　　　　　www.iresearch.com.cn

图 0-5　2007～2013 年中国 B2B 电子商务交易规模

电子商务在不同地区的快速发展和在不同行业及领域的广泛运用，改变了传统的经营管理模式和生产组织形式，电子商务的应用达到新的高度。

3．电子商务服务业将成为中国服务贸易新的经济增长点

电子商务服务通过建立全球化的交易规则、标准和服务体系，在不同国家和地区的贸易商之间、贸易商和政府之间形成高效的电子化业务流程，进而实现跨境电子化贸易和贸易高效化。目前，中国正处于电子商务服务业的形成期，预计未来 20 年，电子商务服务业将成为中国服务业中新的经济增长点，并加速国际贸易服务领域的变革，这也是全球贸易服务领域变革的必然趋势。

4．移动商务成为电子商务新的应用领域

移动商务，就是利用各种移动设备和移动通信技术，随时随地存储、传输和交流各种信息，进行商业活动的创新业务模式。手机、个人数字助理或笔记本电脑等移动通信设备，通过无线通信技术进行网上商务活动，使移动通信网和 Internet 有机地结合，突破了 Internet 的局限，更加直接地进行信息互动，使用户高效、及时地把握市场动态和动向。

从应用分类来看，中国企业移动商务的市场份额最高的为移动营销、移动物流、移动支付三个应用分类。随着 3G 时代的到来以及中国移动用户与 Internet 用户市场的进一步发展壮大，移动电子商务在为用户随时随地提供所需的服务、应用、信息和娱乐的同时，也满足了用户及商家从众、安全、社交及自我实现等方面的需求。

5．电子商务服务的全球化时代即将到来

电子商务服务方式的出现，突破了传统贸易以单向物流为格局，实现了以物流为基础，信息为核心，商流为主体的全新战略。这意味着只要当市场开放到一定程度，随着国际电子商务环境逐步完善，"可贸易"的条件日趋成熟，国际电子商务服务将从区域、经济体成员内信息聚合向跨区域、跨境和全球化电子商务交易服务发展，电子商务服务也将从经济体内向跨经济体、跨区域及全球化服务延伸。由此可见，电子商务服务将带动全球电子商务的发展，成为新时期国际电子商务发展的焦点问题，这也预示着电子商务服务的全球化时代即将到来。

导读二　电子商务的主要模式

按电子商务交互范围的不同，电子商务可分为企业内部电子商务、企业间的电子商务、企业与消费者之间的电子商务和消费者与消费者之间的电子商务。

0.5　B2B 电子商务

1．B2B 电子商务含义

B2B 是指企业通过互联网、外部网、内部网或企业私有网络以电子方式实现交易的商务活动。这些交易可以发生在企业及其供应链成员之间，也可以发生在企业和其他企业之间，如图 0-6 所示。

B2B 包括企业与其供应商之间的采购；物料管理人员与仓储、物流公司的业务协调；销售部门与其批发商、零售商之间的协调等。B2B 的主要特点是企业希望通过电子自动交易或沟通来提高自身的效率。

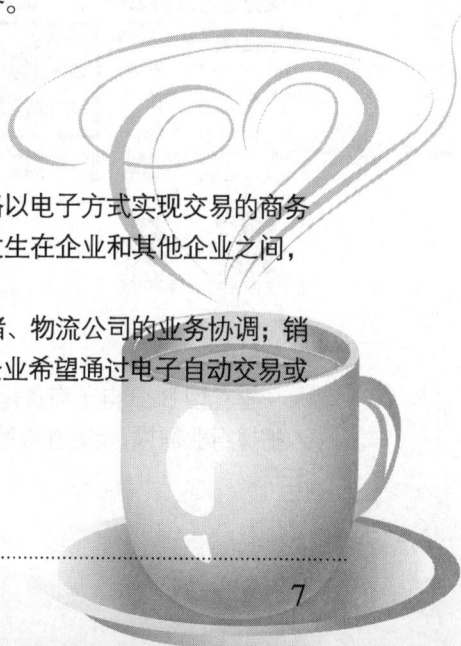

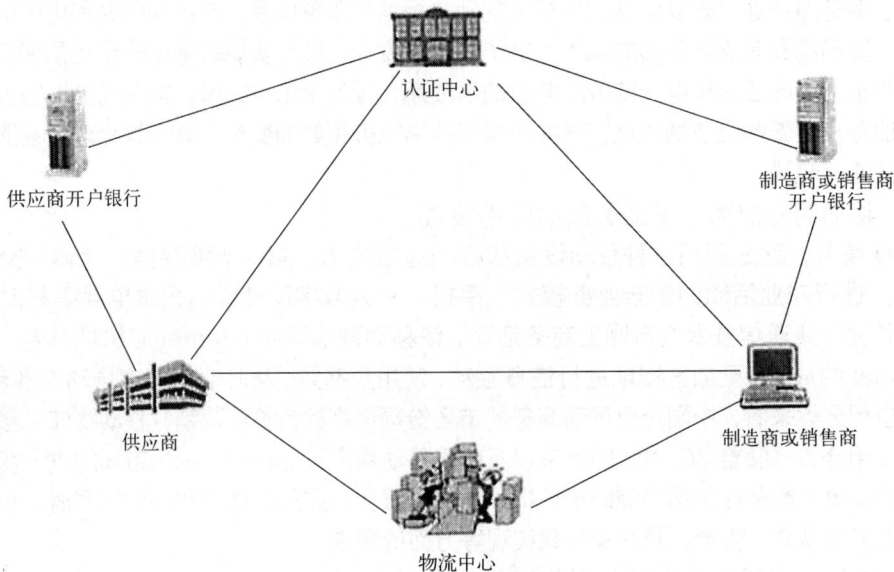

图 0-6　B2B 的基本组成

2．B2B 的类型

B2B 按行业覆盖范围可分为综合型和垂直型 B2B 电子商务市场。

综合型 B2B 电子商务又称水平型 B2B 电子商务市场，是指定位于整个产业覆盖全行业的电子商务市场，其特点是服务行业多，信息类别全面。如图 0-7、图 0-8、图 0-9、图 0-10和图 0-11 所示。

图 0-7　慧聪网主页

垂直型 B2B 电子商务是指专为某个或某几个行业提供电子商务市场，其特点是能够更深入把握行业需求，能更直接敏锐的捕捉行业变化，深度服务于行业企业。如图 0-12 和图 0-13所示。

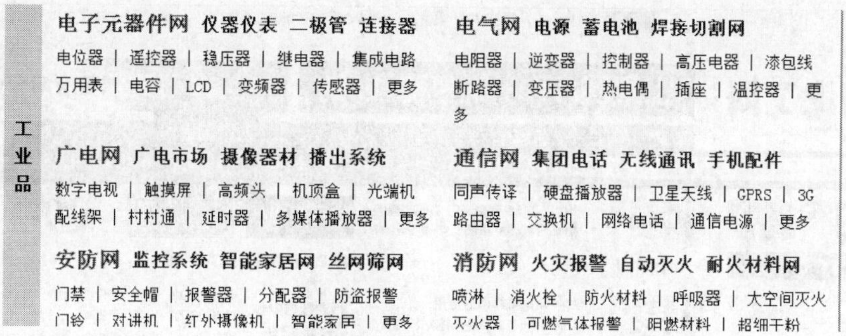

工业品

电子元器件网 仪器仪表 二极管 连接器
电位器 | 遥控器 | 稳压器 | 继电器 | 集成电路
万用表 | 电容 | LCD | 变频器 | 传感器 | 更多

电气网 电源 蓄电池 焊接切割网
电阻器 | 逆变器 | 控制器 | 高压电器 | 漆包线
断路器 | 变压器 | 热电偶 | 插座 | 温控器 | 更多

广电网 广电市场 摄像器材 播出系统
数字电视 | 触摸屏 | 高频头 | 机顶盒 | 光端机
配线架 | 村村通 | 延时器 | 多媒体播放器 | 更多

通信网 集团电话 无线通讯 手机配件
同声传译 | 硬盘播放器 | 卫星天线 | GPRS | 3G
路由器 | 交换机 | 网络电话 | 通信电源 | 更多

安防网 监控系统 智能家居网 丝网筛网
门禁 | 安全帽 | 报警器 | 分配器 | 防盗报警
门铃 | 对讲机 | 红外摄像机 | 智能家居 | 更多

消防网 火灾报警 自动灭火 耐火材料网
喷淋 | 消火栓 | 防火材料 | 呼吸器 | 大空间灭火
灭火器 | 可燃气体报警 | 阻燃材料 | 超细干粉

图 0-8 慧聪网的行业（1）

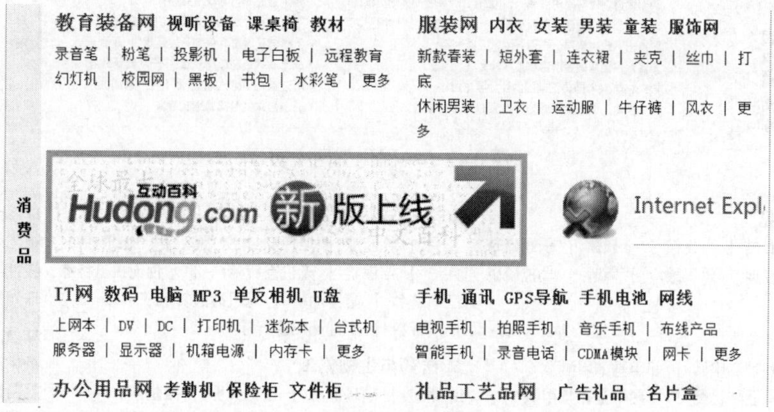

消费品

教育装备网 视听设备 课桌椅 教材
录音笔 | 粉笔 | 投影机 | 电子白板 | 远程教育
幻灯机 | 校园网 | 黑板 | 书包 | 水彩笔 | 更多

服装网 内衣 女装 男装 童装 服饰网
新款春装 | 短外套 | 连衣裙 | 夹克 | 丝巾 | 打底
休闲男装 | 卫衣 | 运动服 | 牛仔裤 | 风衣 | 更多

Hudong.com 新版上线 Internet Expl

IT网 数码 电脑 MP3 单反相机 U盘
上网本 | DV | DC | 打印机 | 迷你本 | 台式机
服务器 | 显示器 | 机箱电源 | 内存卡 | 更多

手机 通讯 GPS导航 手机电池 网线
电视手机 | 拍照手机 | 音乐手机 | 布线产品
智能手机 | 录音电话 | CDMA模块 | 网卡 | 更多

办公用品网 考勤机 保险柜 文件柜

礼品工艺品网 广告礼品 名片盒

图 0-9 慧聪网的行业（2）

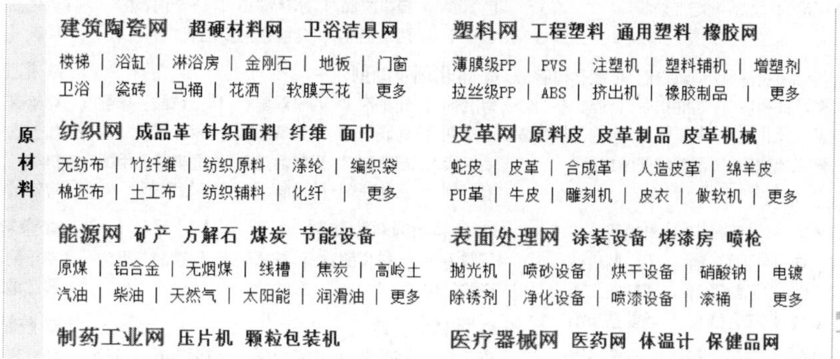

原材料

建筑陶瓷网 超硬材料网 卫浴洁具网
楼梯 | 浴缸 | 淋浴房 | 金刚石 | 地板 | 门窗
卫浴 | 瓷砖 | 马桶 | 花洒 | 软膜天花 | 更多

塑料网 工程塑料 通用塑料 橡胶网
薄膜级PP | PVS | 注塑机 | 塑料辅料 | 增塑剂
拉丝级PP | ABS | 挤出机 | 橡胶制品 | 更多

纺织网 成品革 针织面料 纤维 面巾
无纺布 | 竹纤维 | 纺织原料 | 涤纶 | 编织袋
棉坯布 | 土工布 | 纺织辅料 | 化纤 | 更多

皮革网 原料皮 皮革制品 皮革机械
蛇皮 | 皮革 | 合成革 | 人造皮革 | 绵羊皮
PU革 | 牛皮 | 雕刻机 | 皮衣 | 做软机 | 更多

能源网 矿产 方解石 煤炭 节能设备
原煤 | 铝合金 | 无烟煤 | 线槽 | 焦炭 | 高岭土
汽油 | 柴油 | 天然气 | 太阳能 | 润滑油 | 更多

表面处理网 涂装设备 烤漆房 喷枪
抛光机 | 喷砂设备 | 烘干设备 | 硝酸钠 | 电镀
除锈剂 | 净化设备 | 喷漆设备 | 滚桶 | 更多

制药工业网 压片机 颗粒包装机

医疗器械网 医药网 体温计 保健品网

图 0-10 慧聪网的行业（3）

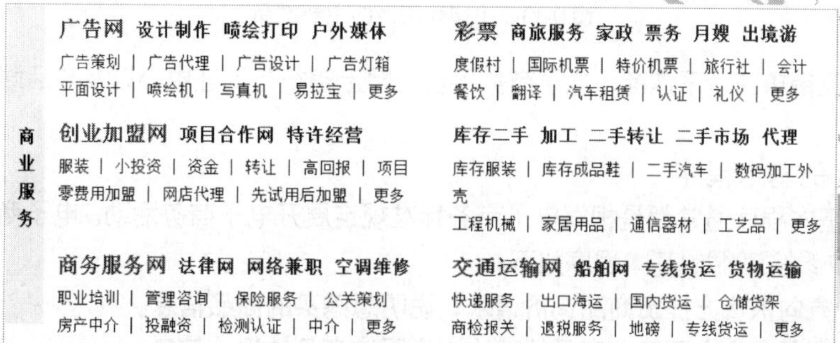

商业服务

广告网 设计制作 喷绘打印 户外媒体
广告策划 | 广告代理 | 广告设计 | 广告灯箱
平面设计 | 喷绘机 | 写真机 | 易拉宝 | 更多

彩票 商旅服务 家政 票务 月嫂 出境游
度假village | 国际机票 | 特价机票 | 旅行社 | 会计
餐饮 | 翻译 | 汽车租赁 | 认证 | 礼仪 | 更多

创业加盟网 项目合作 特许经营
服装 | 小投资 | 资金 | 转让 | 高回报 | 项目
零费用加盟 | 网店代理 | 先试用后加盟 | 更多

库存二手 加工 二手转让 二手市场 代理
库存服装 | 库存成品鞋 | 二手汽车 | 数码加工外壳
工程机械 | 家居用品 | 通信器材 | 工艺品 | 更多

商务服务网 法律 网络兼职 空调维修
职业培训 | 管理咨询 | 保险服务 | 公关策划
房产中介 | 投融资 | 检测认证 | 中介 | 更多

交通运输网 船舶网 专线货运 货物运输
快递服务 | 出口海运 | 国内货运 | 仓储货架
商检报关 | 退税服务 | 地磅 | 专线货运 | 更多

图 0-11 慧聪网的行业（4）

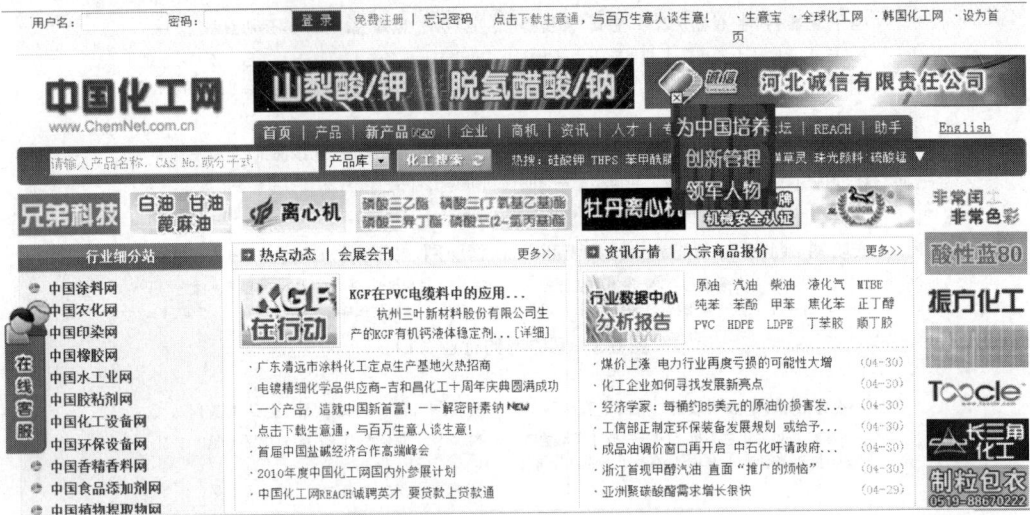

图 0-12　中国化工网主页

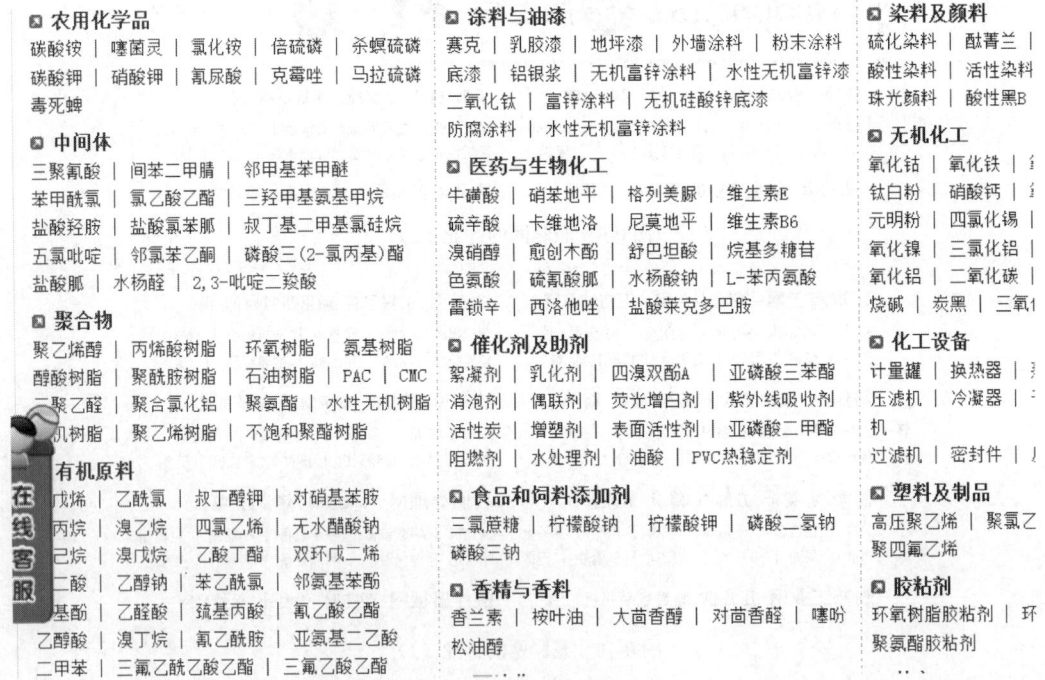

图 0-13　中国化工网的主要产品

B2B 涉及销售商、采购商、电子商务平台、网上银行、认证中心以及与后端信息系统的集成等要素。

3. B2B 的基本程序

B2B 的基本程序通常都是根据电子商务标准规定展开电子商务活动。电子商务标准规定的电子商务交易应遵循的基本程序如下。

① 客户方向供货方提出商品询价请求，说明想购买的商品信息。

② 供货方向客户方回答该商品的报价，说明该商品的报价信息。

③ 客户方向供货方提出商品订购单，说明初步确定购买的商品信息。

④ 供货方向客户方提出商品订购单的应答，说明有无此商品及商品的规格型号、品种、质量等。

⑤ 客户方根据供货方的应答提出是否对订购单有变更请求，说明最后确定购买商品信息。

⑥ 客户方向供货方提出商品运输说明，说明运输工具、交货地点等信息。

⑦ 供货方向客户方发出发货通知，说明运输公司、交货地点、运输设备、包装等信息。

⑧ 客户方向供货方反馈收货通知，报告收货信息。

⑨ 交易双方收发汇款通知，买方发出汇款通知，卖方报告收款信息。

⑩ 供货方向客户方发送电子发票，买方收到商品，卖方收到货款并出具电子发票，完成全部交易。

4．B2B 的利润来源

B2B 电子商务网站可以自己开展电子商务，从商务活动中直接盈利，同时还可以借助网站交易费用、拍卖佣金、网络广告费、网上店面和网上排位等产生利润。

0.6 B2C 电子商务

1．B2C 的含义及基本业务流程

B2C 是指企业通过 Internet 向最终消费者提供商品或为消费者提供所需服务的商务活动。B2C 一般以网络零售业为主，主要借助于 Internet 开展在线销售活动，包括网上零售和网上服务等。

B2C 的基本业务流程如图 0-14 所示。

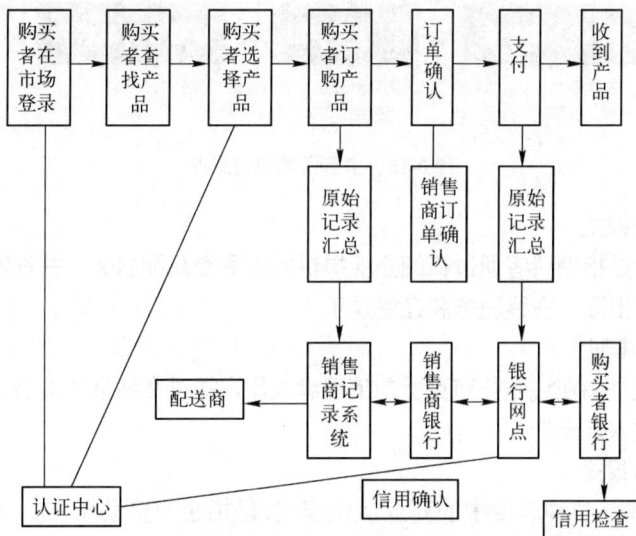

图 0-14 B2C 的基本流程

B2C 的主要优势表现为能够有效地减少交易环节、大幅度降低交易成本、降低消费者所得到的商品的价格、减少了售后服务的技术支持费用等。

2．B2C 的主要模式

（1）网上商店模式

网上商店模式以销售有形商品和服务为主，商品和服务的查询、订购、付款等活动都在网上进行的，而实际商品和服务的交割仍然通过传统的方式进行。

目前，企业实现在线销售主要有两种方式，一是在网上设立独立的虚拟店铺；二是参与并成为在线购物中心的一部分，如图 0-15 和图 0-16 所示。

图 0-15　京东商城主页面

图 0-16　京东商城购物流程

（2）网上订阅模式

网上订阅模式是指消费者通过订阅企业提供的无形商品和服务，并在网上直接浏览或消费，主要包括在线出版、在线服务和在线娱乐。

（3）广告支持模式

广告支持模式是指在线服务商免费向消费者或用户提供在线信息服务，而其全部营业活动全部依靠广告收入来支持。

（4）网上赠与模式

网上赠与模式是一种非传统的商业运作模式，是指企业借助于 Internet 的全球广泛性优势，向 Internet 上的用户赠送软件产品，扩大企业的知名度和市场份额。企业通过让消费者使用该产品，从而让消费者下载一个新版本的软件或购买另外一个相关的软件，实现受益。

0.7 C2C 电子商务

1. C2C 的含义

C2C 是指个人与个人之间的网上交易，主要是指网上开店。目前 C2C 采用的运作模式是企业通过为用户提供网络交易平台，帮助达成用户与用户之间的商品交易，并按比例收取交易费用；或者提供平台方便个人开设虚拟店铺，以会员制的方式收费。

2. C2C 的基本业务流程

C2C 的基本业务流程如图 0-17、图 0-18、图 0-19、图 0-20 和图 0-21 所示。

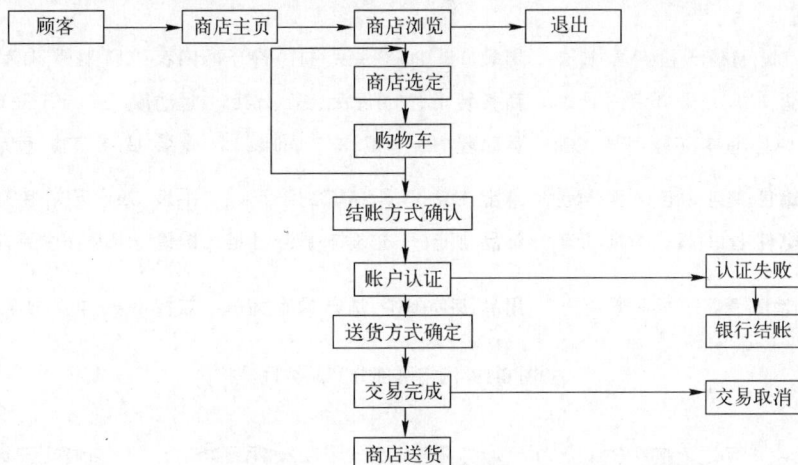

图 0-17 网上商店的业务流程

图 0-18 淘宝网的主页

	所有类目	店铺街	淘1站	信用卡商城	货到付款		促销	全球购	礼物	创意站	跳蚤街

虚拟	充值中心 话费 移动 联通 电信	网游 征途 天龙2 梦幻西游 DNF	彩票 大乐透 排三 双色球 足彩
	IP卡 网络电话 skype 手机号码	点卡 魔兽 蜀门 完美国际 QQ	机票 酒店 门票 特色客栈 旅游
数码	手机 Nokia 三星 索爱 Dopod	国货手机 双卡双待 智能 炒股	相机 富士 索尼 单反 摄像机
	笔记本 上网本 IBM ipad 联想	电脑 硬件 整机 LCD 网络 周边	MP4 蓝魔 昂达 iPod 索尼
	配件 3G上网 蓝牙 摄像头 USB	电玩 PSP U盘 移动硬盘 内存卡	办公 电子书 词典 投影 打印机
	大家电 液晶 冰箱 空调 油烟机	小家电 风扇 加湿 果汁 耳机	个人护理 剃须刀 按摩 电吹风
美容	护肤 精华 爽肤水 面膜 精油	彩妆 香水 粉饼 粉底 眼影 腮红	国货 芳草集 牛尔 佰草集 相宜
服装	女装 T恤 衬衫 开衫 外套 裤子	男装 T恤 POLO 夹克 衬衫 牛仔	内衣 文胸 性感 内裤 睡衣 裤袜
	连衣裙 雪纺 短裙 吊带 牛仔裤	商务装 修身 情侣装 男鞋 皮鞋	运动服 卫衣 长T 短T 夹克 裤
	女鞋 单鞋 鱼嘴 凉鞋 罗马 坡跟	运动鞋 Nike 匡威 李宁 Adidas	童装 裤 鞋 T恤 套装 孕妇装
配饰	男女箱包 肩包 钱包 斜挎 男包	珠宝 婚钻 翡翠 施华洛 千足金	手表 Casio 天梭 浪琴 欧米茄
	服饰配件 丝巾 帽子 皮带 颈环	饰品 项链 耳饰 发饰 脚链 手链	眼镜 太阳镜 眼镜架 Zippo 烟具
母婴	奶粉 辅食 营养 妈妈保健 更多	用品 尿片 睡袋 洗护 喂哺 湿巾	益智 玩具 早教 推车 床 户外

图 0-19 淘宝网部分产品类目

选择商品 → 付款到支付宝 → 支付宝通知卖家发货 → 收到商品 → 支付宝付款给卖家 → 完成

买家交易演示4步曲：

1 搜索&浏览宝贝 → 2 联络卖家 → 3 出价&付款 → 4 收货&评价

图 0-20 淘宝网的买家交易流程

选择商品 → 付款到支付宝 → 支付宝通知卖家发货 → 收到商品 → 支付宝付款给卖家 → 完成

卖家交易演示4步曲：

1 申请认证 → 2 发布宝贝&开设店铺 → 3 宝贝出售中 → 4 宝贝成交后

图 0-21 淘宝网的卖家交易流程

导读三　电子商务环境

0.8　熟悉电子商务的主要技术

　　企业顺利开展电子商务需要一个良好的环境，包括电子商务的各种支持技术。其中，主要的支持技术包括电子商务网络平台技术（如通信技术、网络技术、数据库技术、Web 技术等）、电子商务安全技术（如病毒及黑客、防火墙、加密、SSL、SET 和证书等）、电子商务支付技术（电子现金、信用卡、电子支票、电子钱包等）、电子商务物流技术（条码技术）、全球定位系统（GPS）、地理信息系统（GIS）、电子数据交换（EDI）、射频识别（RFID）、销售点信息系统（POS）以及电子自动订货系统（EOS）等。

1．通信技术

（1）模拟通信与数字通信

　　信号数据可用于表示任何信息，如符号、文字、语音以及图像等，从表现形式上可归结为两类，模拟信号和数字信号。模拟信号与数字信号的区别可根据幅度取值是否离散来确定。

　　模拟信号指幅度的取值是连续的（幅值可由无限个数值表示）。时间上离散的模拟信号是一种抽样信号，是对模拟信号每隔时间 T 抽样一次所得到的信号，因为波形在时间上是不连续的，幅度取值是连续的，所以是模拟信号，称为脉冲幅度调制（PAM，简称脉幅调制）信号。

　　模拟信号的保密性差、抗干扰能力弱。从模拟信号转换到数字信号一般要经过抽样、量化和编码三个过程，最终变成由一连串由 0 和 1 来代表的脉冲数字信号。数字通信具有数字化传输与交换的优越性，加强了通信的保密性、提高了抗干扰能力、可构建综合数字通信网。

（2）数字通信

　　数字通信是一种通过计算机或其他数据装置和通信线路，完成数据编码信号的传输、转接、存储和处理的通信技术，如图 0-22 所示。

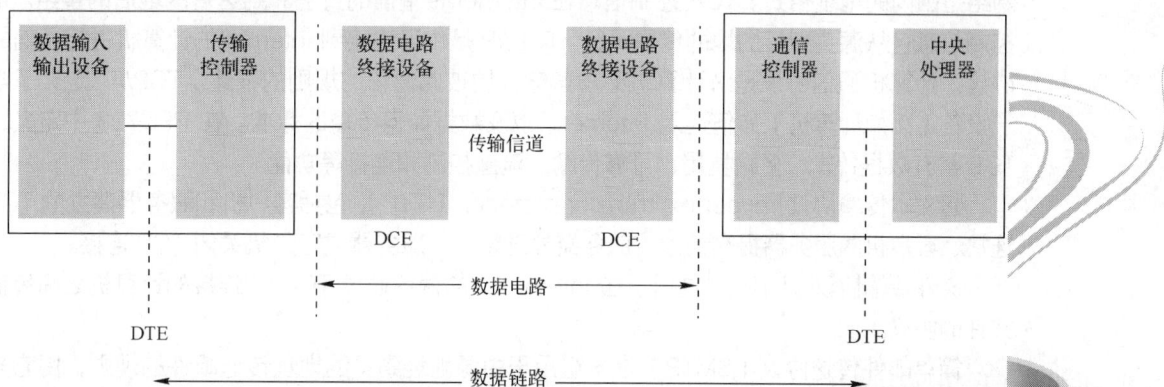

图 0-22　数字通信系统构成

　　数字通信常见的技术指标包括传输速率（bit/s）、带宽、误码率（低于 10^{-6}）、信道延迟等。

数字传输方式主要有基带传输、频带传输、宽带传输以及数字数据传输等。

2．网络技术

（1）计算机网络

将地理位置上分散的具有独立功能的多台计算机及其外部设备，通过通信设备和线路互相连接起来，再配有相应的网络软件，能够实现互相通信和资源共享的系统，称为计算机网络。

网络构成的 4 要素是：需要联网的独立计算机、通信设备和通信线路、网络软件（网络操作系统、网络协议等）。

网络的两个基本功能是：数据通信、资源共享。

从地理范围可以把各种网络类型划分为局域网、城域网、广域网。

局域网（Local Area Network，LAN），是在局部地区范围内的网络，所覆盖的地区范围较小。在网络所涉及的地理距离上一般来说可以是几米至 10km 以内。这种网络的特点是：连接范围窄、用户数少、配置容易、连接速率高。

城域网（Metropolitan Area Network，MAN），城域网一般来说是在一个城市，但不在同一地理小区范围内的计算机互联。这种网络的连接距离可以在 10～100km，采用的是 IEEE802.6 标准。

广域网（Wide Area Network；WAN），也称远程网，所覆盖的范围比城域网（MAN）更广，一般是在不同城市之间的 LAN 或者 MAN 网络互联，地理范围可从几百千米到几千千米。因为距离较远，信息衰减比较严重，所以这种网络一般要租用专线，通过 IMP（接口信息处理）协议和线路连接起来，构成网状结构，解决循径问题。

（2）网络协议

网络协议是一种用于网络之间相互通信的技术标准，是一种大家都公认并必须遵守执行的"共同语言"。

TCP/IP（Transmission Control Protocol / Internet Protocol）即传输控制协议/网际协议，或称网络通信协议，是 Internet 的基础。TCP 是传输控制协议，规定一种可靠的数据信息传递服务。IP 协议又称互联网协议，提供网间网连接的完善功能，包括 IP 数据包，规定互联网络范围内的地址格式。TCP 控制信息在 Internet 传输前的打包和到达目的地后的重组。IP 控制信息包从源头到目的地的传输路径。TCP/IP 是供已连接到 Internet 的计算机进行通信的协议。计算机通信协议是对计算机必须遵守以便彼此通信的规则的描述。TCP/IP 定义了电子设备（比如计算机）如何连入 Internet，以及数据如何传输的标准。在 RFC793 中定义，TCP 具有数据传输、多路复用、可靠传输、流量控制和连接等功能。

超文本传输协议（hypertext transfer protocol，HTTP），包括客户机和服务器建立的 TCP 连接、客户机向服务器提交请求，服务器处理请求、服务器或客户机关闭 TCP 连接。

文件传输协议（FTP），是用于在 Internet 上的两台通过 TCP/IP 连接的计算机之间传输文件的协议。

简单邮件传送协议（SMTP）是一组用于由源地址到目的地址传送邮件的规则，由它来控制信件的中转方式。

（3）IP 地址

① IP 地址的格式和类型

IP 协议要求参加 Internet 的节点要有一个统一规定格式的地址，这个地址称为符合 IP

的地址，简称 IP 地址。

在 RFC791 中定义的 IP 地址是按照下面这些思想设计的：每台主机都应该有一个唯一的地址。IP 地址的结构应该是逻辑的，而不是物理的，能够适应将来新的科技。地址应该是分配给接口的，而不是给计算机本身。地址能够被聚合（数字的）。

IP 地址有二进制格式和十进制格式。

二进制的 IP 地址共有 32 位，例如 10000011，01101011，00000011，00011000。

每八位组用一个十进制数表示，并以点分隔称为点分法。上例变为 131.107.3.24。

② IP 地址的分类

IP 地址分为 5 类：A、B、C、D、E。

A 类 IP 地址：一般用于大型网络。A 类网络用第一组数字表示网络本身的地址，后面 3 组数字作为连接于网络上的主机的地址，即前 1 个八位代表网络号，后 3 个八位代表主机号，32 位的第 1、2、3 位为 000；十进制的第一组为 000～126。A 类 IP 地址的范围为 0.0.0.0～126.255.255.255，默认网络屏蔽为 255.0.0.0。

B 类 IP 地址：一般用于中等规模的各地区网管中心。B 类网络用第一、第二组数字表示网络的地址，后面两组数字代表网络上的主机地址。即前 2 个八位代表网络号，后 2 个八位代表主机号。32 位第 1、2、3 位为 100；十进制的第一组为 128～191，B 类 IP 地址的范围为 128.0.0.0～191.255.255.255，默认网络屏蔽为 255.255.0.0。

C 类地址：一般用于较小规模的本地网络。C 类网络用前 3 组数字表示网络的地址，最后一组数字作为网络上的主机地址。C 类 IP 地址的 32 位前 3 位为 110，十进制第一组为 192～223，C 类 IP 地址的范围为 192.0.0.0～223.255.255.255，默认网络屏蔽为 255.255.255.0。

D 类地址称为广播地址，供特殊协议向选定的节点发送信息时用。E 类地址保留给将来使用。

③ IP 地址的申请组织及获取方法

IP 地址必须由国际组织统一分配。

分配最高一级 IP 地址的国际组织是国际网络信息中心（Network Information Center，NIC），负责分配 A 类 IP 地址、授权分配 B 类 IP 地址的组织——自治区系统、有权重新刷新 IP 地址。

分配 B 类 IP 地址的国际组织是：Inter NIC、APNIC 和 ENIC，是目前全世界的三个自治区系统组织。Inter NIC 负责北美地区，ENIC 负责欧洲地区的分配工作，APNIC 负责亚太地区，设在日本东京大学。我国属 APNIC，被分配 B 类地址。

分配 C 类地址由地区网络中心向国家级网管中心申请分配。

（4）域名

域名是用来指示 Internet 上网站的地址，具有全球唯一性，可以作为企业的标志。简单地说就是 Internet 上主机的名字，域名采用层次结构，每一层构成一个子域名，子域名之间用圆点隔开，自左至右分别为计算机名、网络名、机构名、顶级域名。Internet 域名系统是一个树型结构。

域名的形式是以若干个英文字母和数字组成，由"."分隔成几部分。域名分为顶层（TOP-LEVEL）、第二层（SECOND-LEVEL）、子域（SUB-DOMAIN）。

从商业角度来看，域名是"企业的网上商标"。域名和商标都在各自的范畴内具有唯一性，并且随着 Internet 的发展，从企业树立形象的角度看，域名和商标有着潜移默化的联系。从域名价值角度看，域名是 Internet 上最基础的东西，也是一个稀有的全球资源，无论是做 ICP 和电子商务，还是在网上开展其他活动，都要从域名开始，一个名正言顺和易于宣传推广的域名是电子商务企业和网站成功的第一步。

（5）Internet、Intranet、Extranet

Intranet 又称为企业内部网，是 Internet 技术在企业内部的应用。Intranet 实际上是采用 Internet 技术建立的企业内部网络，其核心技术是基于 Web 的计算，使用了诸如 Web 页（网页）、Web 浏览器器、FTP 站点、电子邮件、新闻组和邮件列表等与 Internet 相关的应用程序，但其作用范围仅限定于公司或组织内部。

Extranet 是一个使用 Internet/Intranet 技术使企业与其客户和其他企业相连来完成其共同目标的合作网络。Extranet 可以作为公用的 Internet 和专用的 Intranet 之间的桥梁，也可以被看做是一个能被企业成员访问或与其他企业合作的企业 Intranet 的一部分。

Internet、Intranet、Extranet 的关系。Internet 采用 TCP/IP 使不同的网络、不同的计算机之间实现通信；采用 DNS 域名系统，解决了 IP 地址的"翻译"问题；提供 WWW 信息浏览服务。Intranet 企业内部网，是使用 Internet 技术和标准的局域网。在 Intranet 中，用户可以像访问 Internet 一样的浏览企业的网页，收发内部电子邮件，获得与 Internet 相似的服务。Extranet 则重在强调企业网络之间的互联，如图 0-23 所示。

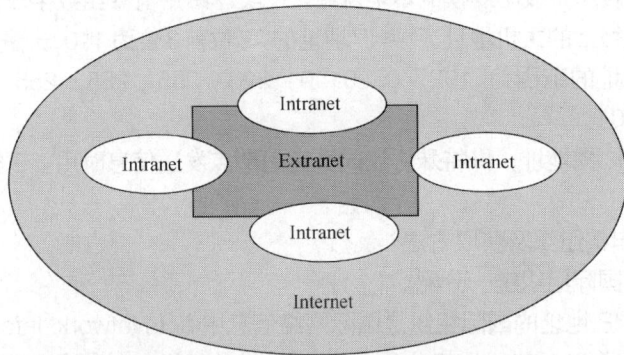

图 0-23 Internet、Intranet、Extranet 的关系

3．数据库技术

数据库技术对电子商务的支持主要表现在两方面：一是存储和管理各种商务数据，这也是数据库技术的基本功能。二是决策支持，随着数据仓库和数据挖掘技术的产生和发展，使企业可以科学地对数据库中海量的商务数据进行科学的组织、分析和统计，从而更好地服务于企业的决策支持。数据库技术是电子商务的一项支撑技术，在电子商务的建设中占有重要的地位。

数据库管理系统（DBMS）：数据库管理系统是对数据库中的数据进行存储、处理和管理的系统，提供了处理数据的手段，同时也提供了组织数据的方法。

按照组织数据的方法的不同，数据库管理系统分为三种：关系型数据库管理系统、层次型数据库管理系统和网状型数据库管理系统。其中关系型数据库管理系统的应用最为广泛。

关系型数据库管理系统是以二维表的形式来组织、存储和管理数据的。关系模型消除了数据库中明确的父/子关系结构，而是把数据库中的所有数据都表示为一个简单的行/

列数据表。

关系型数据库中的组织原则是表。数据库中的每个表都有一个唯一的表名。表的每一行代表一条由特定意义的内容——记录。表中的每一列代表存储在数据库中的一项数据。在列中的所有数据具有相同的数据类型。表中的每一列都有一个列名，通常写在表的顶部。表中至少包含一列，关系型数据库 ISO（国际化组织）标准无最大数目的限制，但数据库产品一般都限制为不超过 255 列。表中的行最少可以是 0 行，称为空表；关系型数据库 ISO（国际化组织）标准不限制表中行的数目；许多数据库产品允许自由增加表，直到用完可用的磁盘空间。

关系数据库标准语言——SQL。

SQL 是英文 Structured Query Language 的缩写，称为结构化查询语言，是一种综合的、通用的功能极强的关系型数据库语言，几乎被所有关系型数据库系统所支持。SQL 的主要功能就是同各种数据库建立联系，进行沟通。按照 ANSI（美国国家标准协会）的规定，SQL 被作为关系型数据库管理系统的标准语言。SQL 语句可以用来执行各种各样的操作，SQL 不仅可以管理数据库中的数据，而且可以管理关系型数据库本身。

SQL 是一种一体化语言，是一种高度非过程化的语言。SQL 非常简洁，可直接以命令方式交互使用，也可嵌入到程序设计语言中以程序方式使用。

SQL 按其功能分为 6 大类，即数据定义语句（Data – Definition Language，DDL）、数据操纵语句（Data – Manipulation Language，DML）、操作管理语句（Transaction–Management Language，TML）、数据控制语句（Data – Control Language，DCL）、数据查询语句（Data – Query Language，DQL）、游标控制语句（Cursor – Control – Language，CCL）等。

4. 网页制作技术

网页是构成网站的基本元素，是承载各种网站应用的平台。网页主要包括文字与图片、动画、音乐和程序等构成元素。网页主要色彩的搭配、文字的变化、图片的处理及网页的布局是吸引浏览者视觉的关键，也成为影响网站成功的关键因素之一。

网站的页面一般包括以下几部分。

（1）首页

从功能上来看，首页主要承担着树立网站形象的作用，是网站的门面，如同公司的形象，要特别注重设计和规划。

（2）框架页

框架页是网站的主要结构页面，又称次首页、内页，大型网站往往框架页即首页，如一些门户网站。框架页在导航方面起着重要的作用，如各栏目内部主要内容的介绍，便于浏览者能够迅速了解网站各栏目的主要内容。

（3）普通页

普通页是主要的信息页面，也是网站的最终页面，对于大型网站，这种结构非常重要。普通页是网站主要的承载信息的页面，设计要求不高，但要求链接准确、文字无误、图文并茂，并沿袭网页的风格。

（4）弹出页

一般用于广告、新闻、消息、与其他网站的链接等。

网页制作语言超文本标记语言（Hyper Text Markup Language，HTML），是一种描述

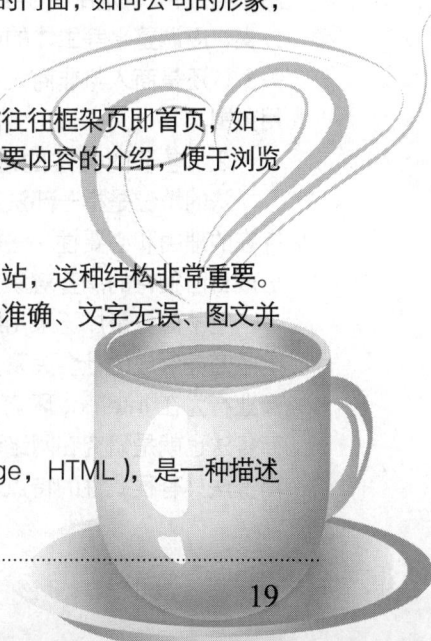

文档结构的语言，使用描述性的标记符来指明文档的结构。使用 HTML 描述网页的文件称为 HTML 页面或 HTML 文件，这种文件以".html"或者".htm"为扩展名，是一种纯文本文件，可以使用记事本、写字板等文本文件编辑器来进行编辑，也可以使用 FrontPage、Dreamweaver 等网页制作工具来快速创建 HTML 文件。

0.9　了解电子商务法律的制定状况

1．电子商务法的概念

广义的电子商务法是与广义的电子商务概念相对应的，包括了所有调整以数据电信方式进行的商务活动的法律规范。其内容极其丰富，分为调整以电子商务为交易形式的，如联合国的《电子商务示范法》（亦称狭义的电子商务法）和调整以电子信息为交易内容的，如联合国贸法会的《电子资金传输法》、美国的《统一计算机信息交易法》等两大类规范。

狭义的电子商务法，是调整以数据电信（Data Messege）为交易手段而形成的因交易形式所引起的商务关系的规范体系。如果从联合国及世界各国，以"电子商务法"或"电子交易法"命名的法律文件的内容上分析，其间存在着明显的共性，即其所解决的问题，都集中于诸如计算机网络通信信录与电子签名效力的确认、电子鉴别技术及其安全标准的选定、认证机构及其权利义务的确立等方面。

由于电子商务法是调整以数据电信为交易手段而形成的以交易形式为内容的商务关系的规范体系，也就是说，以数据电信为交易手段而形成的以交易形式为内容的商务关系，就是电子商务法调整的对象。

电子商务法不是试图涉及所有的商业领域，重新建立一套新的商业运作规则，而是将重点放在探讨因交易手段和交易方式的改变而产生的特殊的商务法律问题。这也就界定了电子商务法研究的范围：电子商务法主要研究商业行为在 Internet 环境下的特殊问题。从交易手段上看，电子商务法的适用范围，就是以数据电信所进行的、无纸化的商务活动领域，换言之，仅仅是以口头或传统的书面形式所进行的商务活动，都不属于电子商务法调整的范围。联合国贸法会《示范法》在第一条中规定："本法适用于在商务活动方面使用的、以一项数据电文为形式的任何种类的信息。"美国《统一电子交易法》第三条 A 款规定："……本法适用于与任何交易相关的电子记录与电子签名"。从行为主体上考察，电子商务法作为商法的分支，应调整平等主体的当事人之间的交易关系。无论是商人（商事主体）之间的电子商务关系，还是商人与非商人（通常指消费者）之间的电子商务关系，都应属于电子商务法的适用范围。

2．电子商务法的地位

法的地位是指一部法律在整个法律体系中有没有自己独立存在的位置，有没有自己独立存在的理由和必要性。法律制度必须反映一定的社会发展需求，调节一定领域的社会关系，形成自己独特的调整对象。

电子商务是广泛采用新型信息技术或网络技术并将这些技术应用于商业领域后的结果，电子商务形成的社会关系交叉存在于虚拟社会和实体社会之间，具有其独特的性质。因此，商业行为在 Internet 环境下形成的独立的调整对象孕育了新的部门法——电子商务法。电子商务法也就是研究在网络环境下对电子商务进行规范和调控的法学，从一定意义上说，电子商务法具有程式性的特点，所以必须同其他相应的商法配合，以调整具体的电子商务法律关系。随着计算机网络通信技术的飞速发展和广泛应用，电子商务将成为未来商业活动的主宰形式，而电子商务法也将在商法领域里发挥越来越重要的作用。

3．电子商务法的性质

电子商务法是调整以数据电文为交易手段而形成的以交易形式为内容的商务关系的规范体系。也就是说，电子商务法调整的对象是一种私法上的关系。从总体上应属于私法范畴，不过其规范体系中，又包含一些具有行政管理性质的规范，如认证机构的许可与监管等，但这些行政管理规范是重要因素。所以，从公私法划分的角度上看，电子商务法应为公私法融合。

电子商务法是在 21 世纪占主导地位的商事交易法，具有以下两个基本特征：其一，以商人的行业惯例为其规范标准；其二，具有跨越任何国界、地域的，全球化的天然特性。互联网络是现代通信技术的代表，以网络为手段的商务活动规则也必然带有一定的技术特征。

4．电子商务为人类社会带来的法律问题

（1）电子商务运作平台建设及其法律地位问通

在电子商务环境下，交易双方的身份信息、产品信息、意思表示（合同内容），资金信息等均需要通过网络发布、传递和储存。电子商务网站是电子商务运行的基础。规范电子商务网站建设是电子商务法的首要任务。在通过中介服务商提供的平台进行交易的情况下，电子商务法必须确定中介服务商的法律地位和法律责任；确定在电子商务平台上建立电子商务网站、设立虚拟企业进行交易的主体之间的法律关系；确定电子商务网站与进入网站购物的消费者之间的法律关系；明确因为电子商务网站运作不当，网站应当承担的责任和相对人获得的法律救济途径和方法。

（2）在线交易主体及市场准入问题

电子商务法首先要解决的问题就是确保网上交易主体的真实存在，且确定这些主体可以进入虚拟市场从事在线业务。

（3）数据电文引起的法律问题

电子商务的突出特点是信息数字化（或电子化）和网络化，企业内部信息和文档电子化，对外交易联络、记录的电子化，尤其是电子合同的应用，带来了许多法律问题。如何保证信息安全并具有证据效力及记录方式不仅容易被篡改、删改、复制，遗失，而且不能脱离其记录工具（计算机）而作为证据独立存在就是必须解决的问题。突出表现有效电子记录规则、电子签名的有效性，电子合同的订立和履行等方面的问题。

（4）电子商务中产品交付的特殊问题

在线交易的标的物分两种，有形货物和无形的信息产品。有形货物的交付仍然可以沿用传统合同法的基本原理。而信息产品的交付则具有不同于有形货物交付的特征，对于其权利的移转、到货、交付的完成等需要作明确的界定。

（5）网上电子支付问题

典型的电子商务是在网上完成支付的。网上支付通过信用卡和虚拟银行的电子资金划拨来完成。实现这一过程涉及网络银行与网络交易客户之间的协议、网络银行与网站之间的合作协议以及安全保障问题。因此，需要制定相应的法律，明确电子支付的当事人包括付款人、收款人和银行之间的法律关系，制定相关的电子支付制度，认可电子签字的合法性。同时还应出台对于电子支付数据的伪造、变造，更改，涂销问题的处理办法。

（6）在线不正当竞争与网上无形财产保护问题

Internet 为企业带来了新的经营环境和经营方式，在这个特殊的经营环境中，也会产生许多不正当的竞争行为。这些不正当竞争行为大多与网上新形态的知识产权或无形财产权的保护有关，特别是因为域名、网页、数据库等引起一些传统法律体系中没有的不正当竞争行为，更需要探讨和完善新的法律规则。

（7）在线消费者保护问题

电子商务市场的虚拟性和开放性，网上购物的便捷性也使消费者保护成为突出的问题。法律需要寻求在电子商务环境下执行《消费者权益保护法》的方法和途径，制定网上消费者保护的特殊法，保障网上商品的质量，保证网上广告信息的真实性和有效性，解决由于交易双方信誉不实或无效信息而发生的交易纠纷，切实维护消费者权益。

（8）网上个人隐私保护问题

计算机和网络技术为人们获取、传递、复制信息提供了方便，但网络的开放性和互动性又给个人隐私的保护带来诸多问题。在线消费需要将个人资料传送给银行和商家，而对这些信息再利用成为网络时代普遍的现象。如何规范银行和商家的行为，保护消费者的个人隐私成为一个新的问题。

（9）网上税收问题

纳税是任何商业活动主体应尽的法律义务。从实际运作情况看，由于网络交易是全球范围内的交易，因此征税管理十分困难。另一方面，如果按照现有的税法进行征税，必然要涉及税务票据问题，但电子发票的实际运用技术尚不成熟。

（10）在线交易法律适用和管辖冲突问题

电子商务的本质是商务。实体社会的商法框架和体系对电子商务依然有效，电子商务法只是解决在线交易中的特殊法律问题，就存在一个现有法律法规的适用问题。由于因特网的超地域性，法院管辖范围也需要做相应的调整。因此，对于网络环境引起的法律适用和法院管辖等问题的研究也就成为电子商务法的重要组成部分。

导读四　电子商务从业人员的职业道德

0.10　职　业　道　德

1．职业的含义

职业是人们维持生计，承担社会分工角色，发挥个性才能的一种持续进行的社会活动。职业也可以理解为人们参与社会分工，利用专门知识、技能为社会创造物质财富或精神财富，获取合理报酬，作为物质生活来源，并满足精神需求的工作。电子商务的发展已经使其从业人员在承担社会分工的基础上，获得了合理的报酬，并发挥了个性才能，是一个新兴的职业。

职业理想包含3个层次：初级层次，为了维持生存是人对职业的最初动机，这是职业理想的基本层次；中级层次，主要目的是通过特定的职业施展个人的才智；高级层次，工作的目的是承担社会义务，把自己的职业与为社会、为人民服务联系起来。

2．职业道德的含义

道德是一定社会、一定阶级向人们提出的处理人与人之间、个人与社会之间、个人与自然之间各种关系的一种特殊的行为规范。

公民道德建设的指导思想。以马列主义、毛主席思想和邓小平理论为指导，全面贯彻三个代表重要思想，坚持党的基本路线和基本纲领，重在建设、以人为本，牢固树立建设有中国特色社会主义的共同理想和正确的世界观、人生观、价值观，在全社会大力倡导"爱国守法、明礼诚信、团结友善、勤俭自强、敬业奉献"的基本道德规范。

职业道德是指在一定职业活动中应遵循的，体现一定职业特征的、调整一定职业关系的行为准则和规范。职业道德的主要作用是通过调节职业关系，维护正常的职业活动秩序。职业道德主要内容包括爱岗敬业、诚实守信、办事公道、服务群众、奉献社会。

职业道德建设对企业发展的影响主要表现为职业道德在企业文化中占据重要地位；企业文化对企业发展具有重要价值；职业道德是增强企业凝聚力的手段；职业道德可以增强企业的竞争力。

职业道德与人的自身发展主要表现为：职业道德是事业成功的保证；职业道德是人格的一面镜子；从事一定的职业是人谋生的手段，是人全面发展的重要条件。

0.11 电子商务从业人员的职业道德修养要求

修养是指人们为了在理论、知识、艺术、思想以及道德品质等方面达到一定水平，所进行的自我教育、自我锻炼和自我提高的过程。修养是人们提高科学文化水平、专业技能和道德品质必不可少的手段。

电子商务从业人员的职业道德修养主要是指职业责任、职业纪律、职业情感及职业能力的修养。职业责任是一种关于职业角色的社会承诺，而职业道德则是完成这种社会承诺的行为、情操、品质与规范的总和。职业纪律是把一些直接关系到职业活动能否正常进行的行为规范，上升到行政纪律的高度加以明确规定，并以行政惩罚的形式强制执行，以保证从业人员的职业行为符合职业活动和职业道德的要求。职业纪律包括劳动纪律、财经纪律、保密纪律、组织纪律和群众纪律。职业情感，是指人们对自己从事的职业所具有的稳定的态度和体验，有强烈职业情感的人，能够从内心产生一种对自己从事职业的需求意识和深刻理解，因而无限热爱自己的职业和岗位。职业能力是指从事某种职业的能力，职业能力包括一定的专业理论、专业技术、从事实际岗位工作的操作能力以及运用所学知识处理和解决工作中出现的问题的能力。

电子商务从业人员在职业活动中必须加强职业道德修养的培养和训练。

1. 遵纪守法、廉洁奉公

遵纪守法、廉洁奉公是电子商务从业人员职业活动能够正常进行的重要保证。遵纪守法指的是要遵守职业纪律和与职业活动相关的法律、法规，遵守商业道德。廉洁奉公是高尚的道德情操在职业活动中的重要体现，是电子商务从业人员应有的思想道德品质和行为准则。它要求要以国家、人民和本单位的整体利益为重，自觉奉献，不为名利所动，以自己的实际行动抵制和反对不正之风。

2. 忠于职守，坚持原则

各行各业的从业人员都要忠于职守，热爱本职工作。这是职业道德的一条主要规范。作为电子商务从业人员，忠于职守就是要忠于电子商务这个特定的工作岗位，自觉履行电子商务人员的各项职责，要有强烈的事业心和责任感，坚持原则，注重社会主义精神文明建设，反对不良思想和作风。

3．兢兢业业、吃苦耐劳

电子商务的工作性质决定了从业人员不仅要在理论上有一定的造诣，还要具有实干精神，能够围绕电子商务开展各项活动，能有脚踏实地、埋头苦干、任劳任怨的精神。

4．恪守信用、严守机密

电子商务从业人员必须恪守信用，维护企业的商业信用，维护自己的个人信用。要遵守诺言，遵守时间；言必信，行必果。在商务活动中，电子商务人员应当严格按照合同办事。

严守机密是电子商务从业人员的重要素质。要求电子商务从业人员必须具备严守机密的职业道德，无论是上机操作还是文字工作都要严格遵守国家的有关保密规定，自觉加强保密观念，防止泄露机密。

5．钻研业务、爱岗敬业

爱岗敬业的具体要求是树立职业理想、强化职业责任、提高职业技能。

从发展的角度看，电子商务从业人员必须了解和熟悉与自身职业有直接或间接关系的领域中的新成果，才能更好地掌握电子商务工作的各项技能。

电子商务从业人员要根据自身分工的不同和形势发展的需要，掌握电子商务所需要的技能，如计算机技能、网络技能、网络营销技能、电子支付技能等。这些技能都必须随着电子商务技术的发展和自身工作的需要，在实践中不断地学习和提高。同时，电子商务从业人员应掌握电子商务交易中的各种管理知识，将网络技术与商业管理结合起来，提高企业应用电子商务的能力。

6．刻苦学习、勇于创新

现代社会科学技术的发展突飞猛进，知识更新的速度加快，电子商务从业人员应该具有广博的科学文化知识，以适应工作的需要。因此，电子商务从业人员必须勤奋学习、刻苦钻研，努力提高自身的思想素质和业务水平。

创新是指人们为了发展的需要，运用已知的信息，不断突破常规，发现或产生某种新颖独特的、有价值的新事物和新思想的活动。开拓创新要有创造意识、科学思维、坚定的信心和意志。作为复合型人才的电子商务从业人员更应具有强烈的创新意识和精神。要勇于创新，不空谈、重实干，在思想上是先行者，在实践上是实干家，不断提出新问题，研究新方法，走出新路子。

开篇练习

1．电子商务的发展经历了基于＿＿＿＿＿和＿＿＿＿＿电子商务。

2．电子商务就是通过包括互联网在内的＿＿＿＿＿来实现＿＿＿＿＿的购买、销售与交换。

3．电子商务的基本业务流程包括客户咨询产品、＿＿＿＿＿、接受订单及要求生产产品、生产部门生产产品、＿＿＿＿＿和＿＿＿＿＿。

4．电子商务的基本组成要素包括网络、＿＿＿＿＿、＿＿＿＿＿、＿＿＿＿＿、＿＿＿＿＿以及商务活动的管理机构等要素。

5．B2B 是指＿＿＿＿＿，即企业通过互联网、外部网、内部网或企业私有网络以电子方式实现的交易。

6．B2C 是指＿＿＿＿＿，即企业通过 Internet 向最终消费者提供商品零售或为消费者提供所需服务的商务活动模式。

7. C2C 是指_____，即个人与个人之间的网上交易，主要是指网上开店。

8. 职业道德是指在一定职业活动中应遵循的，体现一定职业特征的、调整一定职业关系的_____。

9. 电子商务从业人员的职业道德修养主要包括_____、_____、_____及_____的修养。

10. 电子商务从业人员爱岗敬业的具体要求是_____、_____、_____。

项目一 网络营销

项目情景创设

"让天下没有难做的生意！"揭示出电子商务和网络营销的真谛。随着 Internet 的普及、技术门槛和网络应用费用的降低，网络营销的力量远超过传统营销。企业能够自己在 Internet 上建立电子商务网站、优化搜索引擎、竞价排名、网上市场调研、网络广告、博客、电子邮件营销，让企业突破商业垄断、延伸营销范围、展开营销互动，获得更多的商业机会。

案例：阿里软件网店

以阿里软件网店版为例，通过网络平台完成网络营销。

具体的网络营销实施步骤如下。

第一步：登录阿里软件网店版，进入"营销平台"模块，如图1-1所示。

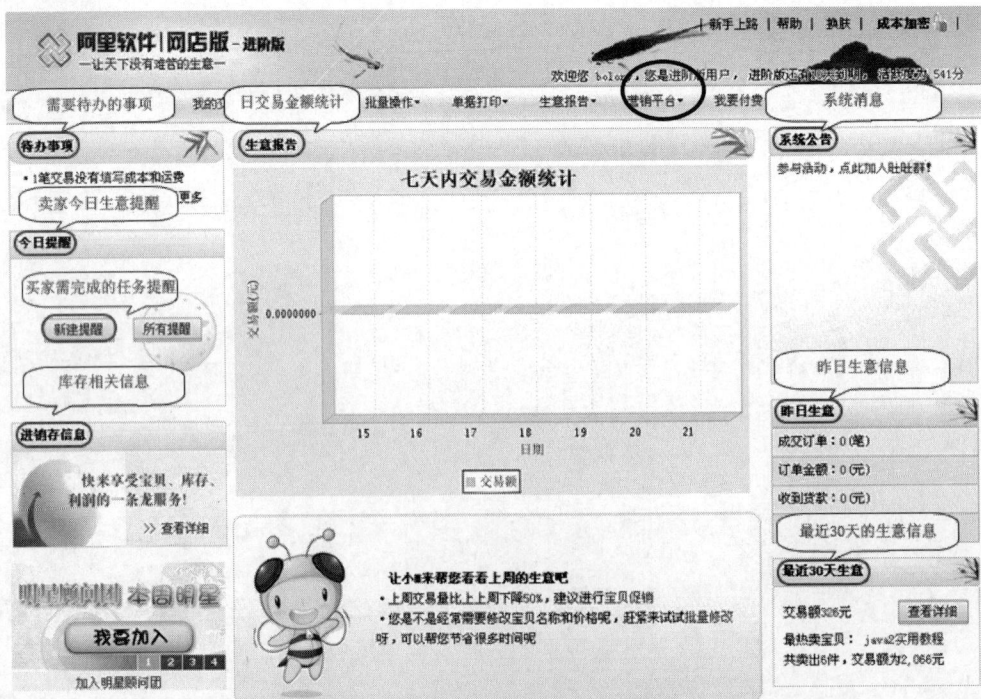

图1-1 网店版页面

第二步：在"营销平台"模块中，选择"宝贝促销"，完成买家获取抵价券的设置。

① 可以根据宝贝、分类，搜索想要促销的宝贝，然后选择宝贝，单击"下一步"按钮，如图 1-2 所示。

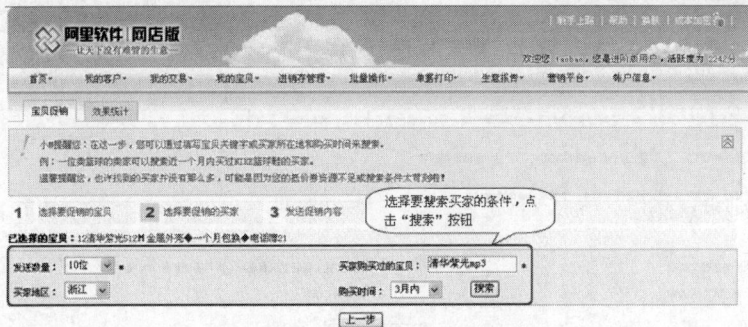

图 1-2　选择促销宝贝页面

② 选择抵价券的发送数量（必填）、买家购买过的宝贝（必填）、买家地区、购买时间，搜索要发送的买家，例如可以搜索近 1 个月以来购买过清华紫光 MP3 的买家，如图 1-3 所示。

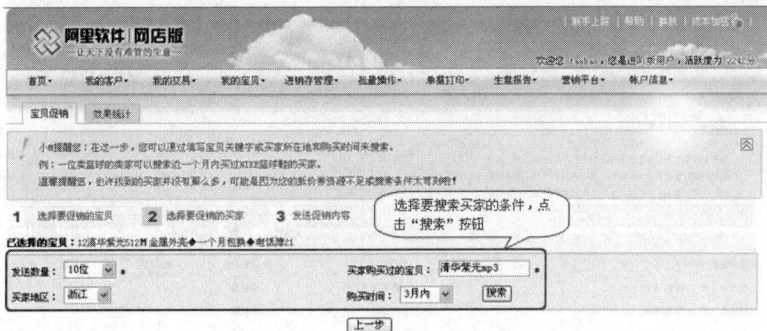

图 1-3　选择促销宝贝页面

③ 搜索出相关买家后，单击"下一步"按钮，如图 1-4 所示。

图 1-4　选择相关买家页面

④ 单击"发送"按钮，抵价券就会到达搜索到的买家手上，如图1-5所示。

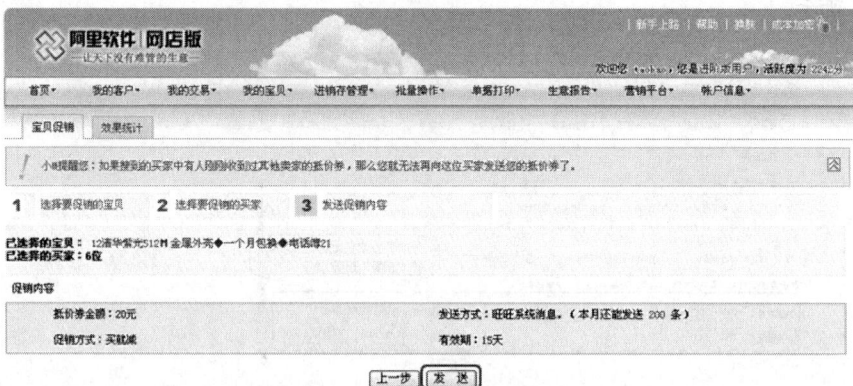

图1-5 发送买家抵价券页面

⑤ 在营销平台模块，选择"效果统计"，根据宝贝的名称、发送时间，可以查询宝贝的促销结果，如图1-6所示。

图1-6 发送买家抵价券的页面

第三步：在"营销平台"模块中，选择"网络营销"，完成对买家消息群发的设置。

① 选择接收方，即选择要发送的客户（允许选择多人，单次最多选择50人），单击"更改客户"按钮，如图1-7所示。

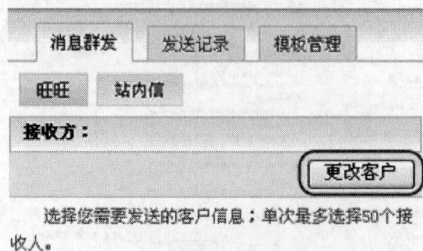

图1-7 更改客户页面

② 在弹出页面选择需要发送的客户，也可通过各种条件来搜索特定的买家。在"已选客户"中可以查看哪些用户已经选中，如图1-8所示。

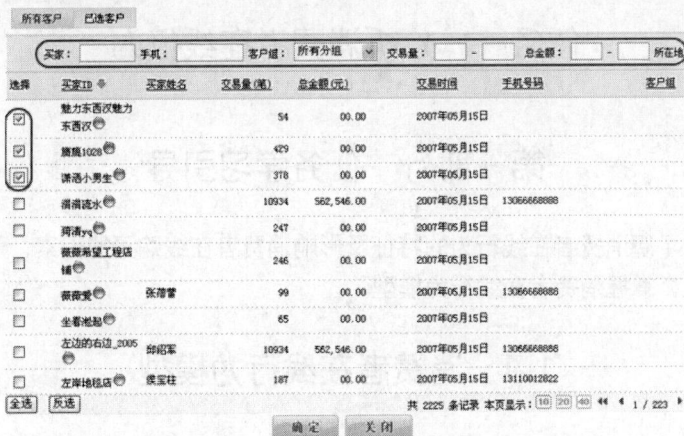

图 1-8 选择发送客户页面

③ 选择"旺旺"群发，如图1-9所示。

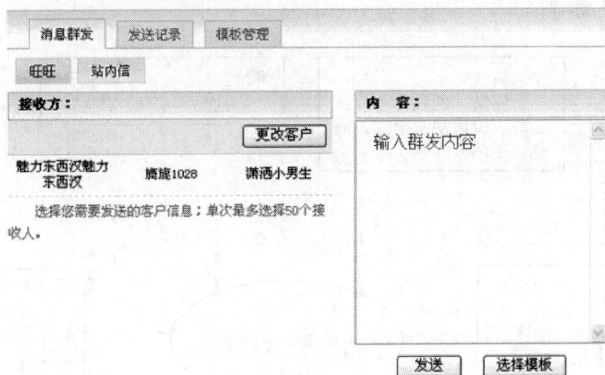

图 1-9 输入群发内容页面

④ 选择"站内信"群发，如图1-10所示。

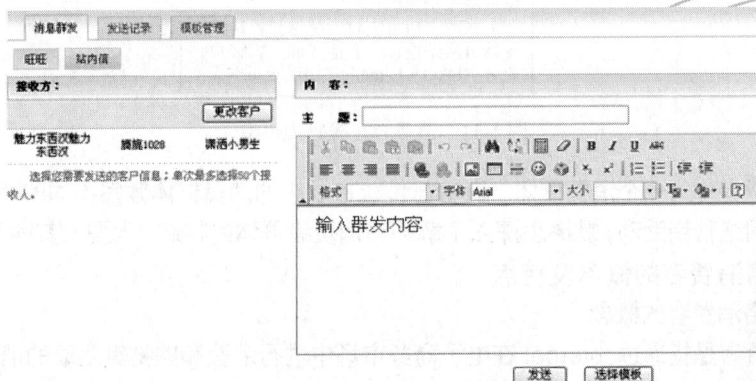

图 1-10 输入群发内容页面

通过使用阿里软件网店版"营销平台"的各种功能，可以知道网络营销项目需完成四个任务，即分析消费者在线行为，学会网上市场调研，制定网络营销策略，发布网络广告。

任务一　分析消费者在线行为

第一部分　任务学习引导

本任务要求了解消费者在线行为的特征及影响消费者在线购买的因素，熟悉消费者在线购买的决策过程，掌握消费者在线行为模型。

1.1　消费者在线行为模型

1. 消费者在线行为模型

市场研究人员花了多年的时间来了解消费者的行为，图 1-11 所示为消费者在线行为模型。购买决策过程是由消费者对刺激的反应引发的，该过程涉及个人特点、环境、电子商务物流以及其他因素的影响。

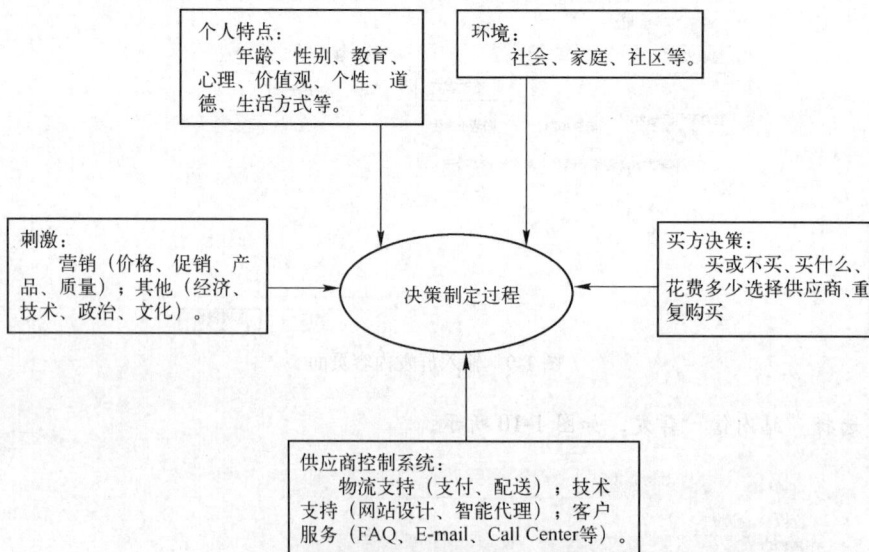

图 1-11　消费者在线行为模型

网络消费者作为一个消费群体，有着与传统市场中的消费群体截然不同的特性，因此要开展有效的网络营销活动，就必须深入了解网络消费者群体的特点、类型及其购买行为特征。

2. 网络消费者的概念及特点

（1）网络消费者的概念

网络消费者是指通过 Internet 在电子商务市场中进行消费和购物等活动的消费人群。

（2）网络消费者的特点

消费者行为以及购买行为永远是营销者关注的一个热点问题，对于网络营销者也是如此。网络消费者是网络营销的主要个体消费者，也是推动网络营销发展的主要动力，它的现状决定了今后网络营销的发展趋势和道路。网络消费者群体主要具备以下四个方面的特点。

● 注重自我意识

由于目前网络用户多以年轻、高学历的用户为主，他们拥有不同于他人的思想和喜好，有自己独立的见解和想法，对自己的判断能力也比较自负。因此，从事网络营销的企业应想办法满足其独特的个性化需求，尊重用户的意见和建议，而不是用大众化的标准来寻找大批的消费者。

● 擅长理性分析

由于网络用户是以大城市、高学历的年轻人为主，不会轻易受舆论左右，对各种产品宣传有较强的分析判断能力，因此，从事网络营销的企业应该加强信息的组织和管理，加强自身文化的建设，以诚信待人。

● 有强烈的求知欲

这些网络用户爱好广泛，无论是对新闻、股票市场还是网上娱乐都具有浓厚的兴趣，对未知的领域报以永不疲倦的好奇心。

● 缺乏耐心

因为这些网络用户以年轻人为主，因而比较缺乏耐心，当他们搜索信息时，经常比较注重搜索所花费的时间，如果链接、传输的速度比较慢，他们一般会马上离开这个站点。

3．网络消费者的类型

根据活跃的网络用户的在线时间、浏览网页、登录网站和在每个网页上花费的时间，进行网上购物的消费者可以分为以下几种类型。

（1）网络买家型

网络买家型的消费者需要的是方便而直接的网上购物。他们希望生活得更舒适，虽然每个月只花少量时间上网，但他们进行的网上交易却占了一半。零售商需要给他们提供真正简单、快捷的网上购物服务。

（2）交易乐趣型

交易乐趣型的消费者有一种"淘宝"的能力——购买物美价廉的商品的本能，C2C网站上的顾客大都属于这一类型，他们喜欢讨价还价，并有强烈的愿望在交易中获胜。

（3）网络体验型

网络体验型的顾客在网站间、网页间不停地快速移动，总在寻找新的内容、新的服务，感受新的体验，因此，网络体验型的顾客对常更新、具有创新设计特征的网站很感兴趣。

（4）网络新手型

网络新手型的消费者是刚接触网络的新手，较少在网店购物，更喜欢网上聊天和发送邮件。那些有着著名传统品牌的公司应对这群人保持足够的重视，因为网络新手型的消费者更愿意相信生活中他们所熟悉的品牌。

（5）娱乐时尚型

娱乐时尚型的消费者通常容易被网站的内容所吸引。他们比较喜欢色彩鲜艳、刺激的体育和娱乐性的网站。

4．消费者在线行为特征

由于电子商务的出现，消费观念、消费方式和消费者的地位正在发生着巨大的变化，网商的飞速发展让消费者的主权地位得到提高；网络营销拥有的巨大的信息处理能力，为消费者挑选商品提供了前所未有的选择空间，使消费者的购买行为更加趋于理性化。消费者在线行为主要呈现以下特征。

（1）个性化消费成为主流

伴随着电子商务的到来，网络市场欣欣向荣，消费品市场变得越来越丰富，消费者能够制订自己的消费准则，整个市场营销又回到了个性化的基础上，每一个消费者都是一个细小的消费市场。因此，个性化消费成了消费的主流。

（2）消费者需求突显差异性

不仅仅是消费者的个性消费使网络消费的需求呈现出差异性；对于不同的网络消费者因其所处的环境不同，也会产生不同的需求。因为网络消费者来自世界各地，有不同的国别、文化、民族、信仰和生活习惯，因而会产生明显的需求差异性。

（3）消费的主动意识增强

目前，在网络交易环境并不太成熟的情况下，消费者的交易风险仍然存在。在一些大件耐用品以及高技术含量商品的购买中，消费者往往会主动通过各种可能的渠道获取与商品有关的信息并进行分析和比较，以从中得到心理的平衡，避免风险或减少购买后产生的后悔感，增加对商品的信任程度和心理上的满足感。

（4）消费者直接参与生产和流通的全过程

传统的商业流通渠道由生产者、商业机构和消费者组成，其中商业机构起着重要的作用，生产者不直接了解市场，消费者也不直接向生产者表达自己的消费需求。而在网络环境下，消费者能直接参与到商品的生产和流通中来，与生产者直接进行沟通，减少了市场的不确定性。

（5）追求消费者过程的方便和享受

现在的网络消费过程越来越简单化和人性化。在网上购物，除了能够完成实际的购物需求以外，消费者在购买商品的同时，还能得到许多信息，消费者得到的不仅仅是物质上的满足，更追求的是一种精神上的享受。

（6）消费者选择商品的理性化

在网络环境条件下，商品选择的范围不限地域和其他条件的约束，消费者可以理性地规范自己的消费行为，即消费者会大范围地选择比较，选择质量好、价格合理、信用条件最佳的厂家和商品；更充分地利用各种定量化的分析模型，更理智地进行购买决策；主动地表达对商品及服务的欲望。

1.2　消费者在线购买决策过程

网上购物是指用户为完成购物或与之有关的活动而在网上的虚拟购物环境中浏览、搜索相关商品信息，从而为购买决策提供必要的信息，并实现购买决策的过程。消费者的购买决策过程，是消费者需要、购买动机、购买活动和买后使用感受的综合与统一。消费的在线购买过程可分为以下五个阶段。

1．确认需要

网络购买过程的起点是诱发需求，当消费者认为已有的商品不能满足自己的需求时，才会产生购买新商品的欲望。

2．收集信息

当需求被唤起后，每个消费者都希望自己的需求能得到满足，所以，收集信息、了解行情成为消费者在线购买过程的第二个环节。收集信息的渠道主要有两个方面：内部渠道和外部渠道。消费者首先在自己的记忆中搜寻可能与所需商品有关的知识经验，如果没有足够的信息用于决策，他便会到外部环境中去寻找与此相关的信息。

3．比较选择

消费者为了使消费需求与自己的购买能力相匹配，就要对从各种渠道汇集而来的信息进行比较、分析、研究，根据商品的功能、可靠性、性能、模式、价格和售后服务，从中选择一种自认为"足够好"或"满意"的商品。

4．购买决策

消费者在线完成对商品的比较选择后，便进入到购买决策阶段。与传统的购买方式相比，网络消费者在购买决策阶段主要有三个特点：首先，网络消费者的理智动机所占的比重较大，而感情动机所占的比重较小。其次，网络购物受外界的影响小。最后，网上购物的决策行为与传统购买决策相比速度要快。

5．购后评价

消费者购买商品后，往往通过使用商品来对自己的购买选择进行检查和反省，以判断这种购买决策的准确性。购后评价往往能够决定消费者以后的购买动向，"满意的顾客就是我最好的广告"。

1.3 消费者在线购买行为分析

消费者行为分析是经济学研究的重要内容，这方面的研究过去主要集中于传统的购买行为，而网上购物与传统的购物则有所区别。因此，网络中的销售商应该多关注消费者在线行为。

1．消费者获取网络信息的方式

消费者获取网络信息的方式可分为以下3种。

（1）浏览

网络消费者的浏览是非正式和机会性的，没有特定的目的，完成任务的效率低且较大程度地依赖外部的信息环境，但能较好地形成关于整个信息空间结构的概貌。此时，用户在网络信息空间的活动就像随意翻阅一份报纸，能大概了解报纸中的信息包括了哪些内容，能否详细地阅读某一消息就依赖于该信息的版面位置、标题设计等因素了。

（2）搜索

网络消费者的搜索是在一定的领域内找到新信息。搜索中收集到的信息都有助于达到发现新信息的最终目的，搜索时用户要访问众多不同的信息源，搜索活动对路标的依赖性较高。用户在网络信息空间的搜索，就如根据目录查阅书本，获取某一类特定信息。

（3）寻找

网络消费者的寻找是在大信息量的信息集里寻找并定位于特定信息的过程。寻找的目的性较强，活动效率最高。例如用户根据分类目录定位于寻找旅游信息后，他会在众多旅游信息中进行比较、挑选等活动。

2．消费者在线购物行为改变的原因

随着中国 Internet 和电子商务的发展，网络购物正在成为一种新型的购物方式，越来越多的用户开始通过网络购买商品，同时也有越来越多的网上商家如雨后春笋般地涌现，各种各样的商品在网上均有销售。面对种类繁多的商品、不同商家间巨大的价格差异，消费者都

希望有一种工具,能够尽快找到自己最想要的商品、找到最便宜的价格、找到最舒心的商家,从而去购买自己需要的商品,搜索引擎、网络虚拟社区甚至是比较购物搜索网站则满足了消费者在这方面的需求。

对于商家来说,想要做好营销工作,就一定要设身处地地站在消费者的立场,摸清楚他们的想法和偏好,以期了解消费者的购买行为。了解这些消费群体的特征和偏好是进行网络消费者行为分析的关键。因此,在着手研究拟定营销策划前,有必要对消费者购买行为加以了解,以便运筹帷幄,制定出符合市场环境的营销组合,一方面满足消费者的需求,另一方面增强自身的竞争力。

3. 影响消费者在线购买行为的主要因素

图1-11列出了每个类别的一些影响因素,消费者不是在真空里做出自己的购买决策,尽管其中大部分因素是营销人员所无法控制的,但是也必须要充分予以重视,并做出相应的对策。

(1)社会环境因素

① 文化因素

文化是人类的欲望和行为最为基本的决定因素,文化因素直接影响着人们的欲望和行为。每一种文化都有着不同的内涵。从影响消费者购买行为的文化因素看,文化是指所形成的共同的价值观、信仰、道德、风俗习惯。面对不同文化背景、不同种族、不同国家甚至不同地区的消费者,营销的策略和手段都应有所不同。

② 社会关系因素

消费者的购买行为同样受到一系列社会因素的影响,这些社会因素主要包括家庭因素、朋友因素、宗教因素、社会阶层和相关群体等。企业的营销人员要关注这些因素的变化,以便能够及时调整相关的营销策略。

(2)个人因素

消费者的购买行为也会受到其个人因素的影响,如性别、教育程度、收入、生活方式、价值观和心理因素等。特别是消费者的心理因素。消费者的购买行为和选择还会因其心理因素的变化而变化。这些心理因素包括购买动机、购买经验、品牌认可等。每个人总有许多不同的需要,有些是由生理状况而引起的,如饥饿、口渴、不安等;有些是由心理状况而引起的,如尊重、发展需要等。在不同的状态下人们的购买需求是不同的。

(3)网络环境影响因素

① 网络购物环境

现在的网上购物类网站,虽然不能完全模拟现实中的实体购物环境,但从网站的色彩、内容设计、在线服务方式以及购物流程的实用性及快捷性等方面进行了精心设计,从而让消费者产生了网络独有的购物乐趣,一台电脑、一杯咖啡、一边听着音乐、一边吃着零食,休闲的购物环境让许多消费者无比快乐。

② 网络工具

搜索引擎已成为消费者在线购物不可或缺的工具,搜索对购物网站的价值渗透网购全程,如图1-12所示。艾瑞咨询最新推出的《2008年搜索在网络购物流程中的价值分析报告》显示,搜索从用户产生潜在网络购买意识到网络购物结束后的整个流程中,都发挥着重要的作用。其中的搜索包含三类,一是购物网站内部的搜索,二是通用搜索,三是垂直搜索。如图1-13所示,在消费者做出购买决策前,需要获取尽可能多的商品信息以知晓品牌,了解商品。如图 1-14 所示，在消费者做出购买并提交订单后，依然有 66.1% 的消费者会继续搜索商品的信息。

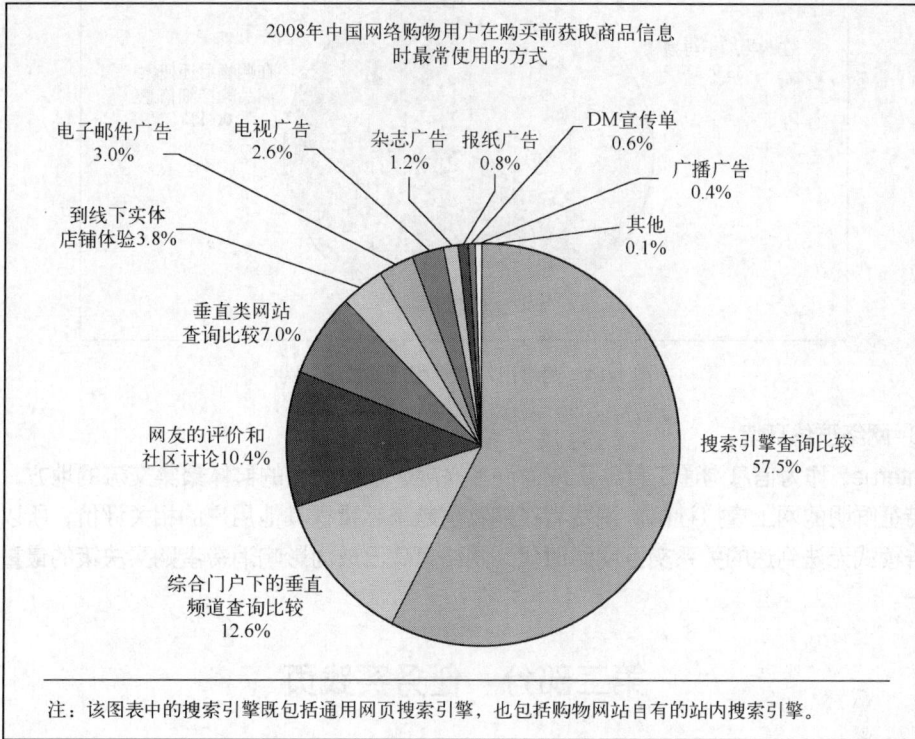

图 1-12 用户在购买前获取商品信息时最常使用的方式

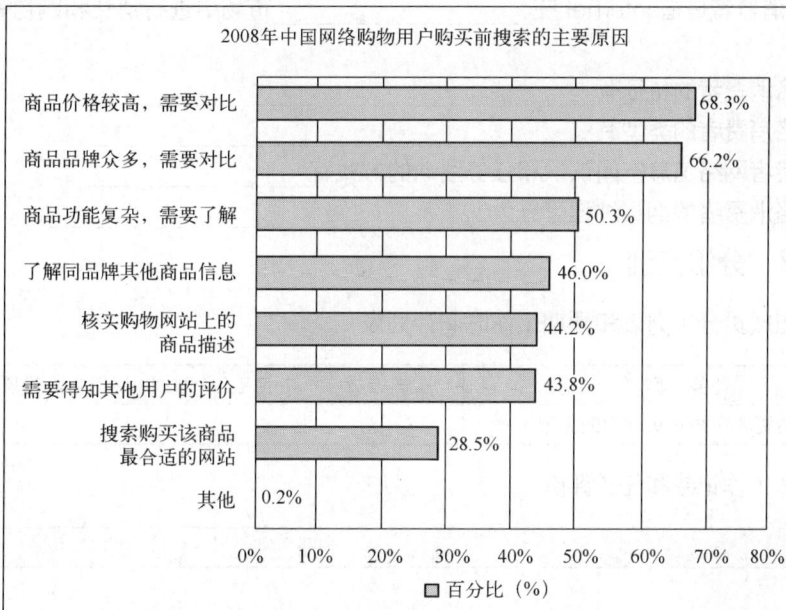

图 1-13 用户服务购买前搜索的主要原因

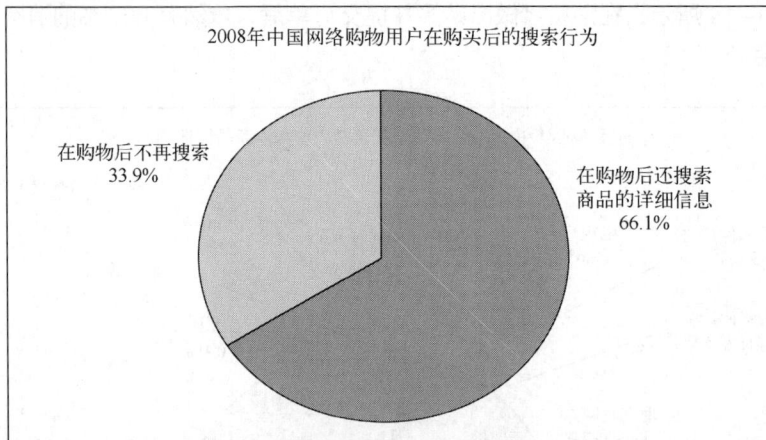

图 1-14　网络用户在购买后的搜索行为

③ 网络群体环境

Internet 作为信息沟通工具，正成为许多兴趣、爱好趋同的群体聚集交流的地方，并且形成特征鲜明的网上虚拟社区。消费者在购物前越来越重视其他用户的相关评价，所以在传统广告模式无法到达的关系交互网络时代，网络口碑已成为影响消费者购买决策的最重要因素之一。

第二部分　任务实践页

实训 1　基础训练

1. 网络消费者是指 Internet 在＿＿＿＿＿＿＿＿＿市场中进行消费和购物等活动的消费者。

2. 网络消费者的特征有＿＿＿＿＿＿＿＿＿＿＿＿＿＿＿＿＿＿＿＿＿＿。

3. 网络消费者的类型有＿＿＿＿＿＿＿＿＿＿＿＿＿＿＿＿＿＿＿＿＿＿。

4. 消费者网络信息空间认识和任务活动的方式有＿＿＿＿＿＿＿＿＿＿。

5. 网络消费者的购买过程可分为＿＿＿＿＿＿＿＿＿＿＿＿＿＿＿＿＿＿。

实训 2　分组实训

1. 小组成员分工列表和预期工作时间计划表

任务名称	承担成员	完成工作时间	老师建议工作时间
了解影响消费者在线购买行为的主要因素			

2. 任务工作记录和任务评价

项目	记录
工作过程	签名：

续表

项目	记录
个人收获	签名：
存在的问题	签名：
任务评价	（教师）签名：

实训 3　拓展实训

1. 了解常用的搜索引擎的特点及优势。
2. 分析我国消费者在线购买行为。

任务二　网上市场调研

本任务要求了解网上市场调研的基本程序，熟悉网络信息收集的主要途径，能够使用网络工具完成网上调查问卷的设计、发布和分析。

第一部分　任务学习引导

1.4　网上市场调研的目的和原则

1．网上市场调研的概念

网上市场调研是指在 Internet 上针对特定营销环境进行简单的调查设计、收集资料和初步分析的活动，为企业的网络营销决策提供数据支持和分析依据。其目的是找出描述消费者、商品、营销手段和商家之间关系的信息，从而发现市场机会，制订营销计划，更好的理解购买过程和评估营销效果。

2．网上市场调研的目的

网上市场调研的目的

① 识别公司网站的访问者

了解企业网站的访问者，这是企业首先要解决的一个问题。访问者的性别、年龄、经济收入、文化层次以及爱好等对企业的经营来说都是相当重要的信息，只有掌握了这些信息后，才能展开有针对性的营销活动。

② 客户满意度调查

一家企业提供的商品或服务在客户心中的位置就是通过客户的满意度与忠诚度来衡量

的。对这一指标进行有效的调查、评估和管理，对企业的日常操作行为与长期的策略制订具有极其重要的指导意义。

③ 新品测试

企业不断推出的新商品、新概念或者新的服务方式是否确实给客户提供了方便，满足了客户的需要？这些商品或服务是否还有缺陷；如果改进，顾客心目中的理想产品是什么样的？这些都是需要通过调查才能清楚的。在新商品的投放过程中，这种调查将会使企业在第一时间得到信息反馈，从而制订应变策略。

④ 价值评价

企业的网站在客户甚至于在所有网民的心目中有着怎样的形象，是每一个注重效益的企业所必须关注的，而这一点必须通过网上市场调研来完成。网站价值也是网络广告主投放广告的依据之一。因此，对网站价值的评估十分必要。通过调研，再对网站进行优化，无疑对促进产品的销量有着现实的意义。

⑤ 竞争对手以及行业状况

竞争对手的定价、促销策略对企业来说有着很强的借鉴性，知己知彼，百战不殆。知道了竞争对手和行业的现状，对于企业更好地制订生产和营销策略有着举足轻重的作用。

3．网上市场调研的原则

就像 Internet 一样，网上市场调研还处在幼年期，但它正成为一种迅速、方便和低成本的调研手段。网上市场调研应注意的基本原则和要求有以下几点。

（1）及时性

这既是网上调研优越于传统调研的地方，也是我们必须把握的基本原则。网络技术和网络信息传播的特点保证了这一原则的贯彻。这一原则要求企业灵活运用各种调研手段，方便被调研者迅速提供调研信息，同时也要求企业有强大的后台处理工具，如数据库，以便能快速进行数据处理和数据挖掘，避免调研结果的滞后和失效。

（2）客观公正性

网上调研通常要借助于中介机构来完成，这是比较经济而有效的。但是，网络调研应和企业自己调研一样要保证结果的客观公正。这要求调研者应该以充分的事实和数据为依据寻找答案，作出判断，而不是凭空想象，或者以偏概全。

（3）精确性

在线市场调研一般采用互动的方式，允许与消费者进行个别交流，这使调研机构可以更好地了解消费者、市场和竞争的情况。例如，可以及早发现商品和消费者转变的趋势，使商家找到市场机会，并开发出消费者真正需要的商品和服务。

（4）保护个人隐私

保护个人隐私正被越来越多的消费者重视，也有一些人还没有意识到。但无论如何企业不应因忽视这一问题而引起不必要的麻烦。因此，企业应该将客户资料、调研信息作为企业的商业秘密进行严格管理，当用于其他商业活动时，应征得消费者的同意，以免因侵犯消费者的权利而引起消费者的不满，损害公司的形象和长远利益。

（5）选择合适的样本

合适的样本主要是指样本的数量和质量。企业最好能从自己的数据库中挑选客户，并定期打电话确认他们的身份。另外，也可以公开征集被调研者，以确保样本的质量。

1.5 网上市场调研的基本步骤

Internet 提供了一条更快、更便宜和更可靠地收集和处理市场信息的渠道。根据市场调查的方式不同，利用 Internet 进行市场调查可以分为网上直接调查和网上间接调查。

1. 网上直接调查的基本步骤

（1）确定调查目标

网上调查目标只能是网民，在网民中对企业的商品或服务有消费意向的网民才能成为调查的对象。同时要考虑到调查的样本数量要足够大，这样得出来的结论才是可信的。

（2）确定调查方法

网上直接调查多半是被动调查，将调查问卷放到网站的页面上被动地等待访问者填写。因此，吸引访问者参与调查是做好调整工作的关键之一。这里要考虑利用一些能够吸引调查者参与的方式来进行。

（3）设计问卷

调查问卷的设计直接关系到调查的成败，是网上直接调查的关键之一。可以借助一定的技术手段，过滤一部分被调查者，从而得到真正的目标消费群的答卷。

（4）分析调查结果

与传统调查的结果分析类似，在这个过程中也要尽量排除不合格的问卷。得出的结论是否客观将直接影响到以后的决策，因此这一步工作必须做好。

（5）撰写调查报告

撰写调查报告是网上调查的最后一步，也是调查成果的体现。撰写调查报告主要是在分析调查结果基础上对调查的数据和结论进行系统的说明，并对有关结论进行探讨性的说明。

2. 网上间接调查步骤

对于企业来说，产品/服务是否适销对路，最主要还是取决于相关市场的宏观环境，如竞争者、消费者、国家政策扶持与否、社会消费潮流等因素。而这些信息大部分都要靠间接调查来取得。网上间接调查主要是通过不同的途径获取相关资料、分析调查结果、撰写调查报告。

3. 网上市场调研的方法

（1）网上直接调查

网上直接调查是通过网站辅助以电子邮件通过 Internet 直接进行问卷调查等方式收集资料的调查方法。可以采用网上问卷调查法、网上试验调查法和网上观察法，常用的是网上问卷调查法。根据市场调查采用的技术手段，主要有如下几种。

① 利用讨论组

通过在预定的讨论组里有目的地张贴问题，可以和消费者进行深入的一对一交流；还可以张贴有关的文章，并建立到自己网站的链接，通过与来访者的意见交流达到调研的目的。其成本费用比较低而且是主动型的，但要注意网上的行为规范，调查的内容应与讨论组的主题相关。

② 自建网站

在自己的网站上也可以有目的地张贴问题，以引起讨论。通过讨论聚集潜在的消费者进而确定目标市场。还可以在自己的网站张贴调研问卷，并对参与者进行奖励，让访问者有充足的理由完成调研并鼓励他人也参与调研。这种方式要求企业的网站必须有调查分析的功能，对企业的技术要求较高，但可以充分发挥网站的综合效益。

③ 电子邮件

如果营销人员在目标市场中收集了顾客和潜在顾客的电子邮件地址，就可以用特别电子邮件向其发送详细的调查问卷。营销人员可以在电子邮件中列举若干问题，请顾客和潜在顾客回答。通过这种直接询问，企业就能清楚地知道顾客对公司的满意程度以及对商品的期望等。

④ 聊天室

聊天室是培养潜在消费者的网上社区。"物以类聚，人以群分"，共同语言是这一社区的基础。企业在网上发现这一群体并进行有意识的培养，使之成为潜在消费者，可以为企业未来的发展奠定基础。从来没有现成的目标市场供企业使用，理想的目标市场都是企业自己培养出来的。

⑤ 视频会议法

视频会议法是将分散在不同地域的被调查者通过互联网视频会议功能虚拟地组织起来，在主持人的引导下讨论调查问题的调查方法。视频会议法适合于对关键问题的定性调查研究。

（2）网上间接调查

网上间接调查是利用 Internet 收集与企业营销相关的市场、竞争者、消费者以及宏观环境等方面的二手信息的调查方法，有如下几种方法。

① 利用搜索引擎

使用这种方法时，分别可以按分类、网站和网页来搜索关键字，为提高查找效率和准确度，可通过搜索引擎提供的搜索功能直接输入关键字查找相应的内容；必要时，可以用一些高级命令，同时搜索多个关键字。目前使用较多的中文搜索引擎有搜狐、新浪、雅虎中国以及百度等。

② 利用公告栏

公告栏的用途多种多样，一般可以作为留言板，也可以作为聊天、讨论的场所，还可以用于发布供求信息。

③ 利用新闻组

新闻组就是一个基于网络的计算机组合，这些计算机可以交换以一个或多个可识别标签标识的文章（或消息）。新闻组通常含有多个主题，并以此对消费者分类。目前，新闻组地使用还不广泛，这可能是由于新闻组数量少，用户对新闻组的了解也比较少，造成了新闻组的实用性不尽如人意。

④ 利用网上数据库

网上数据库有付费和免费两种。在国外，市场调查用的数据库一般都是付费的。我国的数据库近十年有较大的发展，近几年也出现了几个 Web 版的数据库，但都是文献信息型的数据库。以下有选择地介绍目前国际上影响较大的几个主要商情数据库检索系统。

1.6 网络调查问卷的设计及制作

下面以新华网 2009 年大学生就业形式调查问卷为例，说明设计好的问卷的重要性。

1. 您认为现在就业形势如何?

A. 形势严峻，就业难;   B. 形势正常;

C. 形势较好，就业容易；　　　　　　　D. 不了解

2. 您认为自己目前最欠缺的素质主要是：

A. 基本的解决问题能力；　　　　　　　B. 沟通协调能力；

C. 承受压力、克服困难的能力；　　　　D. 相关工作或实习经验；

E. 专业知识和技能；　　　　　　　　　F. 其他

3. 请问您的择业观念是什么？

A. 一步到位，有固定收入；　　　　　　B. 先就业，后择业；

C. 不就业，继续深造；　　　　　　　　D. 自主创业

4. 请问您将通过何种方式向用人单位介绍自己的情况？（多选）

A. 招聘会现场；　　　　　　　　　　　B. 寄发自荐材料；

C. 在就业网站发布就业材料；　　　　　D. 通过熟人介绍；

E. 其他

5. 您欲选择什么样的单位就业（多选）？

A. 国有企业；　　　B. 民营企业；　　　C. 外资企业；　　　D. 合资企业；

E. 政府部门；　　　F. 自主创业；　　　G. 其他

6. 如果是自主创业，认为您最需要的是：

A. 资金；　　　　　B. 政策支持；　　　C. 技术；　　　　　D. 其他

7. 您愿意到中小城市或西部去发展吗？

A. 是；　　　　　　B. 否

8. 您认为您能接受的工次是：

A. 1000 元以下；　　　　　　　　　　　B. 1000～1500 元；

C. 1500～2000 元；　　　　　　　　　　D. 2000～2500 元；

E. 2500～3000 元；　　　　　　　　　　F. 3000 元以上

该问卷是在当年席卷全球的金融危机将对 2009 年高校毕业生就业产生极大影响的背景下，新华网特别推出"2009 年大学生就业形势调查问卷"。与传统的调查不同，网络调查不仅是调查者与被调查者进行社会互动的过程，更是一种人机互动的过程。因此，在线调查问卷设计对网络调查的质量有着十分重要的影响。网络问卷调查的目的是通过设计好的问题来获得对用户理解的认识。好的问卷设计才能得出有效的调查结果。如何设计好的问卷就是必须学习和掌握的基本功。

1. 在线调查问卷的形式

网络调查问卷依其问题提出的方式决定了问卷的结构程度，从而可以分为有结构和无结构问卷。无论是什么结构的问卷，可采用的一般有五种项目方式。

① 是否式：以是、否或正、误对问题做出回答。

② 选择式：在数个备择答案中选择最符合自己想法的一项。

③ 排列式：按照重要性或时间性等标准，对备选答案排出等级或顺序。

④ 填空式：在列出的问题括号中填入自己的情况或看法。

⑤ 量表式：以量表的方式让网民对问题做出反应。

在网络问卷调查中，是否式、选择式最为常用，填空式次之。排列式和量表式比较少见。因为在网页设计和后台程序的设计中较难实现这两种形式。一般情况下，可将其转化为选择式问卷。

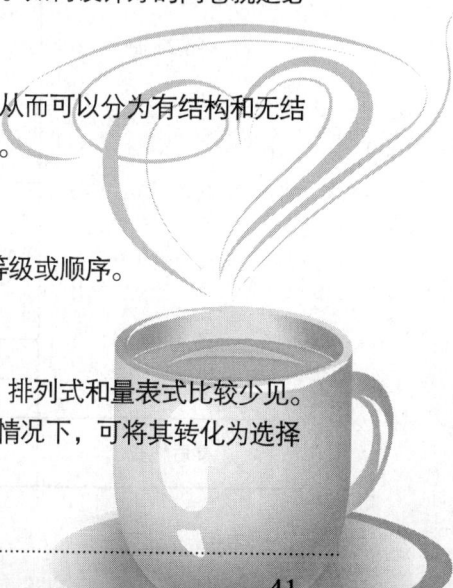

2．在线调查问卷的设计应注意的问题

① 明确调查的目的和内容，问卷的设计应该以此为基础。

② 明确调查对象，问卷设计的语言措辞要得当。

● 避免应答者可能不明白的缩写、俗语或生僻用语。

● 提出的问题要具体。含糊的提问将得到含糊的答案。

③ 在问卷设计时，应该考虑数据统计和分析是否易于操作。

④ 卷首应该有明确说明（如调查目的、主办单位等），特别是涉及个人资料，应该有隐私保护说明。

⑤ 问题数量应该合理、逻辑化、规范化。

a．当问题的要求过多时，人们会拒绝或猜想。

b．确保问题易于回答。要求过高的问题也会导致拒答或猜想。

c．不要过多假设，这是一个相当普遍的错误。问题撰写者默认了人们的一些知识、态度和行为。

d．注意双重问题和相反观点的问题，将多个问题结合起来或运用相反观点的问题会导致模棱两可的问题和答案。

e．检查误差。带有误差的问题会引导人们以某一方式回答，但这种方式不能准确地反映出其立场。

⑥ 要预先进行测试。

正式调查前的试调查，"所有的修改和编辑都不能保证成功。预先测试是保证问卷研究项目成功而费用最低的方式。"预先测试的基本目的是保证问卷提供给应答者以清晰、容易理解的问题，这样的问题将得到清晰、容易理解的回答。

3．在线调查问卷的制作

设计问卷的目的是为了更好地收集市场信息，因此在问卷的设计过程中，首先要把握调查的目的和要求，力求使问卷取得被调查者的充分合作，保证提供准确有效的信息。问卷设计是由一系列相关的工作过程所构成的。只有科学设计调查问卷表，才能得到正确的反馈信息，在线调查问卷表制作步骤如表 1–1 所示。

表 1–1 　　　　　　　　　　　　在线调查问卷表制作步骤

事前准备	调查目的的确认与明确化	调查目的的确认
		原有资料、信息的分析、设定假说
		汇总、分析方法的确定
调查问卷设计	决定调查项目和提问项目	决定调查项目
		决定提问项目
	设定问题项目的制作	提问形式、回答形式的推敲
		设定问题方案内容的推敲
		措辞用字的检查
		决定回答项目
	提问顺序的推敲	
	进行预备测试	
事后检查	调查问卷的完成	根据预备测试进行修正，印刷、校对，调查问卷的完成

4．在线调查问卷的发布

下面以众意网为例，说明网上调查问卷的制作与发布。众意网是专门向广大调研人士提供市场调查问卷的在线设计、在线发送、在线回收并实时提供分析结果的专业自助调研网站，在网络建设、市场调研、数据库等专业领域有很深造诣。具体在线调查问卷制作与发布的步骤如下。

第一步：登录众意网，www.youjoinit.cn，如图 1-15 所示。

图 1-15　众意网的首页

第二步：单击"立即注册"按钮，选择"免费用户"，如图 1-16 所示；单击"免费注册"按钮，填写注册资料后，单击"提交"按钮，如图 1-17 所示。

图 1-16　众意网的注册页面

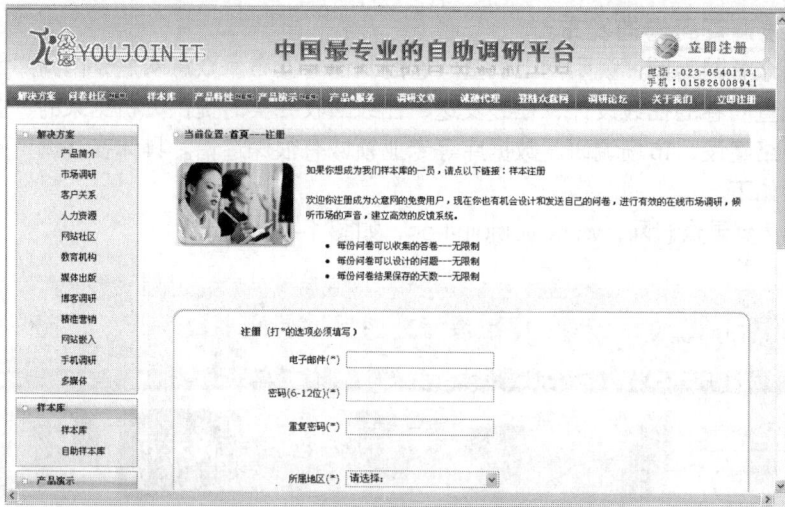

图 1-17　众意网的注册页面

第三步：进入我的自助调研平台，选择"新建问卷"，如图 1-18 所示；选择"创建新问卷"，如图 1-19 所示；填写问卷名"网上创业市场发展状况"并提交，如图 1-20 所示。

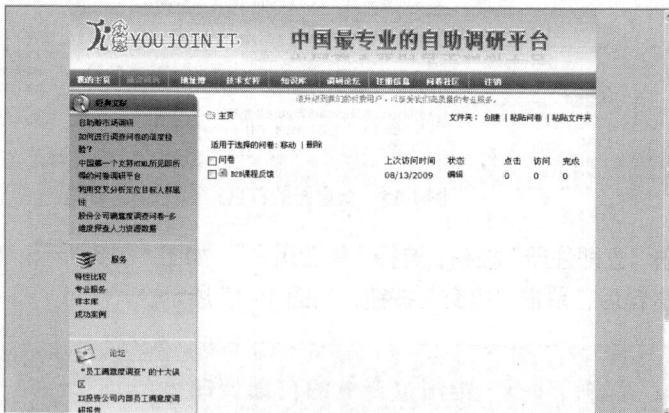

图 1-18　我的众意网的调研平台页面

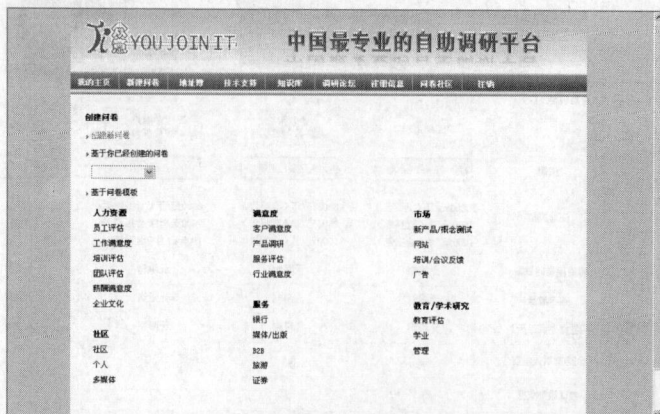

图 1-19　创建问卷页面

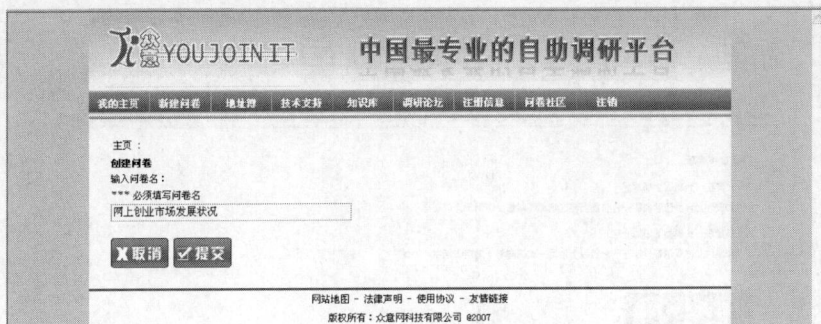

图 1-20 输入问卷名页面

第四步：编辑"网上创业市场发展状况"问卷，如图 1-21 所示。

图 1-21 问卷编辑页面

第五步：发布"网上创业市场发展状况"问卷，选择"网络发布"，单击"提交"按钮，如图 1-22 所示；选择"允许在一台机器上填写多次"，单击"提交"按钮，完成问卷网络发布，如图 1-23 所示；确认问卷发布，如图 1-24 所示。

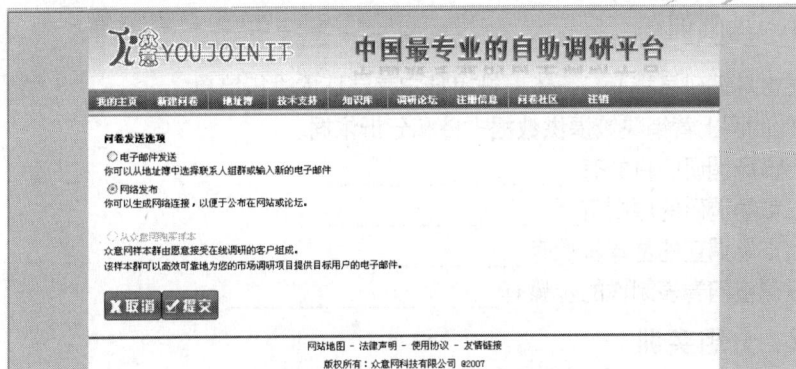

图 1-22 问卷网络发布页面

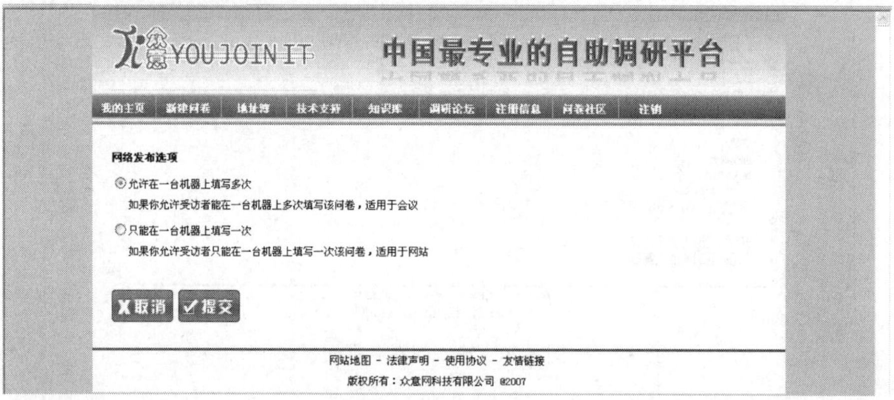

图 1-23　问卷网络发布选项页面

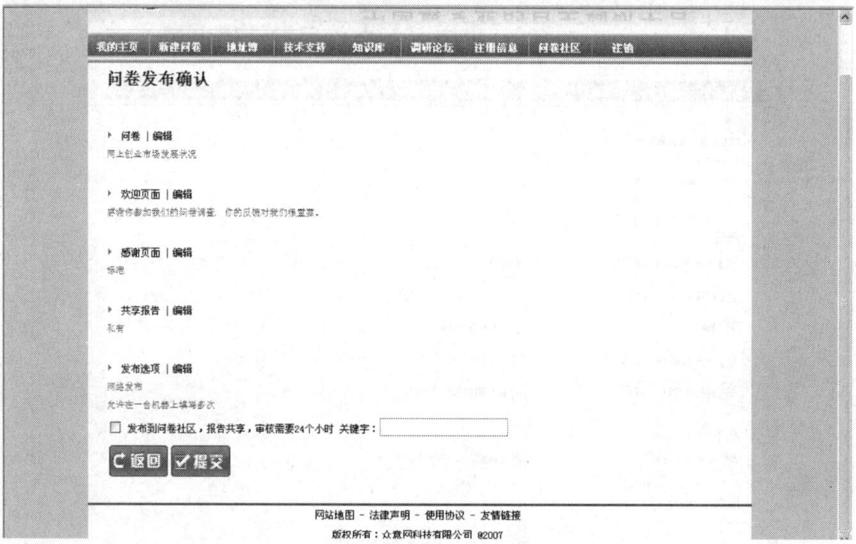

图 1-24　问卷网络发布确认页面

第二部分　任务实践页

实训 1　基础训练

1. 网上市场调研是指 Internet 上针对特定营销环境进行简单＿＿＿＿＿＿＿＿＿＿的活动，为企业的网上营销决策提供数据支持和分析依据。

2. 网上市场调研的目的有＿＿＿＿＿＿＿＿＿＿。

3. 网上市场调研的原则有＿＿＿＿＿＿＿＿＿＿。

4. 网上市场调查的基本步骤有＿＿＿＿＿＿＿＿＿＿。

5. 在线调查问卷表制作的步骤有＿＿＿＿＿＿＿＿＿＿。

实训 2　分组实训

1. 小组成员分工列表和预期工作时间计划表。

任务名称	承担成员	完成工作时间	老师建议工作时间
设计 "网上创业市场发展现状" 网上调查问卷并在众意网发布该问卷			

2. 任务工作记录和任务评价。

项目	记录
工作过程	签名:
个人收获	签名:
存在的问题	签名:
任务评价	（教师）签名:

实训 3　拓展实训

1. 了解最新中国互联网络发展状况统计报告（www.cnnic.cn）。
2. 设计 "校园网站发展现状" 网上调查问卷，并在校园网上发布。

任务三　制订网络营销策略

本任务要求了解网络营销与传统营销的区别，熟悉网络营销的主要策略，并能使用不同的网络营销方法实施网络营销。

第一部分　任务学习引导

1.7　网络营销与传统营销的比较

1．网络营销的概念及特点

（1）网络营销的概念

从 "营销" 的角度出发，可以将网络营销定义为：网络营销是以现代营销理论为基础，借助计算机网络、数据通信技术来实现营销目的的活动，即最大限度地满足客户的需求、开拓市场、增加盈利的营销过程。

（2）网络营销的特点

网络营销具有传统营销根本不具备的许多独特的、十分鲜明的特点。网络营销具有以下特点。

① 个性化的营销方式

在网络环境下，消费者不会被动地接受不需要的信息和商品，他们拥有比过去更大的选

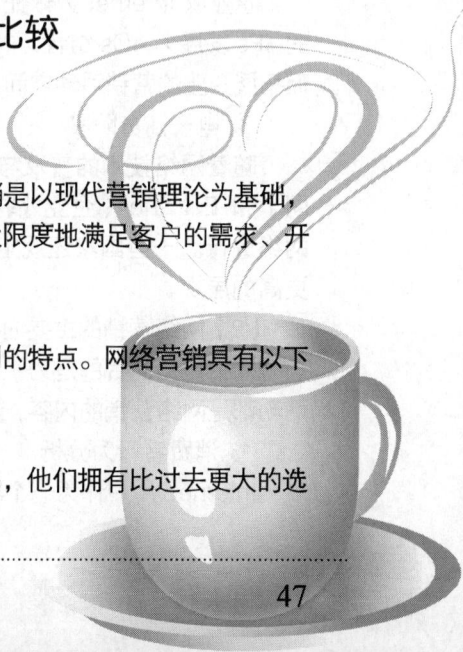

择自由，并且能根据自己的个性特点和需求在全球范围内寻找合适的商品。这种个性消费的发展将促使企业重新考虑其营销战略，以消费者的个性需求作为提供商品及服务的出发点。

② 多样化、互动性强的营销展示

Internet 可以传输多种媒体的信息，如文字、声音、图像，使企业为达成交易进行信息交换时能以多种形式完成，即电子公告栏、在线论坛、电子邮件、博客、视频、搜索引擎等方式，不仅充分发挥营销人员的创造性和能动性，企业还可以通过网站与顾客进行实时交流，向顾客提供个体必要的信息时，从顾客那里收集市场情报、了解顾客的满意度。

③ 实现精准营销，跟踪并衡量营销效果

以网络和信息技术为核心的精准营销体系，将逐步成为现代企业营销发展的新趋势。精准营销就是在精准定位的基础上，依托现代信息技术手段建立个性化的顾客沟通服务体系，实现企业可度量的低成本扩张之路。"无法衡量的东西就无法管理"。网络营销通过及时和精确的统计机制，使广告主能够直接对广告的发布进行在线监控，使广告主能够更好地跟踪广告受众的反应，及时了解用户和潜在用户的情况。

④ 降低营销成本，取得低成本优势

Internet 中信息传播的速度快而且方便，使消费者对市场行情的把握更准确，因而消费者的流动性更强。要想留住顾客，必须给他们更多的实惠。开展网络营销，可以节约昂贵的店面租金，可以减少库存商品资金占用，可以使经营规模不受场地限制，与顾客的沟通方便而高效，这些都可以降低企业的经营成本和费用，从根本上增强企业的竞争优势。

2．网络营销的内容

（1）网络营销的发展层次

网络营销在发展过程的不同阶段，其内容是有所侧重的。一方面是因为人们的认识和企业的经营理念在逐步变化；另一方面网络营销所依赖的技术基础也是逐步完善的。

① 信息发布与收集阶段

企业利用 Internet，建立自己的网站，发布产品信息，宣传企业经营理念，展示企业形象等，使消费者多了一个了解企业的途径。同时，企业通过网络调查工具，收集需要的资料，便于企业的经营决策。

② 网络营销阶段

企业以 Internet 为依托，通过虚拟商店、在线交易等手段，重构市场营销组合，将传统的 4Ps 发展为 4Cs 组合，帮助消费者顺利过渡到网络营销时代，并接受这种先进的理念，从而拓展企业的营销活动空间。

③ 电子商务阶段

随着网络技术的普及与成熟，越来越多的企业被纳入由 Internet、Intranet（企业内联网）和 Extranet（企业外联网）构成的网络世界，交易、结算、服务、洽谈等都可以通过网络进行。一些国家还规定电子文书与书面凭证具有同等的法律效力，使网络营销达到了更高的层次。

（2）网络营销的主要内容

网络营销的目的是为了实现一定的营销目标。因此，为实现营销目标所采取的所有营销活动都是网络营销的内容，其主要内容包括以下几点。

① 消费者行为分析

Internet 用户作为一个特殊的群体，是企业开展有效的网络营销活动的基础，必须了解网络用户群体的需求特征、购买动机、偏好和购买行为模式；也应该了解网络用户的职业、年龄、地域分布、性别等人口统计资料。由此，企业可以主动提供有针对性的商品和服务信息，节约消费者搜索信息的时间，也扩大企业的销售额。

② 网络调研

网络调研可用于收集第一手资料和二手资料。第一手资料主要利用 Internet 的交互式信息沟通渠道来实施调查活动，重点是如何利用有效的工具和手段实施调查和收集整理资料。网络中的二手资料非常庞杂，鱼目混珠，真假难辨。在 Internet 上获取信息不再是难事，关键是如何在信息海洋中获取想要的资料信息和分析出有用的信息。

③ 制订营销策略

营销策略是根据企业的目标、环境与资源拟定一系列的营销活动，经由提供比竞争者更有价值、更有效率的服务与商品，扩大市场销售规模，进而实现计划的营销目标。营销策略是依据企业的优势，在适应竞争环境的基础上制订出来的，并应具有一定的超前性，以指导企业的营销活动。企业可以控制的优势体现在其提供的网络商品、价格、网络渠道和网络促销上，这是企业获得竞争优势的基础；在此基础上，企业若善于利用竞争环境中的有利机会，就会显示出竞争优势来。

④ 网络促销与网络广告

网络促销的手段比较单一，因为传统的人员推销、营业推广、公共关系等方式在网络这个虚拟社区中还没有找到理想的实现方式，其促销作用微乎其微，因而网络广告成为主要的促销手段。而网络广告也确实具有独特的优势，表现形式也在不断创新，以适应消费者和企业的需要。充分发挥网络广告的优势，开创其他促销手段在网络中的应用，将有助于企业更好地实现营销目标。

⑤ 网络营销管理

网络营销的开展给企业带来了许多新问题，如商品质量保证问题，消费者隐私保护问题，以及信息安全与保护问题等。这些问题都应是网络营销必须重视和进行有效管理的；要采用新思维、新手段和新策略，要用战略眼光去看待和处理由此产生的当前利益与长远利益的矛盾。否则，会影响网络营销的效果，阻碍网络营销的进一步发展。

3．网络营销与传统营销的比较

网络营销所依赖的技术基础和特殊的商品交易环境，改变了原有市场营销理论的根基，使网络营销显著区别于传统营销。

（1）网络营销对传统营销理论的冲击

① 市场细分的新标准与方法

消费者的个性化需求导致细分市场更"细"，市场细分的难度增大，突出表现在标准的变化以及细分的程度差异上。除了传统的细分标准，还按是否上网、上网能力、上网时间、购买能力、职业、年龄、区域等新的细分标准对目标消费者进行分群。

② 整合营销传播理论

传统的整合营销进化为整合网络营销（Integrated Internet Marketing），整合了商品和服务、公共关系、口碑、流行文化、广告、个人体验、标志、雇员、氛围等元素，提供了一种与如此众多的利益相关者群体的沟通方法。

③ 对消费者的作用进行再认识

传统营销中的消费者不论在信息方面还是在商品方面都是被动的接受者，消费者与企业

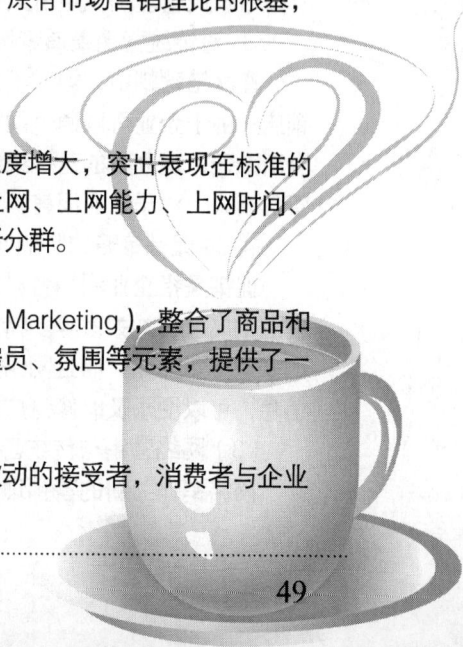

是对立的；而且，由于在同一笔交易中，买卖双方掌握的信息不对称，买方容易对卖方产生不信任，导致交易效率低下甚至交易失败。但在 Internet 这个虚拟社会里，组织信息和交换信息都是相当方便的，特别是进入了 Web 2.0 时代，消费者既是网络内容的消费者，也是网络内容的制造者，消费者的主动性与交互性增强，借助如 BBS、RSS、P2P、虚拟社区和博客等方式，不间断地相互学习与交流，最终可以使消费者获取不依赖于卖主的重要信息资源，极大地提升了交易成功率。

④ 深化差异化营销理论

在网络时代，消费者的个性化需求加强，需求差异也进一步加深。网络营销在互联网环境和信息技术的支持下，将深化差异化营销的观念和规则，同时更注重环境和消费者的个性化行为分析。

（2）网络营销对传统营销策略的冲击

随着"消费者为中心"时代的来临，传统四大营销组合策略 4P，即产品（Product）、价格（Price）、渠道（Palace）和促销（Promotion），难以符合时代的要求，转向 4C。由 Philip. Kotler 网络营销组合 4C 的主要内容是顾客（Consumer）、成本（Cost）、便利（Convenience）和沟通（Communication）。与 4P 理论相比，4C 理论真正将消费者置于核心位置。以 4P 为基础的市场营销策略转变为以 4C 为基础的市场营销策略，彻底地改变了传统市场营销的基础，极大地拓展了原有的市场与营销的概念。

① 对传统商品、品牌策略的冲击

首先，是对传统的标准化商品的冲击。提供个性化的商品，将成为企业致力的追求目标，而怎样达到目标，更有效地满足个性化的需求，是每个上网公司面临的一大挑战。当然，Internet 也为满足个性化需求提供了条件，如可以快速获得关于产品概念和广告效果测试的反馈信息，测试顾客的不同认同水平，从而更加容易地对消费者行为方式和偏好进行跟踪，从而对不同的消费者提供不同的商品。其次，适应品牌的全球化管理。Internet 跨时空的特点，对上网企业的品牌管理提出了挑战。企业必须灵活处理统一形象品牌策略和本地特点区域品牌策略，加强区域管理。

② 对定价策略的影响

在 Internet 上，价格采取的是"透明"策略，因而水平趋于一致。如何正确的定价，尤其是对于执行差别化定价策略的公司来说，不能不说是一个大问题。

③ 对传统营销渠道策略的冲击

在网络营销中，渠道不再意味着中间商、分销商等概念，也不再意味着特约加盟店、连锁店；由于企业可以通过网络实现与消费者的直接联系、沟通、互动，中间商的重要性因此有所降低；建立新的营销渠道管理模式，实现直销、分销的良性结合、互动，建立新的物流管理模式，对于企业而言，这些都是新的课题。

④ 对促销策略的影响

促销是指企业利用各种信息载体与目标市场进行沟通的传播活动，包括广告、人员推销、营业推广与公共关系等。特别表现在广告方面，网络广告不再具有时间、空间的限制，表现形式也更多样化，而且网络广告的效果更易监测、检验，可以科学、准确地获知广告用户的信息，可以便于及时修订广告计划、方案、形式，更具针对性、实效性。

（3）网络营销与传统营销的整合

网络销作为新的营销理念和策略，凭借 Internet 的特性对传统经营方式产生了巨大的冲击，但这并不说网络营销能够完全取代传统营销；Internet 只是一种工具，营销面对的是有灵性的人，因此传统的以人为本的营销策略所具有独特的亲和力是网络营销没有办法取代的。随着技术的发展，Internet 将克服上述的不足，最后实现融洽的内在统一，网络将成为营销基础之一。所以网络营销与传统营销是一个整合的过程。就是利用传统营销作为引导网络营销为主力，从而实现企业的营销目标。

1.8　网络营销的常用方法

网络营销是借助一切被目标用户认可的网络应用服务平台开展的引导用户关注的行为或活动，其目的是促进产品在线销售及扩大品牌影响力。企业需要深刻理解不同的网络营销策略，并结合自身资源广泛应用到产品推广和品牌建设中去。下面介绍目前流行的一些网络营销方法。

1．搜索引擎营销

搜索引擎营销分两种，即 SEO 与 PPC。

SEO 即搜索引擎优化，它通过对网站结构（内部链接结构、网站物理结构、网站逻辑结构）、高质量的网站主题内容、丰富而有价值的相关性外部链接进行优化，以获得在搜索引擎上的优势排名为网站引入流量。

PPC，是指购买搜索结果页上的广告位来实现营销目的，各大搜索引擎都推出了自己的广告体系，相互之间只是形式不同而已。搜索引擎广告的优势具有相关性，由于广告只出现在相关搜索结果或相关主题网页中，因此，搜索引擎广告比传统广告更加有效，客户转化率更高。

2．电子邮件营销

电子邮件营销是以订阅的方式将行业及产品信息通过电子邮件的方式提供给所需要的用户，以此建立与用户之间的信任与信赖关系。大多数公司及网站都已经利用电子邮件营销方式。

3．即时通信营销

顾名思义，即时通信营销是利用 Internet 即时聊天工具进行推广宣传的营销方式。品牌建设，非正常方式营销也许获得了不小的流量，可用户不但没有认可你的品牌名称，甚至已经将你的品牌名称拉进了黑名单；所以，有效地开展营销策略要求企业考虑为用户提供对其个体有价值的信息。

4．病毒式营销

病毒式营销并非利用病毒或流氓插件来进行推广宣传，而是通过一套合理有效的积分制度引导并刺激用户主动进行宣传，是建立在有益于用户基础之上的营销模式。

5．BBS 营销

不用细致地解释了，我想 BBS 营销应用的已经很普遍了，尤其是对于个人站长，其中大部分会到门户站论坛灌水同时留下自己网站的链接，每天以此为本站都能带来几百 IP。当然，对于企业，BBS 营销要更专也精。

6．博客营销

博客营销就是建立企业博客，用于企业与用户之间的互动交流以及企业文化的体现，一般以行业评论、工作感想、心情随笔和专业技术等作为企业博客的内容，使用户更加信赖企业。特别是企业博客营销，相对于广告而言是一种间接的营销，企业通过博客与消费者沟通、发布企业新闻、收集反馈和意见、实现企业公关等，这些虽然没有直接宣传，但是让用户接近、倾听、交流的过程本身就是最好的营销手段。

7. 播客营销

播客营销是在广泛传播的个性视频中植入广告或在播客网站进行创意广告征集等方式来进行品牌宣传与推广，例如，2006 年"百事我创，网事我创"的广告创意征集活动，知名公司通过在国外目前最流行的视频播客网站，发布创意视频广告延伸品牌概念，使品牌效应不断地被深化。

8. RSS 营销

RSS 营销是一种相对不成熟的营销方式，即使在美国这样的发达国家仍然有大量用户对此一无所知。使用 RSS 的以互联网业内人士居多，以订阅日志及信息为主，而能够让用户来订阅广告信息的可能性更微乎其微。

9. SN 营销

SN：SocialNetwork，即社会化网络，是互联网 Web 2.0 的一个特制之一。SN 营销是基于圈子、人脉、六度空间这样的概念而产生的，即主题明确的圈子、俱乐部等进行自我扩充的营销策略，一般以成员推荐机制为主要形式，为精准营销提供了可能，而且实际销售的转化率偏好，这也可以说是病毒式营销的升华，这对于用户认可产品的品牌起到很强的作用。

10. 知识型营销

知识型营销就像百度知道，通过用户之间的提问与解答的方式来提升用户粘性，你扩展了用户的知识层面，用户就会感谢你，试想企业不妨建立一个在线疑难解答这样的互动频道，让用户体验企业的专业技术水平和高质服务，或是不妨设置一块区域，专门向用户普及相关知识，每天定时更新等。

第二部分　任务实践页

实训 1　基础训练

1. 从"营销"的角度出发，可以将网络营销定义为：网络营销是以＿＿＿＿＿＿＿＿＿的活动，即最大限度地满足客户需求、开拓市场、增加盈利的营销过程。

2. 网络营销的特点有＿＿＿＿＿＿＿＿＿＿＿＿＿＿＿＿。

3. 网络营销的发展层次有＿＿＿＿＿＿＿＿＿＿＿＿＿＿。

4. 网络营销的主要内容有＿＿＿＿＿＿＿＿＿＿＿＿＿＿。

实训 2　分组实训

1. 小组成员分工列表和预期工作时间计划表。

任务名称	承担成员	完成工作时间	老师建议工作时间
分析淘宝网皇冠级别卖家店铺使用的网络营销策略及方法			

2. 任务工作记录和任务评价。

项目	记录
工作过程	签名：
个人收获	签名：
存在的问题	签名：
任务评价	（教师）签名：

实训 3 拓展实训

1. 了解知名网站常用的网络营销策略，如阿里巴巴、新浪、百度。

2. 为校园网或校刊（校报）设计一份网络营销方案。要求方案条理清楚，方法可行，字数在 200 字以上。

任务四 发布网络广告

本任务要求了解网络广告的特点和优势，熟悉网络广告的类型，并能使用网络工具发布网络广告。

第一部分 任务学习引导

1.9 网络广告的特点与形式

1. 网络广告的特点

简单地说，网络广告就是在网络上做的广告。利用网站上的广告横幅、文本链接、多媒体的方法，在网络刊登或发布广告，通过网络传递到互联网用户的一种高科技广告运作方式。

（1）传播范围广

网络广告的传播范围极其广泛，不受时间和空间的限制，可以通过国际互联网络把广告信息 24 小时不间断地传播到世界各地。如今，互联网已经连通了 160 多个国家，2010 年全球网民将超过 20 亿，中国也超过了 4 亿，并且这些用户群正不断地加速发展壮大。作为网络广告的受众，只要具备上网条件，任何人在任何地点都可以随时随意浏览广告。

（2）交互性强

在网络上，受众是广告的主人，在当其对某一产品发生兴趣时，可以进入该产品的主页，详细了解产品的信息。而厂商也可以随时得到宝贵的用户反馈信息。

（3）针对性明确

网络广告目标群确定，由于点击阅读信息者即为有兴趣者，所以可直接命中有可能的用户，并可以为不同的受众推出不同的广告内容。尤其是行业电子商务网站，浏览用户大都是业界人士，使网络广告更具有针对性了。

（4）受众数量可准确统计

利用传统媒体做广告，很难准确地知道有多少人接受到广告信息，而在 Internet 上可通过权威公正的访客流量统计系统精确统计出每个客户的广告被多少个用户看过，以及这些用户查阅的时间分布和地域分布。这样，借助分析工具，成效易体现，客户群体清晰易辨，广告行为收益也能准确计量，有助于客商正确评估广告效果，制定广告投放策略，对广告目标更有把握。

（5）灵活、成本低

在传统媒体上做广告，发布后很难更改，即使可改动往往也须付出很大的经济代价。而在 Internet 上做广告能按照需要及时变更广告的内容，当然包括改正错误。这就使经营决策的变化可以及时地实施和推广。作为新兴的媒体，网络媒体的收费也远低于传统媒体，若能直接利用网络广告进行产品销售，则可节省更多销售成本。

（6）感官性强

网络广告的载体基本上是多媒体、超文本格式文件，可以使消费者能亲身体验产品、服务与品牌。这种以图、文、声、像的形式，传送多感官的信息，让顾客如身临其境般感受商品或服务。

2．网络广告的形式

（1）网幅广告（包含 Banner、Button、通栏、竖边、巨幅等）

网幅广告是以 GIF、JPG、Flash 等格式建立的图像文件，定位在网页中大多用来表现广告内容，同时还可使用 Java 等语言使其产生交互性，用 Shockwave 等插件工具增强表现力。

（2）文本链接广告

文本链接广告是以一排文字作为一个广告，单击可以进入相应的广告页面。这是一种对浏览者的干扰最少，但却较为效果的网络广告形式。有时候，最简单的广告形式效果却最好。

（3）电子邮件广告

电子邮件广告具有针对性强、费用低廉的特点，且广告内容不受限制。特别是针对性强的特点，电子邮件广告可以针对具体某一个人发送特定的广告，为其他网上广告方式所不及。

（4）赞助

赞助式广告多种多样，比传统的网络广告给了广告主更多的选择。

（5）与内容相结合的广告

广告与内容的结合可以说是赞助式广告的一种，从表面上看起来更像网页上的内容而并非广告。在传统的印刷媒体上，这类广告都会有明显的标示，指出这是广告，而在网页上通常没有清楚的界限。

（6）插播式广告（弹出式广告）

浏览者在请求登录网页时强制插入一个广告页面或弹出广告窗口。这有点类似电视广告，都是打断正常节目的播放，强迫观看。插播式广告有各种尺寸，有全屏的也有小窗口的，而且互动的程度也不同，从静态的到全部动态的都有。浏览者可以通过关闭窗口不看广告（电视广告是无法做到的），但是它们的出现没有任何征兆，而且肯定会被浏览者看到。

（7）Rich Media

　　一般指使用浏览器插件或其他脚本语言、Java ASP 等编写的具有复杂视觉效果和交互功能的网络广告。这些效果的使用是否有效，一方面取决于站点的服务器端设置，另一方面取决于访问者浏览器是否能查看。一般来说，RichMedia 能表现更多、更精彩的广告内容。

　　（8）来电付费广告

　　叮铃铃是中国搜索引擎优化营销中心（SEO 服务中心）和中国搜索引擎优化营销研究所（SEO 研究所）联合推出的一项网络广告，即叮铃铃来电付费网络广告 www.dinglingling.net，实现了策划不收费，展示不收费，点击不收费，只有接到客户的有效电话才收费。

　　（9）其他新型广告

　　视频广告、路演广告、巨幅连播广告、翻页广告、祝贺广告、博客广告等。视频广告是网民最喜爱的广告形式。据艾瑞网调研数据显示，29%的网民表示最喜爱视频广告，此外，分别有 18%、17%和 16% 的网民表示最喜爱传统的旗帜广告、大尺寸广告和悬浮广告。视频广告具有超强的感染力，能够给用户带来良好的感官效果；而且拥有先进的技术支持，能够提高用户参与度，实现互动，有助于提高网络用户的关注度。

1.10　网络广告的发布渠道和形式

　　网络发布广告的渠道和形式众多，企业应根据自身的情况及网络广告的目标，选择适合自己的网络渠道和方式。目前，可供企业选择的渠道和方式主要有：

　　1. 主页形式

　　建立自己的主页，对于大企业来说，是一种必然的趋势。这不但是一种企业形象的树立，也是宣传产品的良好工具。实际上，在 Internet 上做广告，归根到底要设立企业自己的主页。其他的网络广告形式，无论是黄页、企业名录、免费的 Internet 服务广告，还是网上报纸、新闻组，都是提供了一种快速链接至企业主页的形式，所以说，在 Internet 上做广告，建立企业的主页是最根本的。主页形式是企业在 Internet 进行广告宣传的主要形式。按照今后的发展趋势，一个企业的主页地址也会像企业的地址、名称、标志、电话、传真一样，是独有的，是企业的标识，将成为企业的无形资产。

　　2. 专类销售网

　　这是一种专类产品直接在 Internet 上进行销售的方式。现在有越来越多的这样的网络出现，著名的如 Automobile Buyer's　Network、AutoBytel 等。以 AutImobile Buyer's Network 为例，消费者只要在一张表中填上自己所需汽车的类型、价位、制造者、型号等信息，然后轻轻按一下 Search（搜索）键，屏幕上就可以马上出现完全满足需要的汽车的各种细节，当然还包括何处可以购买到此种汽车的信息。

　　3. 免费的 Internet 服务

　　在 Internet 上有许多免费的服务，如国外的 hotmail 邮件服务商及国内的 163、263 邮件服务商等都提供免费的 E-mail 服务，很多用户都喜欢使用。由于 Internet 上广告内容繁多，即使企业建有自己的 Web 页面，但是需要用户主动通过大量的搜索查询工作，才能看到广告的内容。而这些免费的 Internet 服务就不同，它能帮助企业将广告主动送至使用该免费 E-mail 服务，又想查询此方面内容的用户手中。

4. 黄页形式

在 Internet 上有一些专门的用以查询检索服务的网络服务商的站点如 Yahoo!、Infoseek、Excite 等。这些站点就如同电话黄页一样，按类别划分，便于用户进行站点的查询。在其页面上，都会留出一定的位置给企业做广告。比如在 Excite 上，用户在 search 一栏中输入关键字 auto mobile，Excite 页面的中上部就会出现某汽车公司的广告图标。

5. 企业名录

一些 Internet 服务提供者（ISP）或政府机构会将一些企业信息融入自己的主页中。如香港商业发展委员会（Hong Kong Trade Development Council）的主页中就融有汽车代理商、汽车配件商的名录。只要用户感兴趣，就可以直接通过链接，进入相应行业代理商（或者配件商）的主页上。

6. 网上报纸或杂志

在 Internet 日益发展的今天，新闻界也不落人后，一些世界著名的报纸和杂志，如美国的《华尔街日报》《商业周刊》，国内的如《人民日报》《文汇报》《中国日报》等，纷纷将触角伸向了 Internet，在 Internet 上建立自己的主页。而更有一些新兴的报纸与杂志，干脆脱离了传统的"纸"的媒体，完完全全地成为了一种"网上报纸或杂志"，反响非常好，每天访问的人数不断上升。

7. 新闻组（Newsgroup）

新闻组也是一种常见的 Internet 服务，与公告牌相似。人人都可以订阅它，成为新闻组的一员。成员可以在其上阅读大量的公告，也可以发表自己的公告，或者回复他人的公告。新闻组是一种很好的讨论与分享信息的方式。对于一个公司来说，选择在与本公司产品相关的新闻组上发表自己的公告将是一种非常有效的、传播自己的信息的渠道。

8. 友情链接

建立友情链接要本着平等的原则。网站的访问量，在搜索引擎中的排名位置，相互之间信息的补充程度，链接的位置，链接的具体形式（图像还是文本方式，是否在专门的网页，或单独介绍你的网站）等，这些都是在建立友情链接时需考虑的事情。

9. 使用电子邮件和电子邮件列表发布广告

在 Internet 中到处都充满了商机，就像传统广告中的邮寄广告一样，网络世界中另外一种广告发布形式正在被更多的商家所利用，即电子邮件广告。传统的邮寄广告是广告主把印制或书写的信息，包括商品目录、货物说明书、商品价目表、展销会请柬、征订单、明信片、招贴画、传单等，直接通过邮政系统寄达选定的对象的一种传播方式。电子邮件广告是广告主将广告信息以 E-mail 的方式发送给有关的网络用户。

目前，可供个人发布网络广告的渠道和形式却并不太多，常见的有电子邮件、博客、BBS、个人网站、虚拟社区等。下面为淘宝客网站为例，介绍一种全新的个人发布网络广告的形式——淘宝客推广。淘宝客推广是一种按成交计费的推广模式，淘宝客只要从淘宝客推广专区获取商品代码，任何买家经过推广（链接，个人网站，博客或者社区发的帖子）进入淘宝卖家店铺完成购买后，就可得到由卖家支付的佣金。具体的淘宝客推广步骤如下。

第一步：登录阿里妈妈网站，如图 1-25 所示；注册成为阿里妈妈会员，如图 1-26 所示，可选择个人或公司两种类型；如果已是淘宝会员，登录淘宝后，点击"我的淘宝"→"我要赚钱"→"我是淘宝客"，如图 1-27 所示。

图 1-25 阿里妈妈网站首页

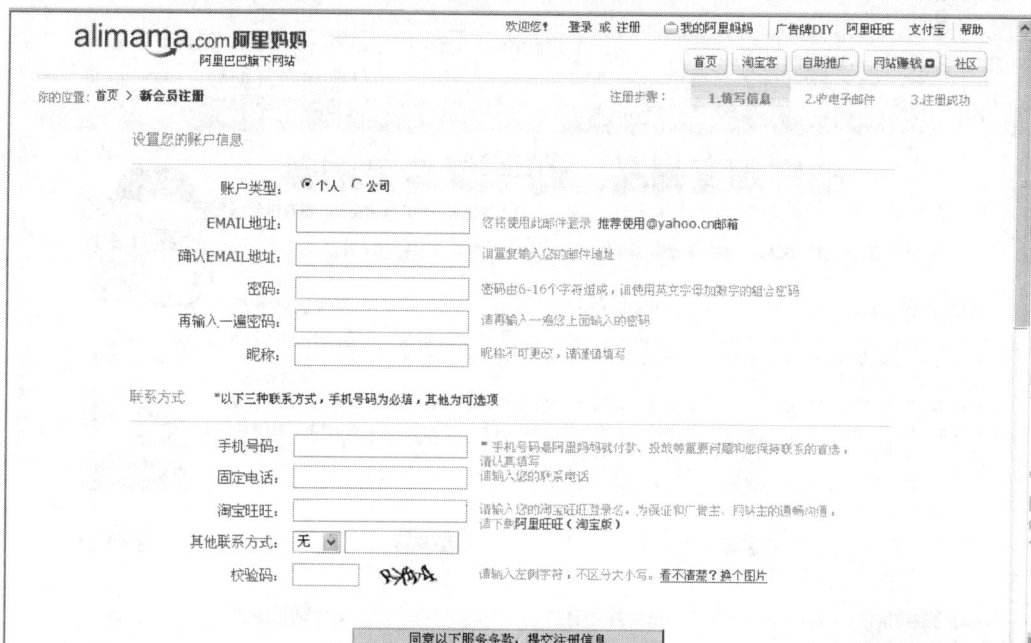

图 1-26 阿里妈妈的注册页面

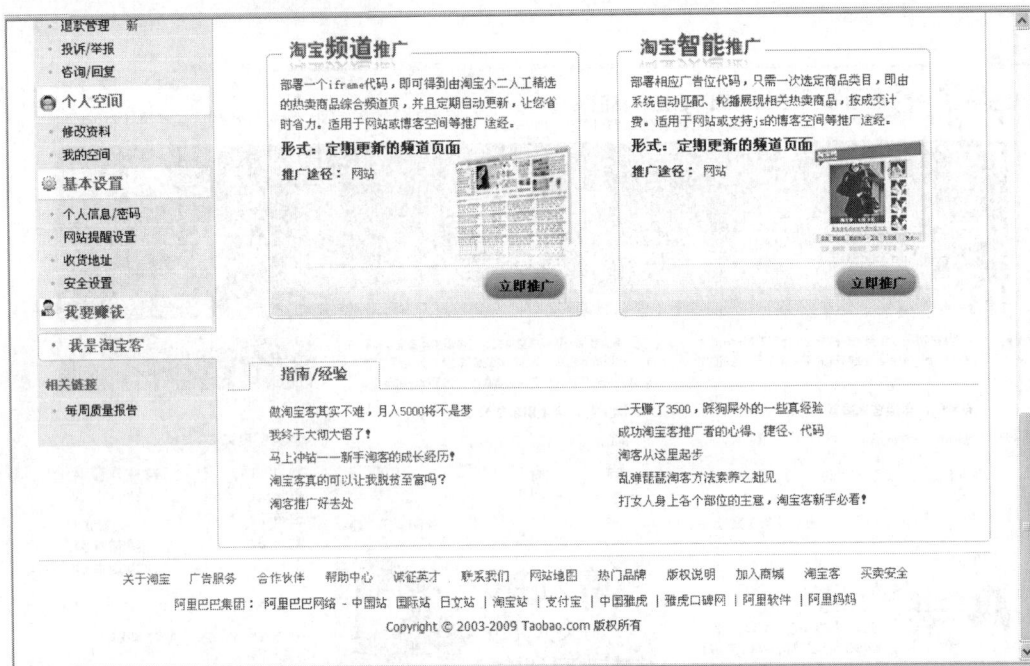

图 1-27 我的淘宝页面

第二步：单击进入"阿里妈妈_淘宝客"页面，选择"单品"推广形式（店铺、单品、主题、搜索、频道、智能），如图 1-28 所示，单击"立即推广"按钮。

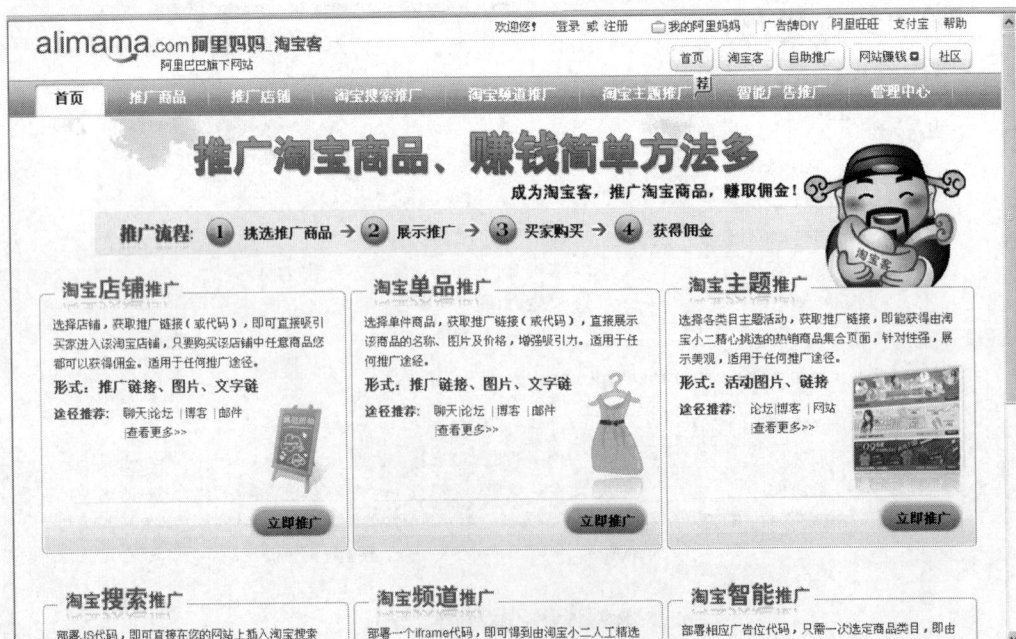

图 1-28 淘宝客页面

第三步：挑选商品类目，如图 1-29 所示。

第四步：挑选推广商品，并单击"推广此商品"按钮。如图 1-30 所示。在选择商品时，可以通过设置佣金范围、累计推广数量、佣金比率范围，快速筛选商品。另外，还可以对单价，佣金比率，佣金，总支出佣金，累计推广量进行排序。

图 1-29　挑选商品类目页面

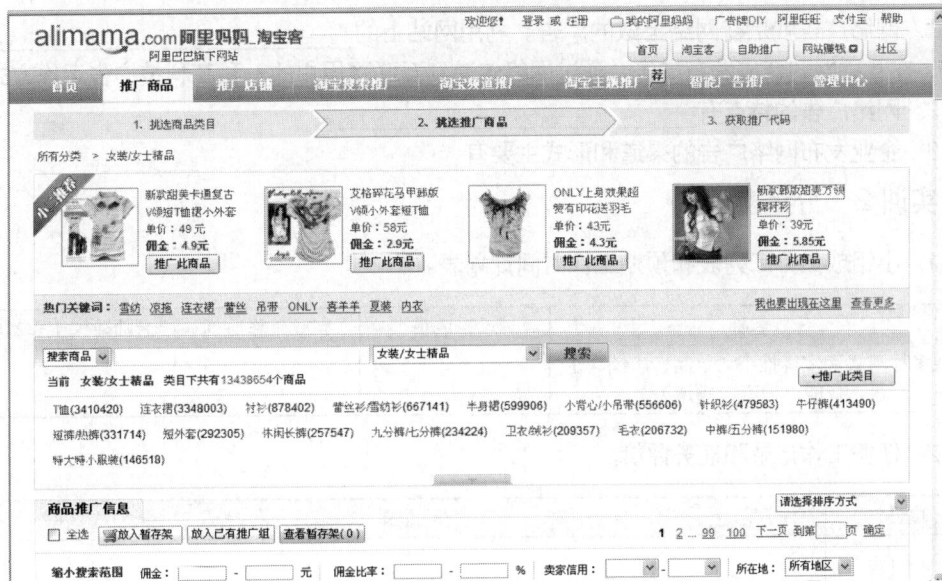

图 1-30　挑选推广商品页面

　　第五步：获取推广代码。选择推广样式并复制推广代码。推广代码有 URL、文字链、图文 3 种模式，新手推荐使用简单的 URL 模式或者文字链模式，如图 1-31 所示。推广商品，无论选择了哪种推广样式，复制代码后，千万不要忘记将代码粘贴到网络上任何支持粘贴的地方，如聊天对话框中、论坛的帖子、自己的博客文章，或者 MSN、QQ 签名档及个人网站等处。

图 1-31　获取推广代码页面

第二部分　任务实践页

实训 1　基础训练

1. 网络广告就是在网络上做的广告。利用网站上的_____的方法，在互联网刊登或发布广告，通过网络传递到互联网用户的一种高科技广告运作方式。

2. 网络广告的特点有_____。

3. 企业发布网络广告的渠道和形式主要有_____。

实训 2　分组实训

1. 小组成员分工列表和预期工作时间计划表。

任务名称	承担成员	完成工作时间	老师建议工作时间
完成多种形式淘宝客推广（单品、店铺、主题、智能、搜索、频道）			

2. 任务工作记录和任务评价。

项目	记录
工作过程	签名：
个人收获	签名：
存在的问题	签名：
任务评价	（教师）签名：

实训 3　拓展实训

1. 了解知名网站网络广告的类型,如新浪、搜狐、百度等。
2. 使用不同的渠道和方法发布网络广告(博客、视频、BBS、电子邮件等)。

项目二 网上支付

项目情景创设

电子商务亦可通过传统的支付方式如银行支票、旅行支票、汇款单或信用卡等进行结算，但是网上银行、网上信用卡、电子钱包、电子支票、数字现金以及网上资金汇兑等网络支付方式因为比传统的支付方式更加快捷，成本更加低廉，而且实现了对网上交易者来说更加方便的网络支付，这些优势使得传统支付手段正日益被电子与网络化支付方式所替代。

案例：网上支付

引入实例：以淘宝网为例介绍如何通过网上支付完成网上购物。具体的淘宝网上购物的步骤如下。

第一步：登录淘宝网 http://www.taobao.com/，如图 2-1 所示。

第二步：选购商品，如宝贝类目→虚拟→移动。

在此界面中可根据面值、充值方式、地区、产品其他更多的筛选条件（排序、价格、保障、运费等）选择适合需要的商品。

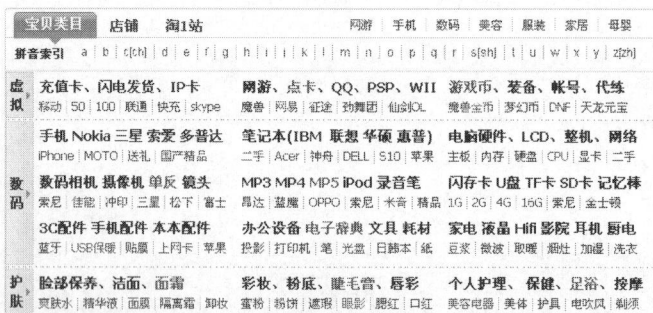

图 2-1　淘宝网的购物页面

选购到的店家和商品，如图 2-2 所示。

图 2-2　淘宝卖家页面

第三步：收藏宝贝或购买。

如果是单击【收藏这件宝贝】按钮，此时会出现如图 2-3 所示的界面。

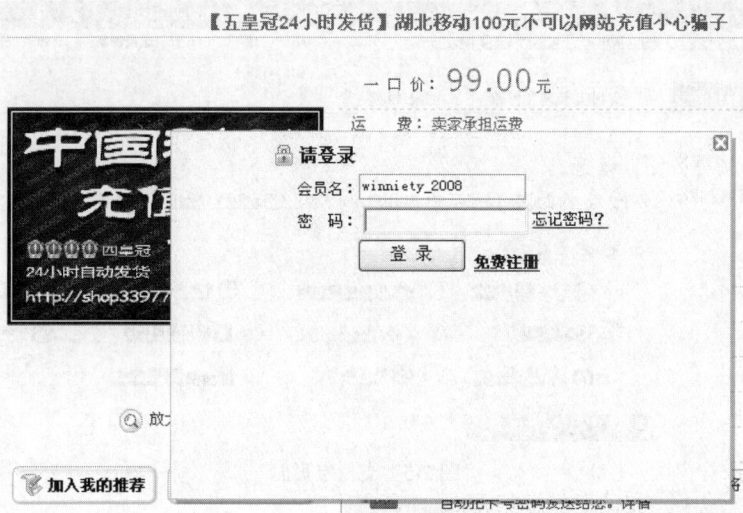

图 2-3 宝贝收藏

如果是还没有注册，单击【免费注册】按钮，完成注册。

如果要购买商品，单击【立即购买】按钮。

第四步：确认购买信息，如图 2-4 所示。

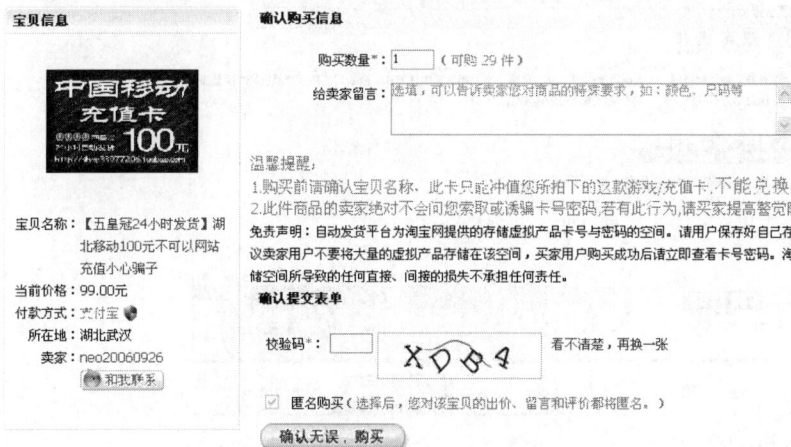

图 2-4 购买信息确认

确认的信息包括确认收货地址、确认购买信息、确认提交表单。最后单击【确认无误，购买】按钮。

第五步：进入支付界面，通过支付包付款。

付款方式有支付宝余额付款、网上银行付款、"支付宝卡通"付款、网点付款。

操作步骤：网上银行付款→选择网上银行，个人版→招商银行（银行卡需要先开通网上支付功能）→确认无误，付款→去网上银行付款（进入一网通支付界面）→卡号密码支付→

信用卡或一卡通（输入相关信息），如图 2-5、图 2-6 和图 2-7 所示。

图 2-5　支付宝页面

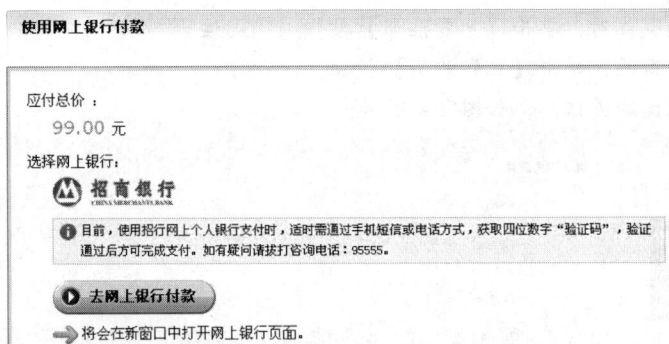

图 2-6　选择网上银行

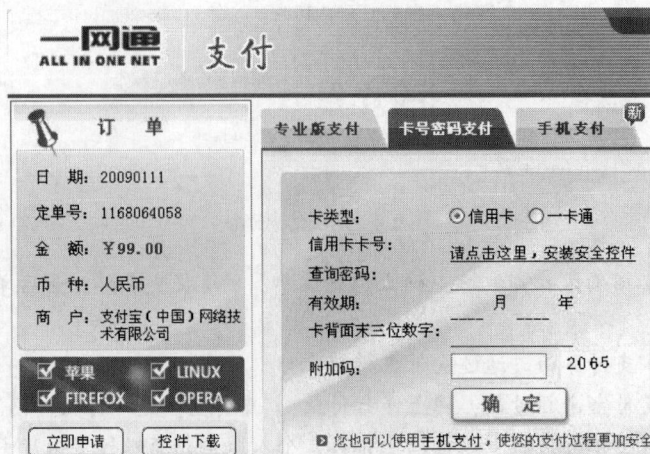

图 2-7　一网通支付页面

通过以上的实际操作即可完成通过网上支付完成网上购物。

通过以上的网上支付手段的使用完成网上购物的流程，可以知道网上支付项目需完成以下三个任务：了解网上支付的基础知识、学会使用第三方支付平台以及熟悉并使用网上银行。

任务一　网上支付的基础知识

第一部分　任务学习引导

本任务要求了解网上支付与传统支付相比，其主要特点是什么，了解网上支付使用的安全协议的类型。熟悉主要的网上支付工具类型。掌握网上支付系统的构成。

2.1　传统支付与网上支付

支付是指为了清偿商品交换和服务活动引起的债权债务关系，由银行所提供的金融服务业务。简单来说，支付就是将现金的实体从发款人传送到收款人的商务过程。支付源于交换主体之间的经济交换活动，由于商业信用与银行信用的出现，促使了交易环节与支付环节的分离，因此产生了以银行为中介的支付结算系统。

1．传统支付

（1）现金

现金有两种形式，即纸币和硬币，是由一国的中央银行发行的，其有效性和价值是由中央银行保证的。

现金之所以具备支付手段的功能是因为所有的经济主体都相信现金的经济价值具有不变性和稳定性，相信通过现金的授受，在付款人和收款人之间进行支付，可以使结算完全终结，现金是最终的支付手段。

在现金交易中，买卖双方处于同一地位，而且交易是匿名的。同时，现金支付还具有以下特点。

● 现金支付具有"分散处理"的性质，即完全不必集中于某人或某地才可以处理，也不必与某人或某机构联络。

● 现金具有"脱线处理"性质。

● 现金的稀缺性与信誉性。

● 但是现金支付会受时间和空间的限制，并且大宗交易携带不便，不安全。

（2）票据

票据是出票人依据票据法发行的、无条件支付一定金额或委托他人无条件支付一定金额给受款人或持票人的一种文书凭证。广义的票据包括各种记载一定文字，代表一定权力的文书凭证。如股票、债券、货单、车船票、汇票等。狭义的票据是专用名词，指汇票、本票、支票，如图 2-8 所示。

票据的主要特性。

● 票据是具有一定权力的凭证，即具有付款请求权、追索权。

● 票据的权利与义务是不存在任何原因的，只要持票人拿到票据后，就已经取得票据所

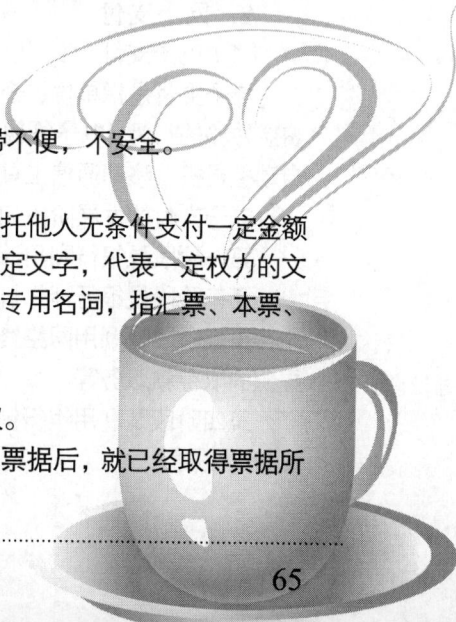

赋予的全部权力。

● 各国的票据法都要求对票据的形式和内容保持标准化和规范化。
● 票据是可流通的证券。除了票据本身的限制外，票据是可以凭背书和交付而转让。

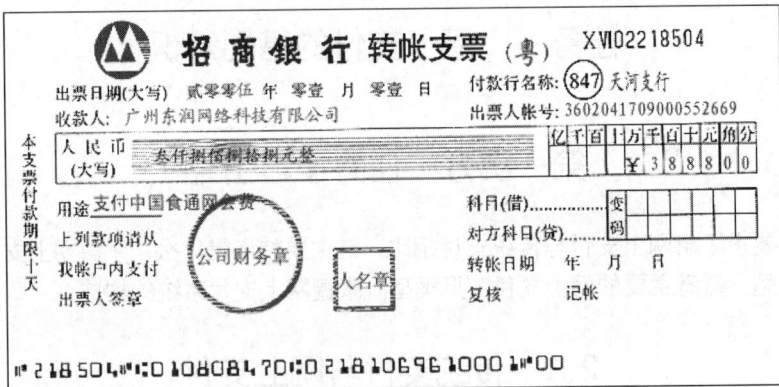

图 2-8 银行转账支票示意图

（3）信用卡

信用卡是银行或专门的发行公司发给消费者使用的一种信用凭证，是一种把支付与信贷两项银行基本功能融为一体的业务。

特点：使用信用卡作为支付方式，高效便捷，可以减少现金货币流通量，简化收款手续，并且可以用于存取现金，十分灵活方便。但是，信用卡也存在一些缺点。交易费用较高；信用卡具有一定的有效期，过期失效；有可能遗失而给持卡人带来风险和麻烦。

信用卡的使用流程如下。

持卡人用卡购物或消费并在购签单上签字→商家向持卡人提供商品或服务→商家向发卡人提交购签单→发卡人向商家付款→发卡人向持卡人发出付款通知→持卡人向发卡人归还贷款。

支付结算体系是实现货币债权转移的制度安排和技术安排的有机组合。在现代市场经济中，一个完整的支付过程主要由交易、清算和结算 3 个环节构成。支付结算体系主要包括支付工具、支付系统、支付服务组织和相关的法规制度等。

2．网上支付

（1）电子支付

电子支付是指单位、个人直接或授权他人通过电子终端发出支付指令，实现货币支付与资金转移的行为。电子终端是指客户可用以发起电子支付指令的计算机、电话、销售点终端、自动柜员机、移动通信工具或其他电子设备。

电子支付的发展阶段如下。

第一阶段是银行利用计算机及网络处理银行之间的业务，办理结算。

第二阶段是银行计算机与其他机构计算机之间资金的结算，如代发工资等业务。

第三阶段是利用网络终端向客户提供各项银行服务，如为客户在自动柜员机（ATM）上提供的取存款服务等。

第四阶段是利用银行销售点终端（POS）向客户提供自动的扣款服务，这是现阶段电子支付的主要方式。

第五阶段是可以随时随地通过网络进行直接转账结算。这是电子支付发展的最新阶段。

电子支付按支付指令发起方式，可分为以下几种。

● 网上支付（Internet）

● 电话支付（电话网）

● 移动支付（移动通信网）

● 销售点终端交易（银行专线）

● 自动柜员机交易（银行专线）

● 其他电子支付

（2）网上支付

网上支付，也称网络支付，英文为 Net Payment，是指以金融电子化网络为基础，以各种电子货币为媒介，通过计算机网络特别是 Internet 以电子信息传递的形式实现流通和支付功能。网上支付是一种在金融电子支付体系的基础之上发展起来的、主要依托 Internet 的实时支付方式。

电子支付与网络支付的关系：从电子支付与网络支付的发展及概念可以看出，网络支付可以认为是电子支付的一个最新发展阶段，或者说，网络支付是基于 Internet 并适合电子商务的电子支付。

网上支付的主要方式包括银行卡（贷记（信用）卡、借记卡）、网络银行、电子现金、电子支票等方式，如表 2-1 所示。

表 2-1　　　　　　　　　　　　　网上支付方式的使用

开展电子商务实体性质	B2C	B2B
主要的网上支付方式	信用卡、IC 卡、数字现金、电子钱包、个人网络银行等	电子支票、电子汇兑、国际电子支付系统、金融 EDI、企业网上银行等

网上支付的特点：网上支付是基于开放的互联网环境；网上支付具有较高的安全性和一致性；网上支付有利于提高企业的资金管理水平；网上支付具有方便、快捷、高效和经济等优势。

网上支付模式：网上支付的模式大体分为类支票电子货币支付系统模式和类现金电子货币支付系统模式。类支票电子货币支付系统模式是典型的基于电子支票或票证汇兑或信用卡的支付系统模型，支持大、小额度的资金支付。类现金电子货币支付包括信用卡支付是不匿名的，而且交易双方的身份不被保护，因为交易的办理必须通过银行，因此可追踪性是类支票类网络支付的一个弱点，但技术上的成熟性、实用性和灵活性得到广泛应用。

2.2　网上支付系统的构成

电子商务的网上支付系统应该是集购物流程、支付工具、安全认证技术、信用体系以及现代金融体系为一体的综合大系统。其基本构成包括活动参与的主体（如客户、商家、银行或支付平台提供商和认证中心）、支付方式以及遵循的支付协议几个部分，如图 2-9 所示。

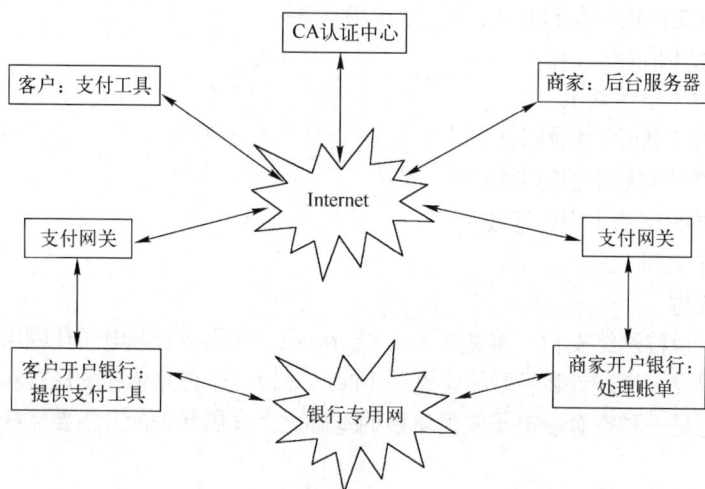

图 2-9　网上支付系统的构成

1．客户

一般是商品交易中负有债务的一方。客户使用支付工具进行网上支付，是支付系统运作的原因和起点。

2．商家

商家是商品交易中拥有债权的另一方。商家可以根据客户发出的支付指令向金融体系请求资金入账。

3．银行

电子商务的各种支付工具都要依托于银行信用，没有信用便无法运行。作为参与方的银行方面会涉及客户开户行、商家开户行、支付网关和金融专网等方面的问题。

客户的开户行，是指客户在其中拥有自己账户的银行，客户所拥有的支付工具一般就是由开户行提供的，客户开户行在提供支付工具的同时也提供了银行信用，保证支付工具的兑付。在信用卡支付体系中把客户开户行称为发卡行。

商家开户行，是商家在其中拥有自己账户的银行。商家将客户的支付指令提交给其开户行后，就由商家开户行进行支付授权的请求以及银行间的清算等工作。商家开户行是依据商家提供的合法账单（客户的支付指令）来操作，因此又称为收单行。

4．支付网关

支付网关（Payment Gateway）的主要作用是安全地连接 Internet 和银行专网，完成两者之间的通信、协议转换和进行数据加密、解密，将不安全的交易信息传给安全的银行专网，起到隔离和保护银行内部网络的作用。

支付网关是作为连接银行网络与 Internet 之间接口的一组服务器，能完成两者直接的通信、协议转换和进行数据加密、解密，以保护银行内部网络的安全。实际上，支付网关就是起着一个数据转换与处理中心的作用。支付网关的建设关系着网上支付结算的安全以及银行系统的安全风险。

5．金融专用网

金融专用网是银行系统内部进行通信的专用计算机网络，安全性较高。

6．认证机构

认证机构是确认支付结算参与者的真实身份及信用关系，为参与方（包括客户、商家与支付网关）发放数字证书，以保证网上支付的安全性。

7．网上安全支付协议

网上安全支付协议对交易中的购物流程、支付步骤、支付信息的加密、认证等方面做出规定，以保证交易双方在复杂的公共开放网络中能够高效安全地实现支付与结算。

2.3　网上支付工具——电子货币

支付工具是传达收付款人支付指令、实现债权债务清偿和货币资金转移的载体。电子货币是相对传统货币而言的一种新型支付手段。

1．电子货币的特点

电子货币是以金融电子化网络为基础，以商用电子化机具和各类交易卡为媒介，以电子计算机技术和通信技术为手段，以电子数据（二进制数据）形式存储在银行的计算机系统中，并通过计算机网络系统以电子信息传递形式实现流通和支付功能的货币。

电子货币具有以下特点：

- 以电子计算机技术为依托，进行储存，支付和流通
- 可广泛应用于生产、交换、分配和消费领域
- 融储蓄、信贷和非现金结算等多种功能为一体
- 电子货币具有使用简便、安全、迅速、可靠的特征
- 现阶段电子货币的使用通常以银行卡（磁卡、智能卡）为媒体

2．电子货币的类型

目前，我国流行的电子货币主要有 4 种。

（1）储值卡型电子货币

储值卡型电子货币一般以磁卡或 IC 卡的形式出现，其发行主体除了商业银行之外，还有电信部门（普通电话卡、IC 电话卡）、IC 企业（上网卡）、商业零售企业（各类消费卡）、政府机关（内部消费 IC 卡）和学校（校园 IC 卡）等。

发行主体在预收客户资金后，发行等值储值卡，使储值卡成为独立于银行存款之外的新的"存款账户"。同时，储值卡在客户消费时以扣减方式支付费用，也就相当于存款账户支付货币。储值卡中的存款目前尚未在中央银行征存准备金之列，因此，储值卡可使现金和活期储蓄的需求减少。

（2）信用卡应用型电子货币

信用卡应用型电子货币指商业银行、信用卡公司等发行主体发行的贷记卡或准贷记卡。可在发行主体规定的信用额度内贷款消费，然后在规定时间内还款。信用卡的普及使用可扩大消费信贷，影响货币的供给量。

（3）存款利用型电子货币

存款利用型电子货币主要有借记卡、电子支票等，用于对银行存款以电子化方式支取现金、转账结算、划拨资金。该类电子化支付方法的普及使用能减少消费者往返于银行的费用，致使现金需求余额减少，并可加快货币的流通速度。

（4）现金模拟型电子货币

现金模拟型电子货币主要有两种：一种是基于 Internet 环境使用的且将代表货币价值的二进制数据保管在计算机终端硬盘内的电子现金；另一种是将货币价值保存在 IC 卡内并可脱离银行支付系统流通的电子钱包。该类电子货币具备现金的匿名性，可用于个人间支付、并可多次转手等特性，是以代替实体现金为目的而开发的。

2.4 电子支付的安全协议

1. 安全电子交易协议（SET）支付模式

SET 协议确保交易数据的安全性、完整性和交易的不可抵赖性，特别是确保不会将持卡人的账户信息泄露给商家，保证了 SET 协议的安全性。SET 协议兼容当前的信用卡网络，比较适合 B2C 的交易模式。该协议设计得很安全，已经成为事实上的工业标准。但也带来了过于复杂、速度慢、实现成本高等问题，如图 2-10 所示。

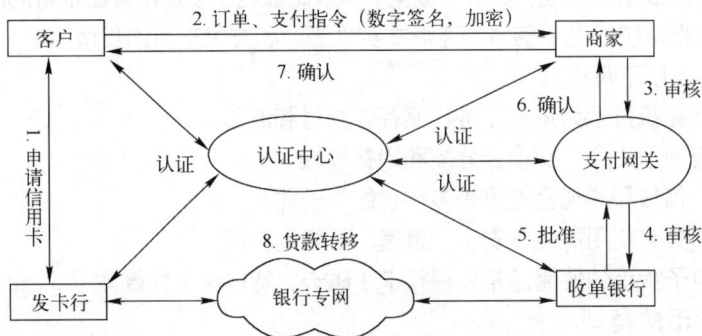

图 2-10 安全电子交易协议（SET）支付模式

2. 基于 SSL 协议的简单加密支付模式

使用加密技术对银行卡等关键信息进行加密；可能要启用身份认证系统；采用防伪造的数字签名；需要业务服务器和服务软件的支持，如图 2-11 所示。

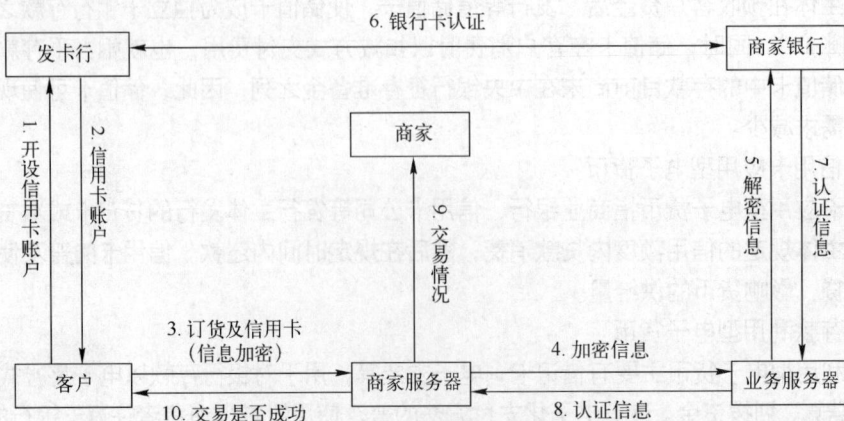

图 2-11 基于 SSL 协议的简单加密支付模式

第二部分 任务实践页

实训 1 基础训练

1. 传统支付方式的有_____。

2. 电子支付是指电子交易的当事人使用安全电子支付手段,通过_____进行的货币支付或资金流转。

3. 目前在线支付中最普及的形式是_____。

4. 基于 SET 安全电子交易协议的系统要求对网上支付过程中的_____身份进行验证,对信息进行加密和数字签名,且在 Internet 与专用金融网间安装支付网关系统。

实训 2 分组实训

1. 小组成员分工列表和预期工作时间计划表。

任务名称	承担成员	完成工作时间	老师建议工作时间
了解我国网上支付系统的组成及网上支付的主要工具类型			

2. 任务工作记录和任务评价。

项目	记录
工作过程	签名:
个人收获	签名:
存在的问题	签名:
任务评价	(教师)签名:

实训 3 拓展实训

1. 分析影响我国网上支付发展的因素。

2. 了解国际上常用的网络支付工具。

任务二 学会使用第三方支付平台

本任务要求了解第三方支付平台的含义和功能,熟悉第三方支付的流程并能使用第三方支付工具完成网上支付。

第一部分 任务学习引导

2.5 第三方支付的概念和功能

1．第三方支付的含义

第三方支付指在电子商务企业与银行之间建立一个中立的支付平台，为网上购物提供资金划拨渠道和服务的企业。在交易中，买方选购商品后，使用第三方平台提供的账户进行货款支付，由第三方通知卖家货款到达、进行发货；买方检验物品后，就可以通知付款给卖家，第三方再将款项转至卖家账户。即第三方支付是借助线上（通过互联网）和线下（通过电话和手机等）支付渠道，完成从用户到商户在线货币支付、资金清算、查询统计等系列过程的一种支付交易方式。2005~2008 年中国第三方电子支付市场交易规模及增长，见图 2-12。

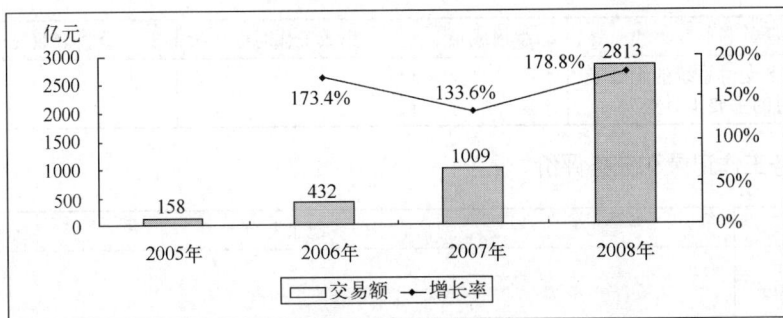

图 2-12　2005～2008 年中国第三方电子支付市场交易规模及增长（数据来源：赛迪顾问 2009.01）

2．第三方支付的基本流程

（1）个人用户

下面以 NPS 为例，说明个人用户利用第三方支付的基本业务流程，如图 2-13 所示。

NPS（Netword Payment System，NPS 由深圳市全动科技有限公司开发运营，是一家从事开拓互联网支付的专业支付公司。）是电子商务中网上支付的交易平台，是连接消费者、商家和金融机构的桥梁，实现了 Internet 上的支付、资金清算、查询统计等功能。NPS 系统为消费者网上购物提供了安全、便利的支付平台，还为商家开展 B2B、B2C 交易等电子商务服务和其他增值服务提供支持，使购买到完成付费的过程变得完整。

具体包括：

- 消费者到网站选购商品；
- 商家网站将消费者订单信息发送给 NPS 系统进行处理；
- NPS 向银行发送支付请求；
- 银行进行处理；
- 银行反馈支付信息；
- NPS 向商家发送支付信息，并通知商家送货；
- 商家根据信息进行订单处理；
- 消费者接收商品。

② 电子商城向NPS系统发送交易请求

① 消费者在网上商城购物
并选择NPS支付系统

电子商城

④ 银行接受支付请求
进行交易处理，并
反馈交易成功信息

消费者

银行

③ 消费者与商家的交易无误后
NPS向银行发送安全支付请求

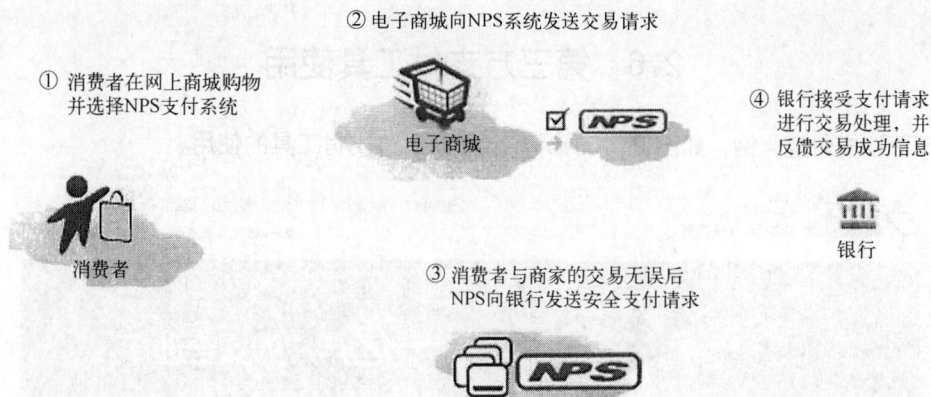

图 2-13　NSP 支付的基本流程

（2）企业用户

以银联电子支付有限公司（简称 ChinaPay）为例，如图 2-14 所示，说明网上支付工具的使用。

银联电子支付有限公司拥有中国银联全国统一的支付网关。ChinaPay 运营的统一支付网关于 2000 年建成并投入运行，覆盖全国主要商业银行的银行卡，适用于各种 B2C、C2C 以及 B2B 的电子商务支付业务。ChinaPay 已经为商户提供安全、有效的网上支付服务，涉及航空、票务、公益事业、网络游戏、政府、体育、消费品、旅游、制造、金融等各个行业。

ChinaPay 为企业商务在线支付带来完整而灵活的解决方案。客户/经销商只需登录商户网站选购所需的商品或服务，然后轻松点击 ChinaPay 企业商务支付，便可完成整个支付过程。

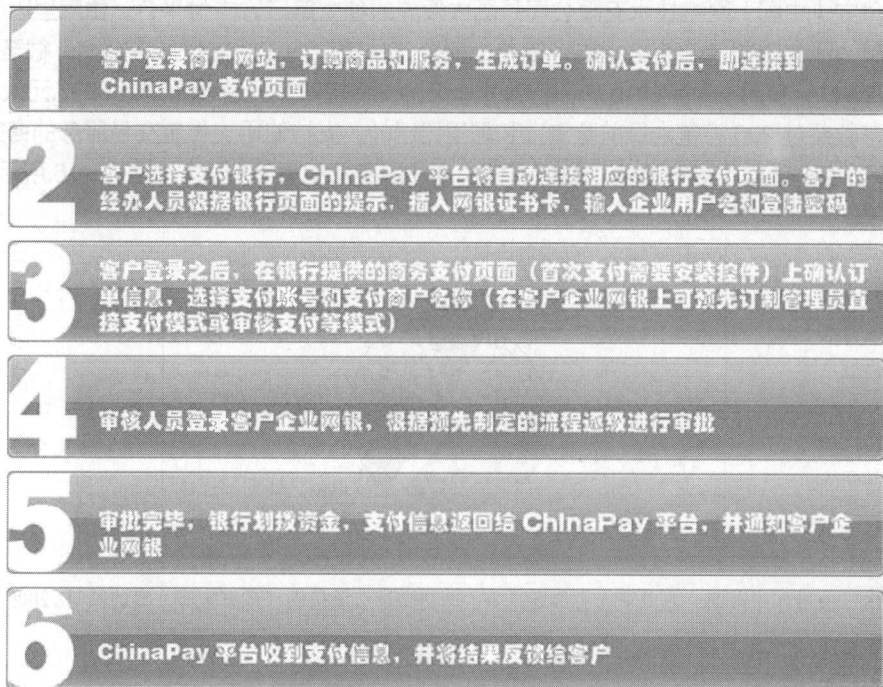

1 客户登录商户网站，订购商品和服务，生成订单。确认支付后，即连接到 ChinaPay 支付页面

2 客户选择支付银行，ChinaPay 平台将自动连接相应的银行支付页面。客户的经办人员根据银行页面的提示，插入网银证书卡，输入企业用户名和登陆密码

3 客户登录之后，在银行提供的商务支付页面（首次支付需要安装控件）上确认订单信息，选择支付账号和支付商户名称（在客户企业网银上可预先订制管理员直接支付模式或审核支付等模式）

4 审核人员登录客户企业网银，根据预先制定的流程逐级进行审批

5 审批完毕，银行划拨资金，支付信息返回给 ChinaPay 平台，并通知客户企业网银

6 ChinaPay 平台收到支付信息，并将结果反馈给客户

图 2-14　企业账户支付业务流程

2.6 第三方支付工具使用

下面以支付宝为例，如图 2-15 所示，说明第三方支付工具的使用。

图 2-15 支付宝主页面

1. 支付宝的主要特点

支付宝（中国）网络技术有限公司是国内领先的独立第三方支付平台，由阿里巴巴集团创办，致力于为中国电子商务提供"简单、安全、快速"的在线支付解决方案。截至 2008 年 8 月 28 日，使用支付宝的用户已经超过 1 亿，支付宝日交易总额超过 5.29 亿元人民币，日交易笔数超过 200 万笔。目前除淘宝和阿里巴巴外，支持使用支付宝交易服务的商家已经超过 46 万家；涵盖了虚拟游戏、数字通信、商业服务和机票等行业，如图 2-16 所示。

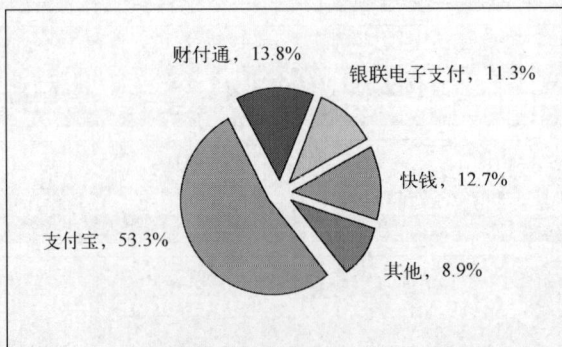

图 2-16 2008 年中国第三方电子支付市场竞争主体交易量市场份额（数据来源：赛迪顾问 2009.01）

支付宝有如下特点，如表 2-2 所示。

● 支付宝实名认证，身份真实买家放心。

● 快速安全的支付方式。支付宝担保交易，让买家购物更放心；支付宝即时到账交易，让收款更快速。

● 多种行业支付解决方案量身定做。全面支持中国 12 家主流银行，网银、支付宝卡通、邮政网汇 e、他人代付，移动支付等各种支付方式，让买家付款更简单。

● 最具网络消费能力的买方群体。

● 稳定安全的系统和托管方。

● 全方位服务。

● 丰富多样的网络营销方式。

表 2-2 支付宝与其他支付方式的比较

	支付宝	支付网关	其他支付方式
独立支付账户	有	无	有
资金明细管理	有	无	有
交易明细管理	有	无	有
存在结算周期	无	有	部分存在
有无信用担保	有	无	部分提供

2. 支付宝的使用，如图 2-17、图 2-18 所示。

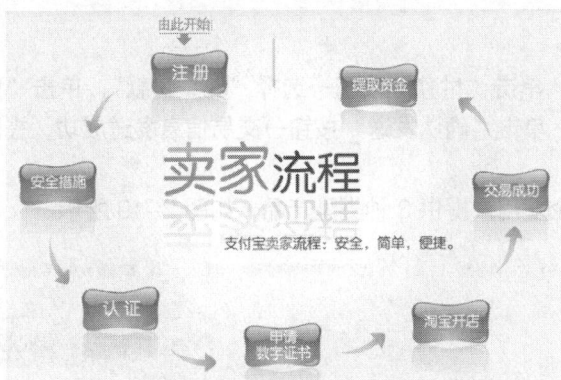

图 2-17 支付宝的卖家流程

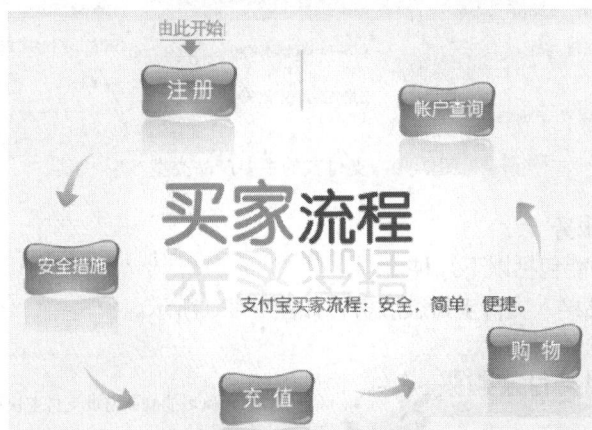

图 2-18 支付宝的买家流程

（1）个人用户

① 网上银行支付

利用网上银行支付的主要步骤如下。

登录支付宝账户，单击"付款"按钮→选择银行，单击"确认无误，付款"按钮→单击"去网上银行付款"按钮→输入支付卡号和密码，单击"提交"按钮→确认预留信息，单击"确认"按钮→输入口令卡密码，单击"提交"按钮→支付成功。

② 用支付宝卡通支付

支付宝卡通是支付宝与工、建、招等36家银行联合推出的一项网上支付服务。开通"支付宝卡通"就可直接在网上付款，不再需要开通网上银行，同时还享受支付宝提供的"先验货，再付款"的担保服务。

网上开通支付宝卡通的流程。

登录支付宝账户，单击"支付宝卡通"按钮→选择省份和城市，单击"立即申请"按钮→选择银行→填写申请表→去银行网站签约，登录银行网站→勾上"本人同意以上合约"，单击"确定"按钮→填写信息，单击"申请"按钮→单击"支付宝"按钮→开通成功。

利用支付宝卡通支付的基本流程。

登录支付宝账户，单击"付款"按钮→选择"支付宝卡通付款"，填写并确认信息→付款成功。

③ 线下网点支付

登录支付宝账户，单击"付款"按钮→选择"现金付款"，单击"免费保存到手机上"按钮→输入手机号码，单击"确认发送"按钮→交易信息发送成功，去网店付款。

（2）企业用户

目前，支付宝为企业用户提供3种类型产品，如图2-19所示。

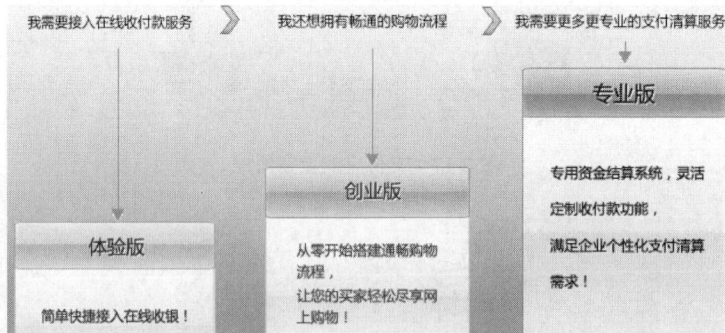

图 2-19　支付宝的主要产品类型

① 商家体验版服务

该产品的主要功能包括以下几种。

● 为商家的网站接入支付宝付款服务，如图2-20所示。

（单击按钮，就可能立即通过支付宝快速付款）

图 2-20　用支付宝购买

● 为商家建立基于真实交易的信用评价体系，为商家在虚拟世界赢得信任提供帮助，如图 2-21 所示。

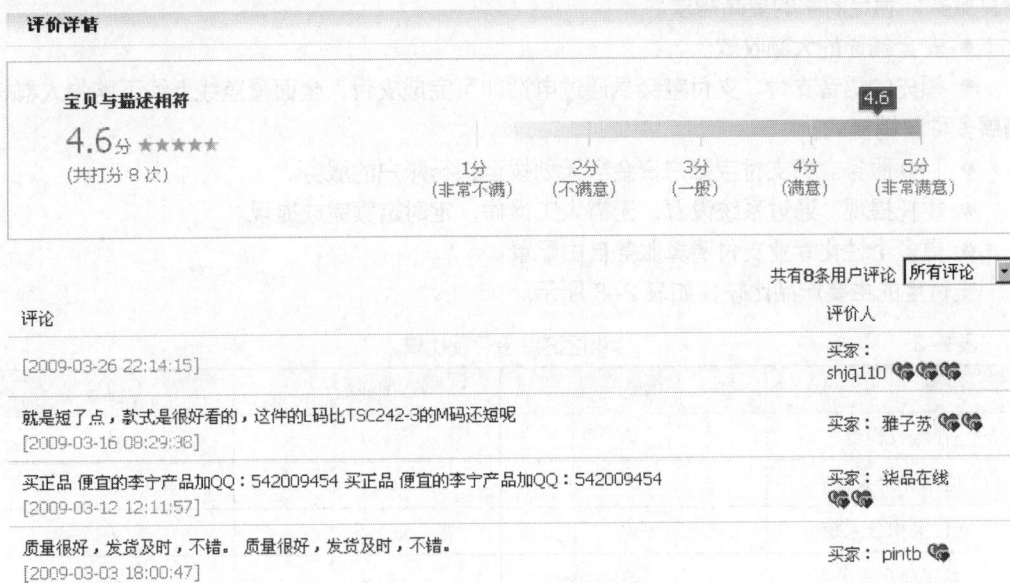

图 2-21 淘宝商家的评价详情

② 商家创业版服务

在体验版的基础上，帮助商家搭建网络销售渠道，享有一站式购物车流程。

● 建立网络销售渠道

从开拓网络销售渠道、建立通畅的购物支付环境到逐步累积企业的网络信誉，创业版为商家提供简单和快速的一条龙式的网络营销服务，如图 2-22 所示。

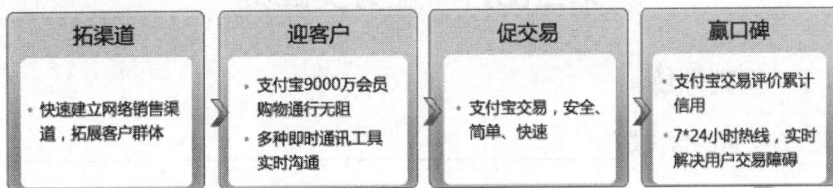

图 2-22 一条龙式的网络营销服务

● 支付宝会员一站式购物流程

买家无需在商户网站再次注册，通过登录支付宝账户就能直接下单并完成支付，最大程度地降低用户流失率，提升用户体验，如图 2-23 所示。

图 2-23 支付宝会员一站式购物流程

③ 商家专业版服务

在体验版、创业版的基础上，专业版产品为电子商务的资深客户提供了更多的专业支付清算服务，满足商家的更高需求。

● 安全畅通的大额收款。

● 领先的语音支付。支付宝会员通过电话即可完成支付，全面覆盖线上线下购物人群，拓展多种营销模式。

● T+0 服务。将支付宝账户资金当天划拨至银行账户的服务。

● 委托提现。通过系统设置，无需人工操作，定时定额完成提现。

● 更多个性化专业支付清算服务自由配置。

支付宝的主要产品比较，如表 2-3 所示。

表 2-3　　　　　　　　　　　　　　支付宝的主要产品比较

	体验版	创业版	专业版
在线收银台	√	√	√
信用评价系统	√	√	√
支付宝积分系统	√	√	√
专属商户服务	√	√	√
商家账户管理系统	√	√	√
语音支付			√
高级提现服务			√
大额收款通道		可选	可选

第二部分　任务实践页

实训 1　基础训练

1. 第三方支付的含义是＿＿＿＿＿＿＿＿＿＿＿＿＿＿＿＿＿＿＿＿＿＿＿＿＿＿＿

＿＿＿＿＿＿＿＿＿＿＿＿＿＿＿＿＿＿＿＿＿＿＿＿＿＿＿＿＿＿＿＿＿＿＿＿＿＿＿

＿＿＿＿＿＿＿＿＿＿＿＿＿＿＿＿＿＿＿＿＿＿＿。

2. 以个人用户或企业用户为例，第三方支付的基本流程是＿＿＿＿＿＿＿＿＿＿＿

＿＿＿＿＿＿＿＿＿＿＿＿＿＿＿＿＿＿＿＿＿＿＿＿＿＿＿＿＿＿＿＿＿＿＿＿＿＿＿

＿＿＿＿＿＿＿＿＿＿＿＿＿＿＿＿＿＿＿＿＿＿＿＿＿＿＿＿＿＿＿＿＿＿＿＿＿。

实训 2　分组实训

1. 小组成员分工列表和预期工作时间计划表。

任务名称	承担成员	完成工作时间	老师建议工作时间
使用第三方支付工具完成网上支付（支付宝、财付通等）			

2. 任务工作记录和任务评价。

项目	记录
工作过程	签名：
个人收获	签名：
存在的问题	签名：
任务评价	（教师）签名：

实训 3　自学与拓展

1. 手机钱包银行卡的使用，以 http://www.umpay.com/purse/purse.htm 移动支付门户为例，了解手机钱包的使用。

2. 分析第三方支付的发展趋势。

任务三　熟悉并使用网上银行

本任务要求了解网上银行的基本概念和业务功能，熟悉网上银行的业务流程并能使用网上银行完成网上支付。

第一部分　任务学习引导

2.7　网上银行的概念及功能

1. 网上银行的基本概念及特点

（1）网上银行的基本概念

网上银行也称网络银行、在线银行，是指利用计算机技术和互联网技术处理传统的银行业务及支持电子商务网上支付的新型银行。

目前网上银行的运行机制有两种。

一是完全依赖于 Internet 发展起来的全新的电子银行，银行的所有业务都是通过 Internet 进行的，如美国的 SFNB。

二是传统银行在 Internet 上建立的网站，利用 Internet 提供传统的银行业务服务，并发展家庭银行、企业银行等服务。

（2）网上银行的主要特点

- 能显著地降低银行的运营成本
- 在线服务不受时间和空间的限制
- 提高了企业资金的管理效率
- 实现了银行机构的网络化

2．网上银行的功能

网上银行是在 Internet 上的虚拟银行柜台，实现了银行与客户之间安全、方便、友好、实时的连接，可向客户提供开户、销户、查询、对账、行内转账、跨行转账、信贷、网上证券、投资理财以及其他贸易或非贸易的全方位银行业务。

网上银行的基本业务包括储蓄业务（家庭银行）、对公业务（企业银行）、信用卡业务、国际业务、各种支付、信贷及特色服务等传统的银行业务功能。如图 2-24、图 2-25 和图 2-26 所示为招商银行一网通的主要业务功能。

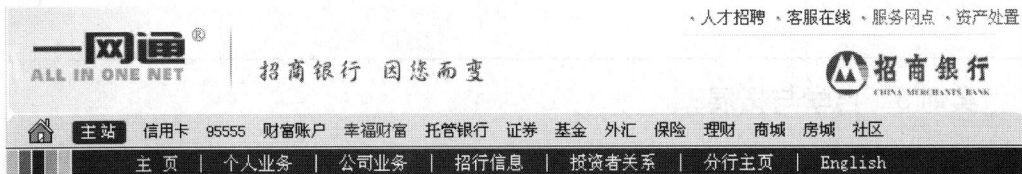

图 2-24　招行银行一网通的主要业务

图 2-25　招商银行一网通的个人业务的主要内容

图 2-26 招商银行一网通的公司业务的主要内容

下面以招商银行一网通为例，介绍网上银行的主要业务功能。

（1）个人银行（见图 2-27）。

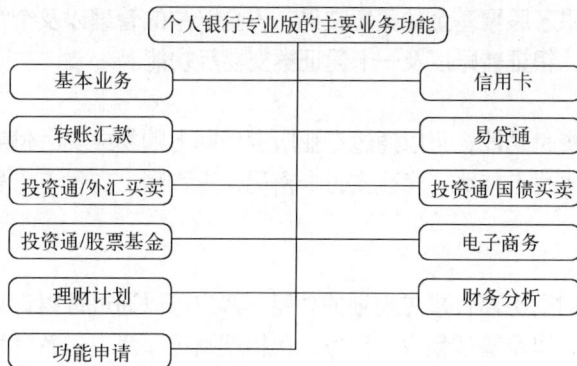

图 2-27 个人银行专业版的主要业务功能

① 基本业务

基本业务提供网上银行基本和常用的功能，使用其中的自助缴费功能，用户可以向招行特约收费单位自助交纳各类费用。包括一卡通账户查询、一卡通交易查询、一卡通定期交易查询、一卡通定活互转、一卡通通知存款转账、一卡通自助缴费、一卡通自助缴费以及修改一卡通密码等功能。

② 信用卡

信用卡提供基本和常用的信用卡业务功能。包括信用卡应缴款查询、信用卡未出账单查询、信用卡历史账单查询、信用卡对账、信用卡网上支付交易查询、信用卡积分查询、信用卡额度调整、信用卡自动还款设置、信用卡购汇功能设置、修改本期购汇金额、信用卡缴款、信用卡修改查询密码以及修改/设置预借现金密码等功能。

③ 转账汇款

使用转账汇款功能，用户可向国内任何地区的任何银行账户汇款，包括本人招行账户互转、招行同城转账、招行异地汇款、跨行异地汇款、跨行同城转账、批量转账汇款数据编辑、批量转账汇款、查询转账汇款记录以及收款方信息管理等功能。

④ 易贷通

使用易贷通中的自助贷款功能，可以把存在一卡通内的定期本外币储蓄存款作质押，向招商银行申请贷款，贷款资金随时申请随时获得，包括申请贷款、申请展期、债务转化、归还贷款、查询贷款情况、查询贷款额度、住房贷款、汽车贷款、贷款查询、查询业务（逾期）情况、试算（等额还款方式）、试算（等额本金还款方式）、试算（等额递增还款方式）以及试算（等额递减还款方式）等功能。

⑤ 投资通/外汇买卖

外汇买卖业务是指个人客户委托银行把一种可自由兑换的外币兑换成另一种可自由兑换的外币，招商银行在接受客户委托后，即参照国际金融市场行情制定相应汇率予以办理，包括行情、交易及查询、外汇专户转账、外汇交易密码修改和重置以及外汇交易锁定等功能。

⑥ 投资通/国债买卖

凭证式国债的投资风险极低，可获得较好的投资收益，因此凭证式国债是个人理财的优秀投资品种，包括查询国债信息、购买国债以及提前兑付国债等功能。

⑦ 投资通/股票基金

股票基金业务提供了股票基金的买卖交易、资金账户的管理以及个性化的定制等服务，包括银基通、银证通、银证转账以及一卡通证券交易等功能。

⑧ 电子商务

使用其中的网上支付功能，可以通过专业版实现网上购物或实时付款结算，包括网上支付、网上商城、网上支付卡转账、修改支付卡密码、查询网上支付卡卡号以及查询网上支付记录等功能。

⑨ 理财计划

理财计划提供了对财务事件事先规划的功能。客户可以通过理财计划指定未来的提醒事件，设定未来的付款，以及管理债权、债务，包括理财记事簿、付款计划以及债权债务管理等功能。

⑩ 财务分析

根据客户在[交易查询]功能中手工补充的详细交易信息，如交易类别等，以及手工增加的他行账户交易信息，自动为客户产生各种财务分析图表，为客户提供全面的个性化财务分析，包括支出分配图、支出明细报表、收入分配图、收入明细报表、现金流量图以及收支对比图等功能。

⑪ 功能申请

一卡通的某些重要功能需要先申请才能使用，客户可以申请功能或修改已申请功能，包括网上支付卡、一卡通网上支付、一卡通缴费、一卡通转账、汇款、外汇实盘买卖以及神州行电话充值等功能。

（2）对公业务，如图2-28所示。

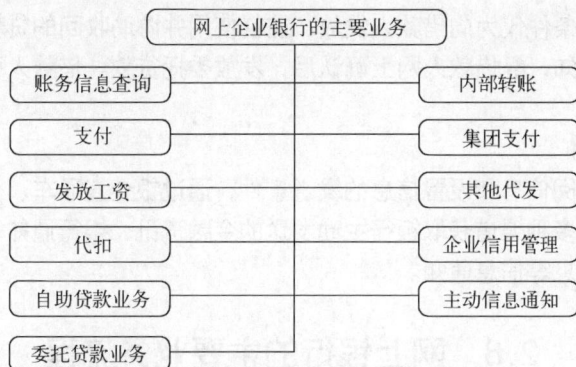

图 2-28　网上企业银行的主要业务

① 账务信息查询

用于查询本单位账户信息或集团公司查询全国范围内在招商银行开户的子公司账户信息，包括查询账户汇总表、账户余额明细、账户交易明细及协定存款查询等信息。

② 内部转账

用于在全国范围内招商银行开户的本单位账户或本集团公司内部母子公司、各子公司账户之间的资金划拨。

③ 支付

用于向在招商银行或他行开户的其他企事业单位付款。

④ 集团支付

集团公司母公司和其子公司均在招商银行开户。根据协议的约定，当子公司收到款项后，系统自动将款项逐笔划入母公司账户；当子公司对外付款时，款项从母公司账户转到子公司，再通过子公司账户支付给收款人。系统根据子公司账户发生的资金收付，自动统计其在母公司的头寸额度，母公司可选择是否允许子公司超出其头寸额度对外支付。

⑤ 发放工资

用于向本单位员工发放工资。

⑥ 其他代发

用于代发工资以外的其他现金代发业务，如代发投资分红款、保险理赔、差旅费报销款等。

⑦ 代扣

用于公用事业单位或其他与招商银行签订代收款协议的单位，主动从缴款人账户扣收费用款项的业务，如代扣水电费、代扣电话费、代扣保费等。

⑧ 企业信用管理

客户可以查询本公司或其异地子公司在招商银行的信贷记录情况，包括各币种、各信用类别的余额和笔数；授信总金额和当前余额、期限、起始日期；以及借款借据的当前状态和历史交易。

⑨ 自助贷款业务

客户向我行申请并获得自助贷款专项授信额度后，通过网上企业银行发送额度内用款申请，自助提取流动资金贷款，并可通过网上自助归还贷款。

⑩ 委托贷款业务

委托人和借款人分别与招商银行签订网上委托贷款有关协议，招商银行按委托人规定的用途和范围、定妥的条件代为向借款人发放、监督使用并协助收回的贷款业务。委托人可在网上发送委托贷款通知，经借款人网上确认后，发放委托贷款。借款人可通过网上归还委托贷款。

⑪ 主动信息通知

客户可以自主订阅信息和设置信息的发送条件，通过银企直通车、个人计算机终端、电子邮件、手机短信等多种渠道获取银行主动发送的金融资讯、银行通知、账务信息、交易信息、业务处理进程信息等信息通知。

2.8 网上银行的主要业务流程

下面以招商银行为例，说明使用网上银行的主要流程。

1. 个人网上银行主要业务流程

① 个人银行专业版的申请、安装，如图 2-29 所示。

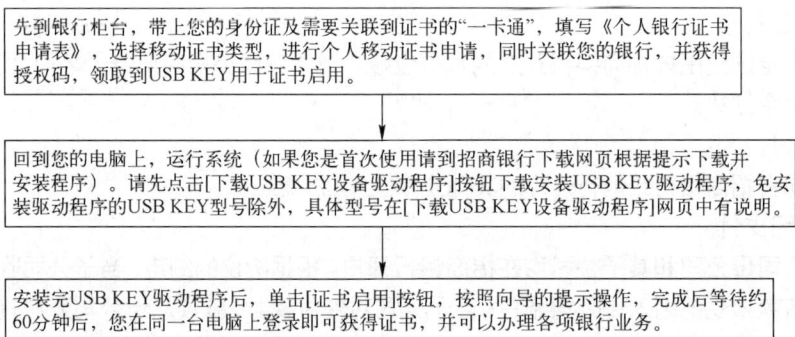

先到银行柜台，带上您的身份证及需要关联到证书的"一卡通"，填写《个人银行证书申请表》，选择移动证书类型，进行个人移动证书申请，同时关联您的银行，并获得授权码，领取到USB KEY用于证书启用。

回到您的电脑上，运行系统（如果您是首次使用请到招商银行下载网页根据提示下载并安装程序）。请先点击[下载USB KEY设备驱动程序]按钮下载安装USB KEY驱动程序，免安装驱动程序的USB KEY型号除外，具体型号在[下载USB KEY设备驱动程序]网页中有说明。

安装完USB KEY驱动程序后，单击[证书启用]按钮，按照向导的提示操作，完成后等待约60分钟后，您在同一台电脑上登录即可获得证书，并可以办理各项银行业务。

图 2-29 招商银行移动证书申请、安装流程

② 一网通个人银行专业版登录，如图 2-30 所示。

图 2-30 个人银行专业版登录界面

③ 登录网上银行，完成转账、支付等功能，如图 2-31 所示。

图 2-31　个人银行专业版的界面

2．企业用户

① 企业银行的申请，如图 2-32 所示。

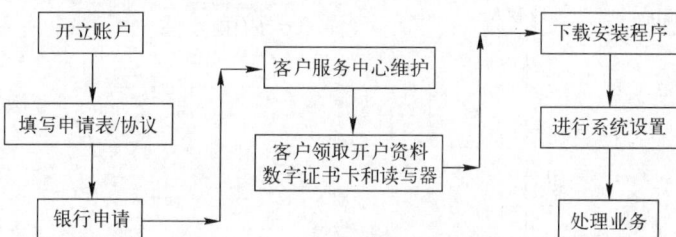

图 2-32　网上企业银行申请流程

② 企业银行的登录并完成相应的业务，如图 2-33 所示。

图 2-33　招商银行企业银行系统界面

3．信用卡业务

（1）信用卡的申请

● 信用卡的申请可通过在线申请或到银行网点申请。

● 以招商银行为例说明在线申请信用卡的流程：登录/注册一网通→在线填写申请信息→打印、签名并附证明文件→邮寄至招行。

（2）信用卡网上支付功能开通

（3）信用卡支付

信用卡支付主要分为两大步骤：一是验证（Authorization），验证是对顾客的信用卡和账单地址进行验证，验证此信用卡的合法性。二是结算（Settlement），商家和支付网关进行的结算，取得货款。

信用卡使用的流程如下。

持卡人用卡消费并在签购单上签字→商户向持卡人提供商品或服务→商户向发卡银行提交签购单→发卡银行向商户付款→发卡银行向持卡人发付款通知→持卡人向发卡银行归还贷款。

使用信用卡消费后的结算流程是：当持卡人在商户的终端机 POS 机上刷卡后，商户会通过电话或网络向收单行提请交易授权，收单行随之会向发卡行或国际授权清算网络提请交易授权，在发卡行确认了消费者身份之后，会向收单行批准交易授权，而最终收单行会向商户批准交易授权。授权批准之后，需持卡人在购物小票上签名才能最终完成，如图 2-34 和图 2-35 所示。

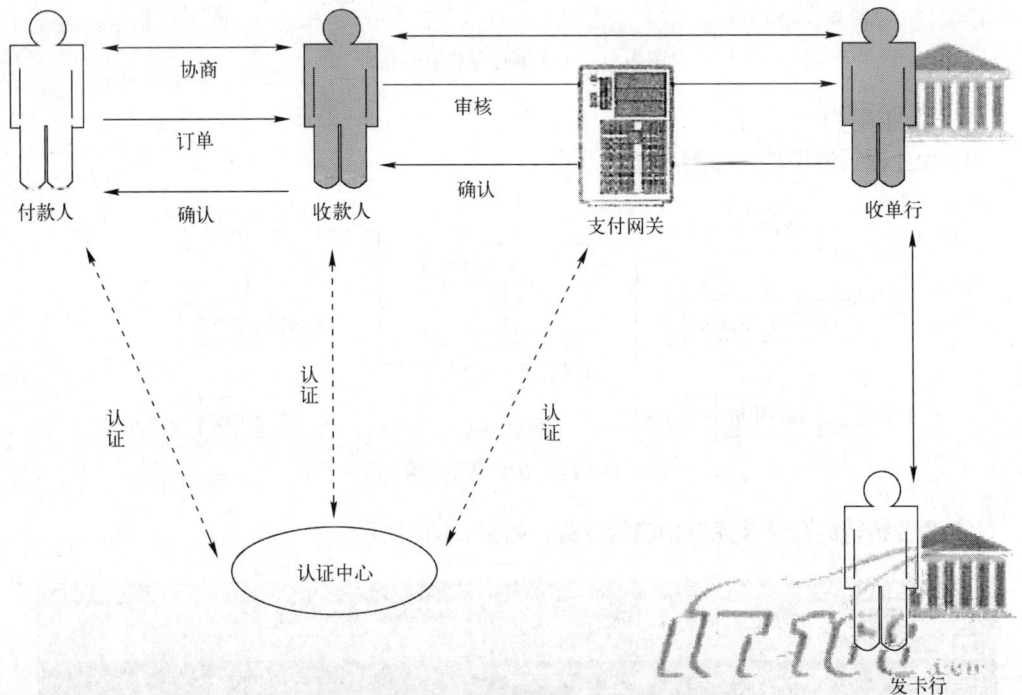

图 2-34　信用卡在线支付 SET 模式工作流程

图 2-35　招商银行五大快捷信用卡还款方式

如果是涉及跨行还款时，通过借记卡和信用卡实名验证，确认为同名卡，即可发起还款。信用卡跨行还款业务可以方便使用他行借记卡为信用卡还款，免去每月账单日在银行网点间奔波之苦，不需支付跨行转账手续费，轻点鼠标，安心享受信用卡免息还款期带来的乐趣，如图 2-36 所示。

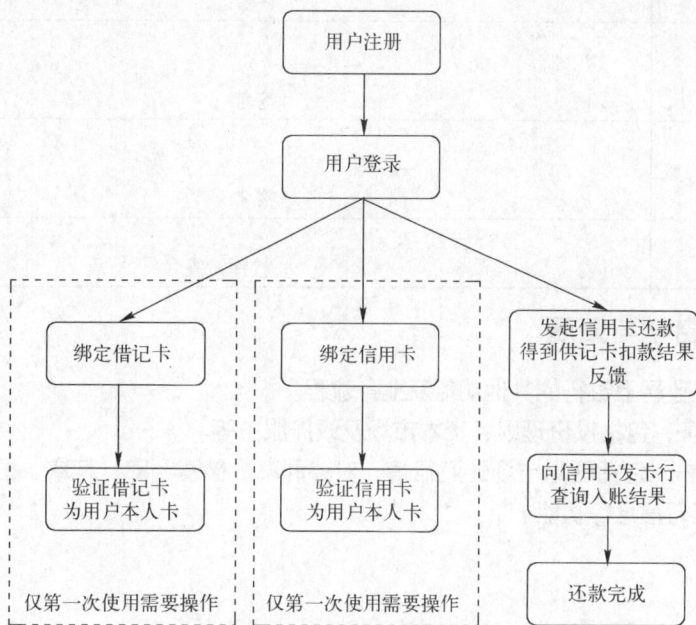

图 2-36　信用卡同名还款流程

第二部分　任务实践页

实训 1　基础训练

1. 网上银行是指＿＿＿的新型银行。

2. 网上银行的基本特点包括 ＿＿＿＿＿＿＿＿＿＿＿＿＿＿＿＿＿＿＿＿＿＿＿＿＿＿＿＿。

3. 基本储蓄账户和信用卡服务、基本支票业务和利息支票账户、信用证业务和信用卡服务、货币市场业务和存单业务，以上哪些业务不是网上银行的具体服务项目。

4. 在网上银行系统中，负责审核、生成、发放和管理网上银行系统所需要的证书的是＿＿＿＿＿＿＿＿＿。

实训 2　分组实训

1. 小组成员分工列表和预期工作时间计划表。

任务名称	承担成员	完成工作时间	老师建议工作时间
使用网上银行完成网上支付（招行、建行、工商行等）			

2. 任务工作记录和任务评价。

项目	记录
工作过程	签名：
个人收获	签名：
存在的问题	签名：
任务评价	（教师）签名：

实训 3　自学与拓展

全面了解企业网上银行的其他功能及业务流程。

1. 商务服务，包括投资理财、资本市场及政府服务等。

2. 信息发布，包括国际市场外汇行情、对公利率、储蓄利率、汇率、国际金融信息、证券行情以及银行信息等功能。

项目三　电子商务物流

项目情景创设

电子商务的不断发展使物流行业重新崛起，目前物流业所提供的服务内容已远远超过了仓储、分拨和运送等服务。物流公司提供的仓储、分拨设施、维修服务、电子跟踪和其他具有附加值的服务日益增加。物流服务商正在变为客户服务中心、加工和维修中心、信息处理中心和金融中心。

案例：沃尔玛电子商务物流

沃尔玛百货有限公司（以下简称"沃尔玛公司"）由美国零售业的传奇人物山姆·沃尔顿先生于1962年在阿肯色州成立。经过40多年的发展，沃尔玛公司已经成为美国最大的私人雇主和世界上最大的连锁零售商。目前沃尔玛公司在全球10个国家开设了超过5000家商场，员工总数160多万，分布在美国、墨西哥、波多黎各、加拿大、阿根廷、巴西、中国、韩国、德国和英国10个国家。2007年销售额为3511.39亿美元，再次荣登世界500强榜首。

沃尔玛公司的业务之所以能够迅速增长，并且成为现在非常著名的公司之一，是因为沃尔玛公司在节省成本以及在物流配送系统与供应链管理方面取得了巨大的成就。

1. 降低成本系列方法在物流配送中心的应用

沃尔玛公司在整个物流过程当中，最昂贵的就是运输部分，因此沃尔玛公司在设置新卖场时，尽量以其现有配送中心为出发点，卖场一般都设在配送中心周围，以缩短送货时间，降低送货成本。沃尔玛公司在物流方面的投资，也非常集中地用于物流配送中心建设。

（1）快速高效的物流配送中心

物流配送中心一般设立在100多家零售店的中央位置，也就是配送中心设立在销售主市场。这使得一个配送中心可以满足100多个附近周边城市的销售网点的需求；另外运输的半径既比较短又比较均匀，基本上是以320km为一个商圈建立一个配送中心。

这些中心按照各地的贸易区域精心部署，通常情况下，从任何一个中心出发，汽车可在一天内到达其所服务的商店。

在配送中心，计算机掌管着一切。供应商将商品送到配送中心后，先经过核对采购计划、商品检验等程序，分别送到货架的不同位置存放。当每一样商品储存进去时，计算机都会对其方位和数量进行记录；一旦商店提出要货计划，计算机就会查找出这些货物的存放位置，并打印出印有商店代号的标签，以供贴到商品上。

公司6000多辆运输卡车全部安装了卫星定位系统，每辆车在什么位置、装载什么货物、目的地是什么地方，总部都一目了然。

灵活高效的物流配送使得沃尔玛公司在激烈的零售业竞争中技高一筹。沃尔玛公司可以保证商品从配送中心运到任何一家商店的时间不超过 48 小时，沃尔玛公司的分店货架平均一周可以补货两次，而其他同业商店平均两周才能补一次货；通过维持尽量少的存货，沃尔玛公司既节省了存储空间又降低了库存成本。

(2) 沃尔玛公司配送中心采用的作业方式

配送中心的一端是装货的月台，另外一端是卸货的月台，两项作业分开。看似与装卸一起的方式没有什么区别，但是运作效率由此提高很多。配送中心就是一个大型的仓库，但是概念上与仓库有所区别。

交叉配送 (Cross Docking, CD)，交叉配送的作业方式非常独特，而且效率极高，进货时直接装车出货，没有入库储存与分拣作业，降低了成本，加速了流通。

沃尔玛公司的配送成本占销售额的 2%，而一般来说物流成本占整个销售额都要达到 10% 左右，有些食品行业甚至达到 20% 或者 30%。沃尔玛公司始终如一的思想就是要把最好的东西用最低的价格卖给消费者，这也是它成功的所在。另外竞争对手一般只有 50% 的货物进行集中配送，而沃尔玛公司 90% 以上是进行集中配送的，只有少数可以从加工厂直接送到店里去，这样成本与对手就相差很多了。

2. 物流信息技术的应用

沃尔玛公司之所以成功，很大程度上是因为它至少提前 10 年（较竞争对手）将尖端科技和物流系统进行了巧妙搭配。早在 20 世纪 70 年代，沃尔玛公司就开始使用计算机进行管理；20 世纪 80 年代初，又花费 4 亿美元购买了商业卫星，实现了全球联网；20 世纪 90 年代，采用了全球领先的卫星定位系统 (GPS)，控制公司的物流，提高配送效率，以速度和质量赢得用户的满意度和忠诚度。

(1) 建立全球第一个物流数据的处理中心

沃尔玛公司在全球第一个实现集团内部 24 小时计算机物流网络化监控，使采购库存、订货、配送和销售一体化。例如，顾客到沃尔玛店里购物，然后通过 POS 机打印发票，与此同时负责生产计划、采购计划的人员以及供应商的计算机上就会同时显示信息，各个环节就会通过信息及时完成本职工作，从而减少了很多不必要的时间浪费，加快了物流的循环。

(2) 沃尔玛公司物流应用的信息技术

射频技术/RF (Radio Frequency) 在日常的运作过程中可以跟条形码结合起来应用。

传统的方式到货以后要打电话、发 E-mail 或者发报表，通过便携式数据终端设备/PDF 可以直接查询货物情况。

利用物流条码/BC 技术，能及时有效的对企业物流信息进行采集跟踪。

射频标识技术/RFID，是一种非接触式的自动识别技术，通过射频信号自动识别目标对象并获取相关数据，识别工作无需人工干预，可在各种恶劣环境中工作。

2004 年，全球最大的零售商沃尔玛公司要求其前 100 家供应商，在 2005 年 1 月之前向其配送中心发送货盘和包装箱时使用无线射频识别 (RFID) 技术，2006 年 1 月前在单件商品中投入使用。专家预测，2005 年到 2007 年，沃尔玛供应商每年将使用 50 亿张电子标签，沃尔玛公司每年可节省 84.5 亿美元。目前全世界已安装了约 5000 个 RFID 系统，实际年销售额约为 9.64 亿美元。

凭借这些信息技术，沃尔玛公司如虎添翼，取得了长足的发展。

3."无缝"供应链的运用

物流的含义不仅包括了物资流动和存储，还包含了上下游企业的配合程度。"无缝"的意思指的是，使整个供应链达到一种非常顺畅的连接。在供应链中，每一个供应者都是这个链当中的一个环节，沃尔玛公司使整个供应链成为一个非常平稳、光滑、顺畅的过程。这样，沃尔玛公司的运输、配送以及对于订单与购买的处理等所有的过程，都是一个完整网络当中的一部分，这样大大降低了物流成本。

在衔接上游客户上，沃尔玛公司有一个非常好的系统，可以使供货商们直接进入到沃尔玛公司的系统，沃尔玛公司称之为"零售链接"。通过零售链接，供货商们就可以随时了解销售情况，对将来货物的需求量进行预测，以决定生产情况，这样产品的成本也可以降低，从而使整个流程成为一个"无缝"的过程，如图 3-1 所示。

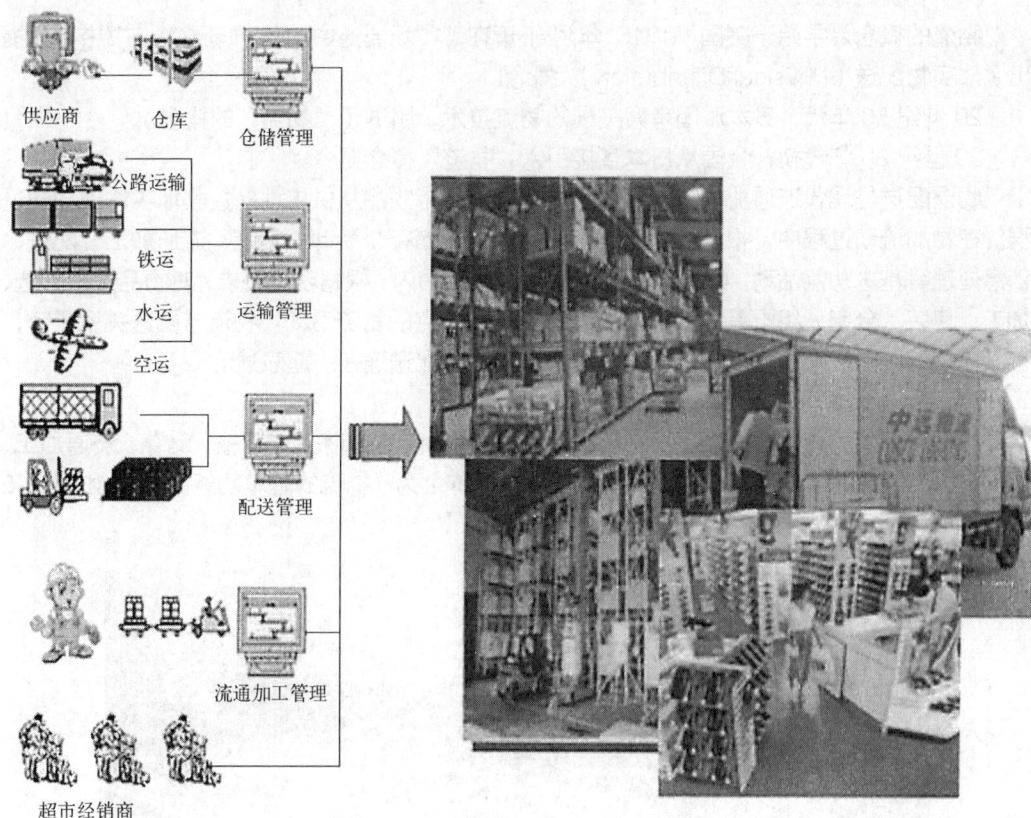

图 3-1 典型零售业物流模式

通过对沃尔玛公司物流案例的分析，可以知道一个能给企业降低成本带来效益的现代物流需完成以下 3 个任务：了解电子供应链的构成；熟悉电子商务物流配送的活动过程；认识电子商务物流技术的作用。

任务一　电子商务供应链的构成

第一部分　任务学习引导

本任务要求了解物流的定义以及物流的管理目标，了解电子商务物流的特点并理解它们之间的关系，熟悉电子供应链的构成。

3.1　物流基本构成要素

1．物流基本构成要素

（1）物流的概念

物流的概念最早始于美国，1915 年阿奇·萧在《市场流通中的若干问题》一书中首先提出了"实物配送（Physical Distribution）"概念。

20 世纪 50 年代，日本派团考察美国的物流技术，引进了"物流"的概念。

20 世纪 80 年代初，我国从日本直接引入"物流"概念至今。

物流配送是现代流通业的一种经营方式。物流是指物品从供应地向接收地实体流动的过程。在物的流动过程中，根据实际需要，包括运输、储存、装卸、包装、流通加工、配送、信息处理等基本功能活动。配送指在经济合理区域范围内，根据客户要求，对物品进行拣选、加工、包装、分割、组配等作用，并按时送达指定地点的物流活动。物流与配送关系紧密，在具体活动中往往交结在一起，为此人们通常把物流配送连在一起表述。

（2）物流基本构成要素

根据我国的物流术语标准，物流活动由物品的包装、装卸搬运、运输、储存、流通加工、配送、物流信息等工作内容构成，以上内容也常被称之为"物流的基本功能要素"，如图 3-2 所示。

图 3-2　某省大型物流中心

① 包装活动

包装活动，大体可以分为工业包装和商业包装两大类，包括产品的出厂包装，生产过程中制成品、半成品的包装以及在物流过程中的换装、分装及再包装等，如图3-3所示。

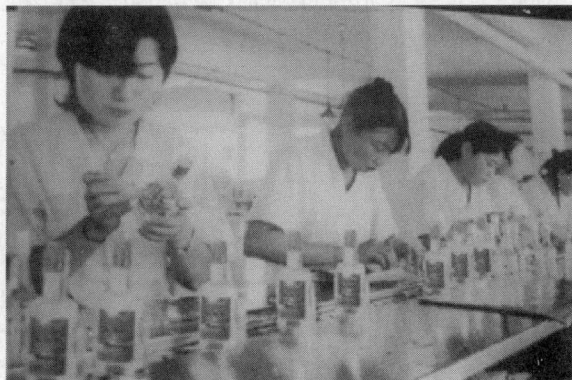

图 3-3 产品包装活动

工业包装纯属物流的范畴，是为了便于物资的运输、保管，提高装卸效率和装载率而进行的。

商业包装则是把商品分装成方便顾客购买和易于消费的商品单位，属于销售学研究的内容，商业包装的目的是为了向消费者展示商品的内容和特征。包装与物流的其他功能要素有着密切的联系，对物流合理化进程有着极为重要的推动作用。

② 装卸搬运活动

装卸搬运活动，是指为衔接物资的运输、储存、包装以及流通加工等作业环节而进行的，以改变"物"的存放地点、支承状态或空间位置为目的的机械或人工作业过程。运输、保管等物流环节的两端都离不开装卸搬运活动，在全部物流活动中只有装卸搬运伴随着物流全过程的始终，包括物品的装上卸下、移送、拣选、分类等。对装卸搬运活动的管理包括：选择适当的装卸搬运方式，合理配置和使用装卸搬运机具，减少装卸搬运事故和损失等，如图3-4所示。

图 3-4 装卸搬运活动

③ 运输活动

运输活动，目的是改变物品的空间移动。物流组织者依靠运输克服生产地与需求地之间存在的空间距离问题，创造商品的空间效用。运输是物流的核心，在许多场合，人们甚至把它作为整个物流的代名词。对运输活动进行管理时，物流组织者应该选择技术、经济效果最好的运输方式或联运组合，合理地确定输送路线，以满足运输的安全、迅速、准时和低成本要求，如图3-5所示。

图 3-5　运输活动

④ 储存活动

储存活动，也称保管活动，是为了克服生产和消费在时间上的不一致所进行的物流活动。物品通过储存活动以满足用户的需要，从而产生了时间效用。保管活动借助各种仓库、堆场、货棚等，完成物资的保管、养护、堆存等作业，以便最大限度地减少物品使用价值的下降。储存管理要求组织者确定仓库的合理库存量，建立各种物资的保管制度，确定仓储作业流程，改进保管设施和提高储存技术等。储存的目的是"以与最低的总成本相一致的最低限度的存货来实现所期望的顾客服务"，如图3-6所示。

图 3-6　储存活动

⑤ 流通加工活动

流通加工活动，又称流通过程中的辅助加工。流通加工是在物品从生产者向消费者流动的过程中，为了促进销售、维护产品质量、实现物流的高效率所采取的使物品发生物理和化学变化的加工过程。商业企业或物流企业为了弥补生产过程中的加工不足，更有效地满足消费者的需要，更好地衔接产需，往往需要进行各种不同形式的流通加工。

⑥ 配送活动

配送活动是按用户的订货要求，在物流据点完成分货和配货等作业后，将配好的货物送交收货人的物流过程。配送活动大多以配送中心为始点，而配送中心本身又具备储存的功能。配送活动中的分货和配货作业是为了满足用户要求而进行的，所以经常要开展拣选、改包装等组合性工作，必要的情况下还要对货物进行流通加工。配送的最终实现离不开运输，所以人们经常把面向城市或特定区域范围内的运输也称为"配送"，如图 3-7 所示。

图 3-7 配送活动

⑦ 物流信息活动

物流活动中大量信息的产生、传送和处理为合理地组织物流提供了可能。物流信息对上述各种物流活动的相互联系起着协调作用。物流信息包括与上述各种活动有关的计划、预测、动态信息以及相关联的费用情况、生产信息、市场信息等。

对物流信息的管理，要求物流组织者建立有效的情报系统和情报渠道，正确选定情报科目，合理进行情报收集、汇总和统计，以保证物流活动的可靠性和及时性。现代物流信息以网络和计算机技术为手段，为实现物流的系统化、合理化、高效化提供了技术保证。

（3）物流管理的目标

在企业运作中，物流被看成是企业与其供应商和客户相联系的能力。

物流管理的目标主要包括快速反应、最小变异、最低库存、整合运输、产品质量等。

快速反应关系到企业能否及时满足客户的服务需求的能力。信息技术提高了在尽可能的最短时间内完成物流作业，并尽快交付所需存货的能力。快速反应的能力把物流作业的重点从根据预测和对存货储备的预期，转移到从装运到装运方式对客户需求作出迅速反应上来。

最小变异就是尽可能控制任何会破坏物流系统表现的、意想不到的事件。这些事件包括客户收到订货的时间被延迟、制造中发生意想不到的损坏、货物交付到不正确的地点等。信息技术的使用使积极的物流控制成为可能。

最低库存的目标是减少资产负担和提高相关的周转速度。存货可用性的高周转率意味着分布在存货上的资金得到了有效的利用。

最重要的物流成本之一是运输。一般来说，运输规模越大及需要运输的距离越长，每单位的运输成本就越低。这就需要有创新的规划，把小批量的运输聚集成集中的、具有较大批量的整合运输。

由于物流作业必须在任何时间、跨越广阔的地域来进行，对产品质量的要求被强化，因为绝大多数物流作业是在监督者的视野之外进行的。由于不正确的装运或运输中的损坏导致重做，客户订货所花的费用远比第一次就正确地履行所花费的费用多，因此，物流是发展和维持全面质量管理不断改善的主要组成部分。

2．物流的分类

（1）宏观物流与微观物流

宏观物流也称社会物流（External Logistics），是指社会再生产总体的物流活动，物流的业务活动以社会为范围，面向社会。

微观物流也称企业物流（Internal Logistics），是指消费者、生产企业所从事的物流活动，物流活动以企业为范围，面向企业。

两者的区别在于前者是从国民经济的宏观角度划分的物流范围，后者是从企业的微观角度划分的物流范围。

（2）国际物流与区域物流

区域物流是指全面支撑区域可持续发展总体目标而建立的适应区域环境特征，提供区域物流功能，满足区域经济、政治、自然、军事等发展需要，具有合理空间结构和服务规模，实现有效组织与管理的物流活动体系。区域物流主要由区域物流网络体系、区域物流信息支撑体系和区域物流组织运作体系组成。

国际物流（International Logistics）是指在两个或两个以上的国家（或地区）之间进行的物流活动。两者的不同在于物流活动的地域不同。前者是在一个地域内的，后者是在国际间的。从跨地域到跨国不是物流简单的地域或空间放大的问题，而是国内社会经济发展与对外经济发展的程度的体现。

（3）一般物流与特殊物流

一般物流是指物流活动的共同点和一般性，物流活动的一个重要特点是涉及全社会的广泛性，因此物流系统的建立及物流活动的开展必须有普遍的适用性。

特殊物流是指在遵循一般物流规律基础上，带有制约因素的特殊应用领域、特殊管理方式、特殊劳动对象、特殊机械装备特点的物流。

3.2　电子商务物流的特点

1．电子商务物流的特点

（1）电子商务物流的概念

电子商务物流是基于传统物流概念的基础上，结合电子商务中信息流、商流、资金流的特点而提出的，是电子商务环境下，物流的新的表现方式。因此，电子商务物流的概念可以表述为"指基于信息流、商流、资金流网络化的物资或服务的配送活动，包括软体商品（或服务）的网络传送和实体商品（或服务）的物理传送"。

（2）电子商务物流的特点

① 信息化

电子商务时代，物流信息化是电子商务的必然要求。物流信息化表现为物流信息的商品化、物流信息收集的数据库化和代码化、物流信息处理的电子化和计算机化、物流信息传递的标准化和实时化、物流信息存储的数字化等。因此，条码技术（BarCode）、数据库技术（Database）、电子定货系统（EOS）、电子数据交换（EDI）、快速反应系统（QR）以及有效的客户反应（ECR）和企业资源计划（ERP）等技术与观念在物流中将会得到普遍的应用。信息化是一切的基础，没有物流的信息化，任何先进的技术设备都不可能应用于物流领域，信息技术及计算机技术在物流中的应用将会彻底改变世界物流的面貌。

② 自动化

自动化的基础是信息化，自动化的核心是机电一体化，自动化的外在表现是无人化，自动化的效果是省力化，另外还可以扩大物流作业的能力、提高劳动生产率、减少物流作业的差错等。物流自动化的设施非常多，如条码/语音/射频自动识别系统、自动分拣系统、自动存取系统、自动导向车、货物自动跟踪系统等。这些设施在发达国家已普遍用于物流作业流程中，而在我国由于物流业起步晚，发展水平低，自动化技术的普及还需要相当长的时间。

③ 网络化

物流领域网络化的基础也是信息化，这里指的网络化有两层含义。

一是物流配送系统的计算机通信网络，包括物流配送中心与供应商或制造商的联系要通过计算机网络，另外与下游顾客之间的联系也要通过计算机网络通信，比如物流配送中心向供应商提出订单这个过程，就可以使用计算机通信方式，借助于增殖网（Value AddedNetwork, VAN）上的电子定货系统（EOS）和电子数据交换技术（EDI）来自动实现，物流配送中心通过计算机网络收集下游客户的定货的过程也可以自动完成；

二是组织的网络化，即所谓的企业内部网（Intranet）。

比如，我国台湾地区的计算机业在 20 世纪 90 年代创造出了"全球运筹式产销模式"，这种模式的基本点是按照客户定单组织生产，生产采取分散形式，即将全世界的计算机资源都利用起来，采取外包的形式将一台计算机的所有零部件、元器件、芯片外包给世界各地的制造商去生产，然后通过全球的物流网络将这些零部件、元器件和芯片发往同一个物流配送中心进行组装，由该物流配送中心将组装的计算机迅速发给订户。这一过程需要有高效的物流网络支持，当然物流网络的基础是信息、计算机网络。

物流的网络化是物流信息化的必然，是电子商务下物流活动的主要特征之一。全球网络资源的可用性及网络技术的普及为物流的网络化提供了良好的外部环境，物流网络化不可阻挡。

④ 智能化

这是物流自动化、信息化的一种高层次应用，物流作业过程大量的运筹和决策，如库存水平的确定、运输（搬运）路径的选择、自动导向车的运行轨迹和作业控制、自动分拣机的运行、物流配送中心经营管理的决策支持等问题都需要借助于大量的知识才能解决。在物流自动化的进程中，物流智能化是不可回避的技术难题。好在专家系统、机器人等相关技术在国际上已经有比较成熟的研究成果。为了提高物流现代化的水平，物流的智能化已成为电子商务下物流发展的一个新趋势，某公司的物流信息管理系统如图 3-8 所示。

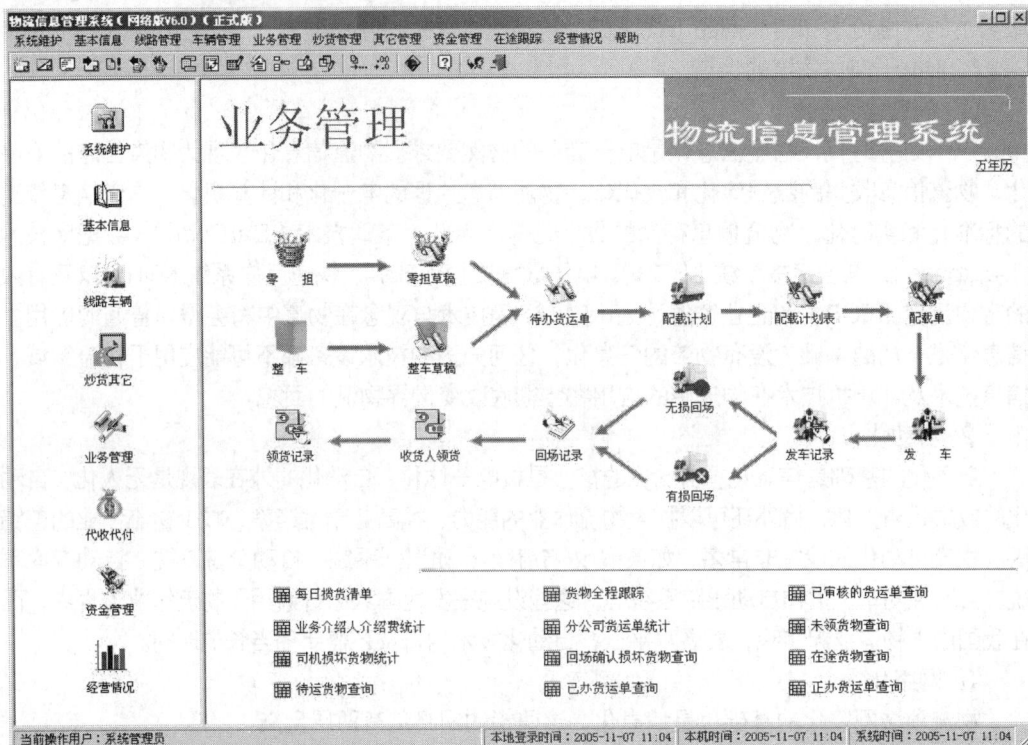

图 3-8　某公司的物流信息管理系统

⑤ 柔性化

柔性化本来是为实现"以顾客为中心"理念而在生产领域提出的，但要真正做到柔性化，即真正地能根据消费者需求的变化来灵活调节生产工艺，没有配套的柔性化的物流系统是不可能达到目的的。

2．电子商务与物流的关系

（1）物流是电子商务的重要组成部分

电子商务的本质是商务，商务的核心内容是商品的交易，而商品交易会涉及 4 个方面，即商品所有权的转移、货币的支付、有关信息的获取与应用和商品本身的转交。物流，作为"四流"中最为特殊的一种，是指物质实体的流动过程，具体指运输、储存、配送、装卸、保管、物流信息管理等各种活动。

（2）物流是实现电子商务的保证

物流作为电子商务的重要组成部分，是实现电子商务的重要保证。电子商务通过快捷、高效的信息处理手段，可以比较容易地解决信息流（信息交换）、商流（所有权转移）和资金流（支付）的问题。而将商品及时地配送到用户手中，即完成商品的空间转移（物流）才标志着电子商务过程的结束。因此，物流系统的效率高低是电子商务成功与否的关键，如图 3-9 所示。

（3）物流保证生产的顺利进行

无论在传统的贸易方式下，还是在电子商务下，生产都是商品流通之本，而生产的顺利进行需要各类物流活动的支持。

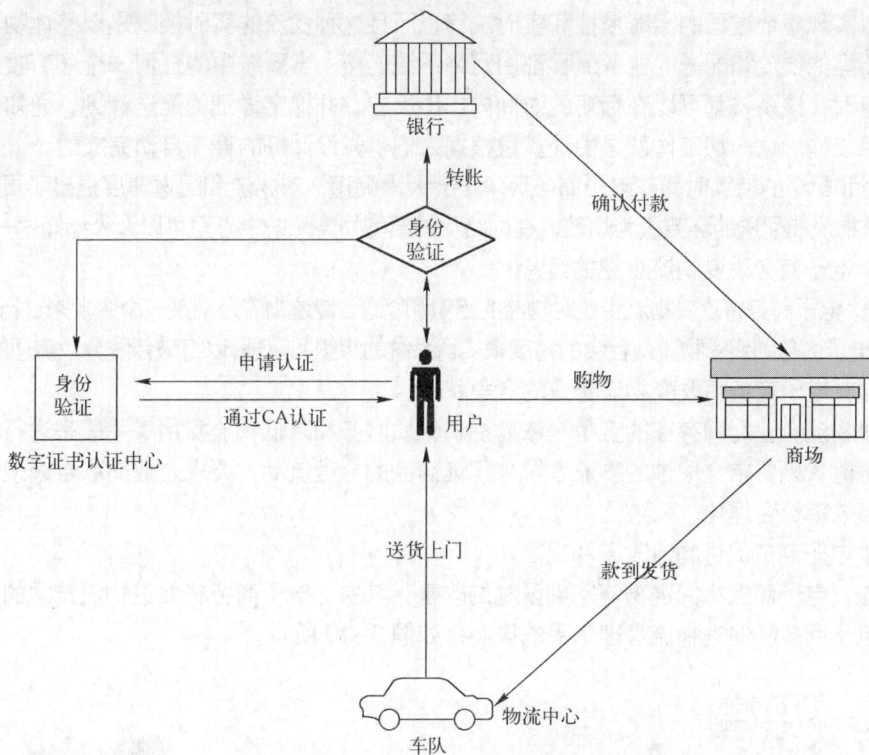

图 3-9　典型 B2C 电子商务流程中的物流环节

（4）物流服务于商流

在整个电子商务中，物流实际上是以商流的后续者和服务者的姿态出现的。没有现代化的物流，轻松的商务活动只会退化为一纸空文。

（5）物流是实现以"顾客为中心"理念的根本保证

电子商务的出现，在最大程度上方便了最终消费者。消费者不必到拥挤的商业街挑选自己所需的商品，而只要坐在家里，上网浏览、查看、挑选，就可以完成购物活动。物流是电子商务实现以顾客为中心理念的最终保证。缺少现代化物流技术与管理，电子商务给消费者带来的便捷等于零，消费者必然会转向他们认为更为可靠的传统购物的方式上。

3. 电子商务对物流的影响

近几年来，在电子商务的应用与发展过程中，人们发现因为没有一个高效、合理、畅通的物流系统，电子商务所具有的优势就难以得到有效的发挥。但随着电子商务环境的改善，电子商务也正在使传统的物流发生变化，甚至会强化物流的作用，促使物流系统进一步完善。电子商务活动对物流的影响，主要表现在以下几个方面。

（1）电子商务改变传统物流观念

电子商务作为一新兴的商务活动，为物流创造了虚拟的运动空间。可以通过各种组合方式，寻求物流的合理化，使商品实体在实际的物流过程中，达到效率最高、费用最省、距离最短、时间最少的目的。

（2）电子商务改变物流的运作方式

传统的物流和配送过程是由多个业务流程组成的，受人为因素和时间影响很大。网络的应用可以实现整个过程的实时监控和实时决策，而且这种物流的实时控制是以整体物流来进行的。新型的物流和配送的业务流程都由网络系统连接。当系统中的任何一个环节收到一个需求信息时，该系统都可以在极短的时间内作出反应，并拟定详细的配送计划，通知各相关环节开始工作。这一切工作都是由计算机根据人们事先设计好的程序自动完成的。

物流和配送的持续时间在电子商务环境下会大大缩短，对物流和配送速度提出了更高的要求。传统物流和配送的环节极为烦琐，在网络化的新型物流配送中心里可以大大缩短这一过程。

（3）电子商务改变物流企业的经营

首先，电子商务将改变物流企业对物流的组织和管理。传统物流是从某一个企业来进行组织和管理，而电子商务则要求物流从社会的角度来实行系统的组织和管理，以打破传统分散流通的状态。

其次，电子商务将改变物流企业的竞争状态。

传统物流企业之间存在的竞争是依靠提供优质服务和降低物流费用等手段来进行的；而电子商务时代则要求全球性的物流系统来保证商品的合理流动，要求企业间联合起来，以实现物流高效率、合理化、系统化。

（4）电子商务促进物流改善和提高

首先，电子商务将促进物流基础设施的改善；其次，电子商务将促进物流技术的进步；最后，电子商务将促进物流管理水平的提高，如图3-10所示。

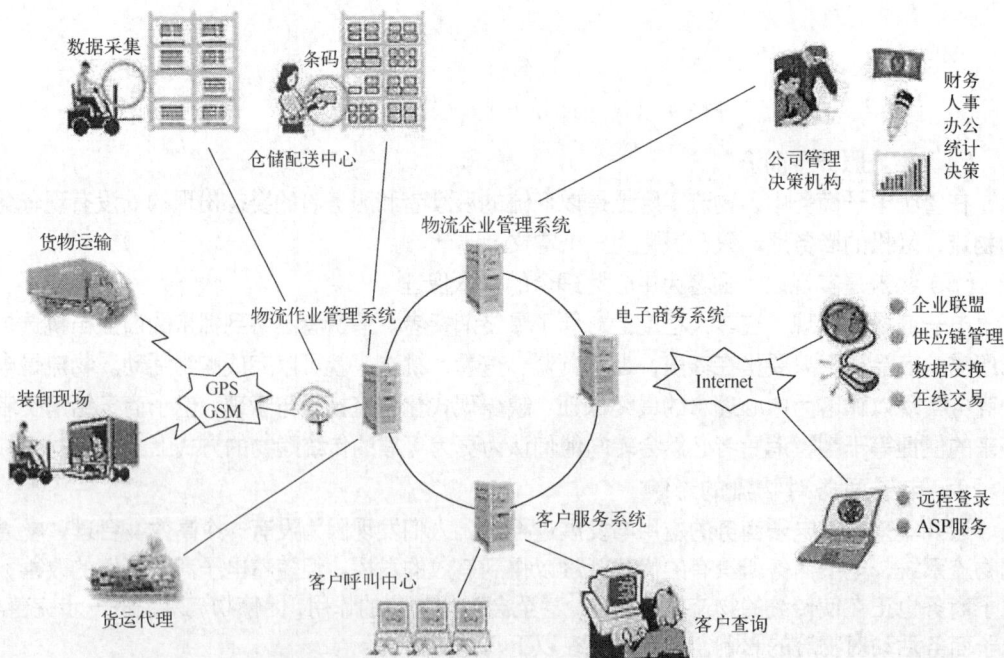

图 3-10 电子商务环境下的物流企业信息化管理

3.3 电子供应链的管理

1. 供应链的管理含义和特点

（1）供应链的管理含义

供应链的含义是从采购开始经过生产、分配、销售最后到达用户，这不是孤立的行为，而是一定流量的环环相扣的"链"，物流活动是受这一供应链决定的制约的，供应链管理实际上就是把物流和企业全部活动作为一个统一的过程来管理，如图3-11所示。

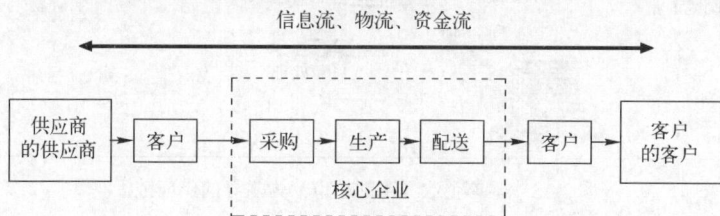

图 3-11　供应链流程图

供应链管理就是把供应链最优化，以最少的成本，令供应链从采购开始，到满足最终顾客的所有过程，包括工作流程、实物流程、资金流程和信息流程，均有效率地操作。把产品以合理的价格，把合适的商品，及时送到消费者手上。

（2）特点

供应链管理有4个要点。

第一，供应链是一个单向过程，链中各环节不是彼此分割的，而是通过链的联系成为一个整体。

第二，供应链是全过程的战略管理，从总体来考虑，如果只依赖于部分环节信息，由于信息的局限或失真，可能导致计划失真。

第三，不同链节上的库存观不同，在物流的供应链管理中，不把库存当做维持生产和销售的措施，而将其看成是供应链的平衡机制。

第四，供应链管理采取新的管理方法，诸如用总体综合方法代替接口的方法，用解除最薄弱链寻求总平衡，用简化供应链方法防止信号的堆积放大，用经济控制论方法实现控制等。

2．供应链的管理模式

① 以制造企业为主导的供应链，如图3-12所示。

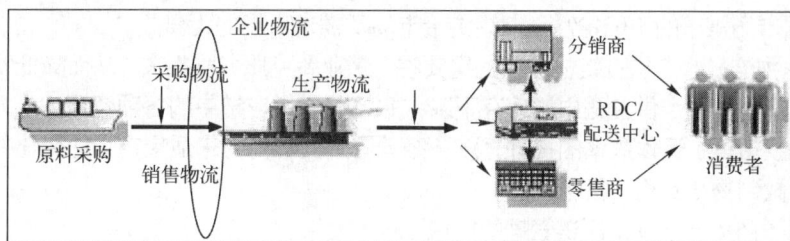

图 3-12　制造企业为主导的供应链

② 以零售企业（连锁超市）为主导的供应链 ，如图3-13所示。

③ 以第三方物流企业为主导的供应链，如图3-14所示。

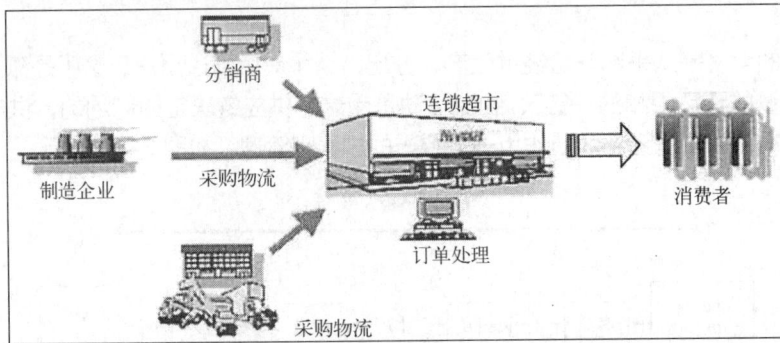

图 3-13　零售企业（连锁超市）为主导的供应链

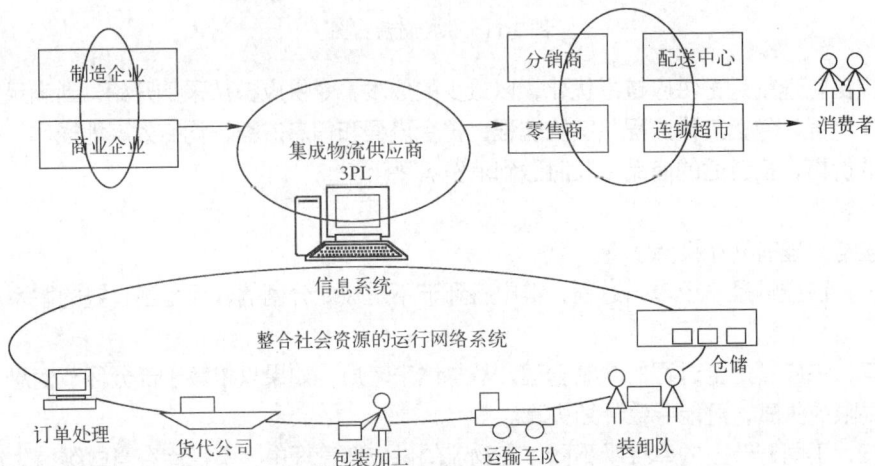

图 3-14　第三方物流企业为主导的供应链

3．电子商务环境下供应链管理的实施

（1）电子商务环境下供应链管理的目标

供应链管理的目标如下。

● 根据市场需求的扩大，提供完整的产品组合。

● 根据市场需求的多样化，缩短从生产到消费的周期。

● 根据市场需求的不确定性，缩短供给市场及需求市场的距离。

● 根据物流在整个供应链体系中的重要性，企业要克服各种损失，从而降低物流的成本及费用，使货物在整个供应链中的库存下降，并且通过供应链中的各项资源（人力、市场、仓储、生产设备等）运作效率的提升，赋予经营者更大的能力来适应市场的变化并做出及时反应，从而做到物尽其用、货畅其流。

（2）电子商务环境下供应链管理的实施

① 正确分析企业所处竞争环境。从客户的需求出发，分析企业所处竞争环境，以便明确企业实施供应链管理的目的和方向。竞争环境的分析主要是为了识别面对的市场特征和各种机会，为企业制订切实可行的竞争战略创造条件。可通过向供应商、客户和合作伙伴发放问卷调查、实地走访、举行研讨会等形式，也可利用搜索引擎工具进行搜索。

② 制订切实可行的竞争战略。制订竞争战略的前提和基础是对企业核心竞争力的分析，主要是对企业所拥有的各种资源和能力进行客观正确的评价。而基本的竞争战略可以分为总

成本领先战略、差异化战略和目标集聚战略。企业应在对自身核心竞争力的分析的基础上选择符合自身发展要求的竞争战略。

● 确立供应商评估的标准。如拥有与本企业相似的价值观和战略思想；有可利用的核心竞争力，与本企业优势互补；在控制成本与降低价格方面有优势；有完整的质量保证体系和技术创新能力等。

● 建立专门的公正的评估小组。小组成员应来自企业内部相关部门，评估时执行严格的统一标准，对不同的供应商给出公平、公正、公开的评估结果。

● 通知初选合格的供应商参加评估，以确认他们是否愿意与企业建立供应链合作关系，是否有获取更高业绩水平的愿望。

● 与供应商建立信任与合作关系。建立风险和责任共担，利益和市场共享的机制，从而促进供应链管理的高效运作，为双方赢得共同、持久的竞争优势。

③ 逐步完善网络基础。供应链管理的实施必须以完善的网络设施为前提，特别是企业的内部网、外部网和 Internet 的集成，是保证供应链高效运作的基本条件。条形码、电子数据交换（EDI）、销售终端系统（POS）、电子自动定货系统 EOS 以及企业的知识库、电子数据库都是供应链管理的重要组成部分。而一个完整的供应链系统方案除了供应链管理系统（SCM）外，应包括客户关系管理系统（CRM）、企业资源规划系统（ERP）、产品资讯系统（PDM）、全球采购管理（GPM）、全球需求管理（GDM）和电子商务（e-Commerce）。

④ 加强协作，及时化解各种矛盾。供应链上的各企业就加强合作与沟通，采用互利互惠、求同存异的原则，从全局观念出发，及时化解供应链管理中的矛盾与冲突，是供应链管理真正成为使各方共同受益的有效途径。供应链管理要求一些公司将库存管理等权力交出，权力的交出方往往不放心，对信息的流动与整合施加一定的限制。事实上，一些供应链方案失败的主要原因正是因此。对这个问题，国外的经验是在供应链中的企业间建立战略联盟伙伴关系。

戴尔公司的物流采购与配送模式

戴尔公司于 1998 年 8 月将直线订购模式引入中国，如图 3-15 和图 3-16 所示。

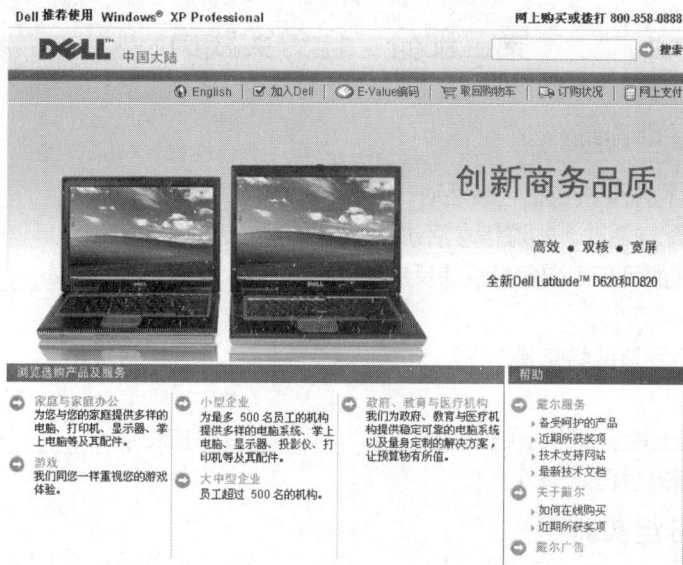

图 3-15　戴尔公司的物流采购与配送模式（1）

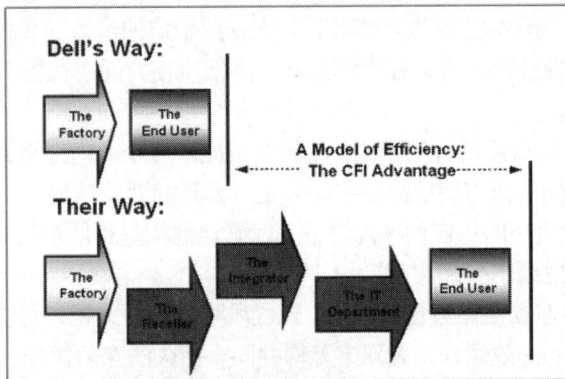

图 3-16　戴尔公司的物流采购与配送模式（2）

　　采购方面，戴尔公司和材料配件供应商保持密切联系，每天通过网络进行沟通。营销部门监控客户的订货情况的变化，并把新需求随时在网上发布，供供应商参考；供应商则随时向戴尔公司通报自己产品生产、价格变化、存量等信息。

　　销售方面，戴尔公司坚持直接与客户接触，注重通过高质量的物流配送来达到目标。一方面，戴尔公司通过免费电话与潜在客户取得联系；另一方面，则通过 Internet 与客户进行一对一的交流。销售部门通过庞大的配送网络，将客户所需要的商品及时送交客户。

第二部分　任务实践页

实训 1　基础训练

　　1. 物流基本构成要素包括包装活动、_____、_____、_____、流通加工活动、配送活动、物流信息活动。

　　2. 物流管理的目标主要包括快速反应、_____、最低库存、_____、产品质量等。

　　3. 电子商务物流的特点是_____、_____、网络化、_____和柔性化。

　　4. 供应链管理就是把供应链最优化，以_____，令供应链从_____开始，到满足_____顾客的所有过程。

实训 2　分组实训

　　1. 小组成员分工列表和预期工作时间计划表。

任务名称	承担成员	完成工作时间	老师建议工作时间
了解电子商务物流的特点及供应链管理的要素			

2. 任务工作记录和任务评价

项目	记录
工作过程	签名：
个人收获	签名：
存在的问题	签名：
任务评价	（教师）签名：

实训 3　拓展实训

分析电子商务物流业的发展趋势。

任务二　了解电子商务物流配送的活动过程

第一部分　任务学习引导

本任务要求了解电子商务环境下物流配送中心的特征及其运作类型，熟悉我国电子商务物流配送的模式。

3.4　电子商务配送模式

1. 我国电子商务物流配送的模式

我国从事电子商务的公司为解决物流配送的问题，主要采取以下方式。

（1）自营物流模式

自营物流模式是指企业的物流活动全部由企业自身组织管理的模式。企业利用已有的物流资源，通过采用先进的物流管理系统和物流技术，不断优化物流运作过程，为生产经营过程提供高效优质服务的基本方式。

（2）共同物流模式

共同物流模式是指物流企业之间为了提高物流效益，实现合理化物流所建立的一种功能互补的物流联合体，进行共同物流的核心在于充实和强化物流的功能。共同物流的优势在于有利于实现物流资源的有效配置，弥补物流企业功能的不足，促使企业提高物流能力并扩大物流规模，更好的满足客户需求，提高物流效益，降低物流成本。共同物流模式的一般运行过程，如图3-17所示。

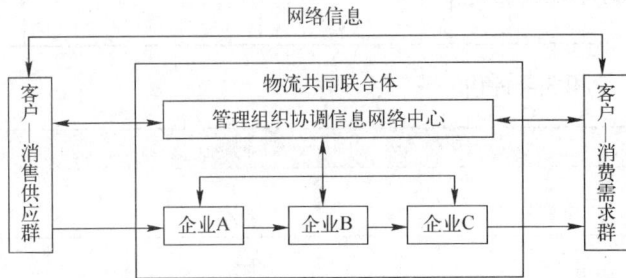

图3-17　共同物流模式

（3）互用物流模式

互用物流模式是几个企业为了各自的利益，以契约的方式达成某种协议，互用对方物流系统的物流模式，如图3-18所示。

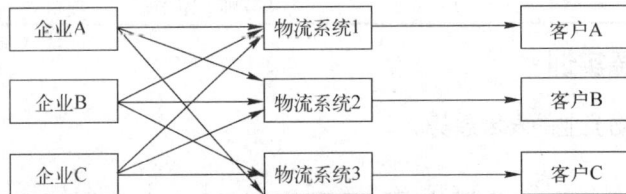

图3-18　互用物流模式

2．第三方物流

（1）第三方物流

所谓第三方物流是指生产经营企业为集中精力搞好主业，把原来属于自己的物流活动，以契约的方式委托给专业物流企业，同时通过信息系统与物流企业保持密切联系，以达到对物流全程管理和控制的一种物流运作与管理方式，如图3-19所示。

图3-19　第三方物流模式

（2）第三方物流的特点

从发达国家的物流业状况来看，第三方物流在发展中已逐渐形成鲜明特征，突出表现在5个方面。

● 关系契约化。首先，第三方物流是通过契约的形式来规范物流经营者与物流消费者之间关系的。物流经营者根据契约规定的要求，提供多功能直至全方位一体化的物流服务，并以契约来管理所有提供的物流服务及其过程。其次，第三方物流发展物流联盟也是通过契约的形式来明确各物流联盟参加者之间的权责利的相互关系的。

● 服务个性化。首先，不同的物流消费者存在不同的物流服务要求，第三方物流需要根据不同的物流消费者在企业形象、业务流程、产品特征、顾客需求特征、竞争需要等方面的不同要求，提供针对性强的个性化物流服务和增值服务。其次，从事第三方物流的物流经营者也因为市场竞争、物流资源以及物流能力的影响需要形成核心业务，不断强化所提供物流服务的个性化和特色化，以增强自身在物流市场的竞争能力。

● 功能专业化。第三方物流所提供的是专业的物流服务。从物流设计、物流操作过程、物流技术工具、物流设施到物流管理必须体现出专门化和专业水平，这既是物流消费者的需要，也是第三方物流自身发展的基本要求。

● 管理系统化。第三方物流应具有系统的物流功能，这是第三方物流产生和发展的基本要求，第三方物流需要建立现代管理系统才能满足自身运行和发展的基本要求。

● 信息网络化。信息技术是第三方物流发展的基础。物流服务过程中，信息技术发展实现了信息实时共享，促进了物流管理的科学化、极大地提高了物流效率和物流效益。

（3）中国第三方物流的发展现状

2007 年上半年，全国社会物流总额达 34.8 万亿元，同比增长 25.5%，增速比第一季度提高 1.7 个百分点。2007 年上半年，物流业增加值完成 7503 亿元，同比增长 17.2%，增速比第一季度提高 0.5 个百分点，占服务业全部增加值的 17.9%，同比提高 0.1 个百分点。2007 年上半年，中国社会物流总费用为 19541 亿元，同比增长 16.2%，增幅比第一季度提高 0.9 个百分点，比 2006 年同期提高 1.3 个百分点。

中国的第三方物流产业尚处于起步阶段，迫切需要政府部门的大力支持和推动，为现代物流的发展创造良好的宏观环境。目前中国第三方物流的市场规模还较小，而且高度分散，面对庞大的物流市场需求和弱小的供应能力，国外物流企业早已跃跃欲试。

（4）中国第三方物流的发展前景

我国目前第三方物流所具备的能力与第三方物流市场的潜力相比仍是微不足道的。对我国下十年第三方物流市场发展做了如下的预测。按照 1999 年我国物流总成本占国民生产总值比例 16.9%，假设每 5 年物流成本占国民生产总值的比重下降 2%（根据"第十个五年计划"草案），即 2005 年中国物流成本占国民生产总值比例为 14.9%，2010 年，中国物流成本占国民生产总值的比例为 12.9%，则未来十年我国物流成本占国民生产总值比例算术平均值约为 14.9%；我国第三方物流在物流市场上的比例前六年（2000～2005）按照国际平均数 1/3 左右计算，后五年按照 1/2 计算（根据"第十个五年计划"草案），则未来十年第三方物流在物流市场上的比例算术平均值为 0.42；国民生产总值增长率按 8% 算。根据测算结果，到 2010 年，我国物流总成本将达到 28505 亿元，按照国际上第三方物流在物流市场上所占平均份额 24.42%，物流市场总规模将达到 6960 亿元。另据中国仓储协会 2001 年 2～4 月的调查，57% 的企业将在未来一两年内选择新的物流商，而在 1999 年的同类统计中，该比例只有 45.3%。由这些数字可以看出，我国第三方物流的市场需求相当可观。

对于众多在计划经济时代建成的企业，现在正面临着资产重组和企业再造。这个时候是最好的时机，可把物流业务重新调整。物流业务应该交给专业的物流公司。对于新建立的企业，完全按照市场经济的模式，进行社会化专业化协作，物流业务由专业公司承担。到一定的时期，这样的改革就会形成第三方物流大发展的坚实基础和广阔空间。

第二部分　任务实践页

实训 1　基础训练

1. 我国电子商务物流配送的模式＿＿＿＿＿＿＿＿＿＿＿＿＿＿＿＿＿。
2. 第三方物流的特点＿＿＿＿＿＿＿＿＿＿＿＿＿＿＿＿＿。

实训 2　分组实训

1. 小组成员分工列表和预期工作时间计划表。

任务名称	承担成员	完成工作时间	老师建议工作时间
上网访问国内外一个著名的物流企业的网站，查询其提供的主要物流服务项目及其费用收取情况			

2. 任务工作记录和任务评价。

项目	记录
工作过程	签名：
个人收获	签名：
存在的问题	签名：
任务评价	（教师）签名：

实训 3　拓展实训

分析第四方物流与供应链管理的关系。

任务三　电子商务物流技术的作用

第一部分　任务学习引导

本任务要求了解电子商务物流配送技术的应用，充分认识电子商务物流配送技术的作用。

3.5　电子商务物流技术

电子商务物流技术一般是指与物流要素活动有关的所有专业技术的总称，包括各种操作方法、管理技能等，如流通加工技术、物品包装技术、物品标识技术以及物品实时跟踪技术等。此外，还包括物流规划、物流评价、物流设计、物流策略等。随着计算机网络技术的应用普及，物流技术中综合了许多现代技术，如 GIS（地理信息系统）、GPS（全球卫星定位系统）、EDI（电子数据交换）以及 Bar Code（条码）等。

1. 条码技术

现代物流中，条码技术的应用最为广泛，已应用于交通运输、仓储管理、物流配送和商品销售等各个环节，如图 3-20 所示。

条码由一组排列规则的条、空和相应的字符组成。目前使用频率最高的几种码制是 EAN、UPC、三九码、交插二五码和 EAN128 码。条码的研究对象主要包括编码规则及标准、符号技术、自动识读技术、印制技术和应用系统设计技术等五大部分。近年来，我国的条码事业发展迅速，目前，商品使用的条码前缀码为"690"、"691"和"692"。

条码技术的优点是输入速度快、可靠性高、采集信息量大、灵活实用。

条码作为一种及时、准确、可靠、经济的数据输入手段已被物流信息系统所采用。在工业发达国家已经普及应用，已成为商品独有的世界通用的"身份证"。

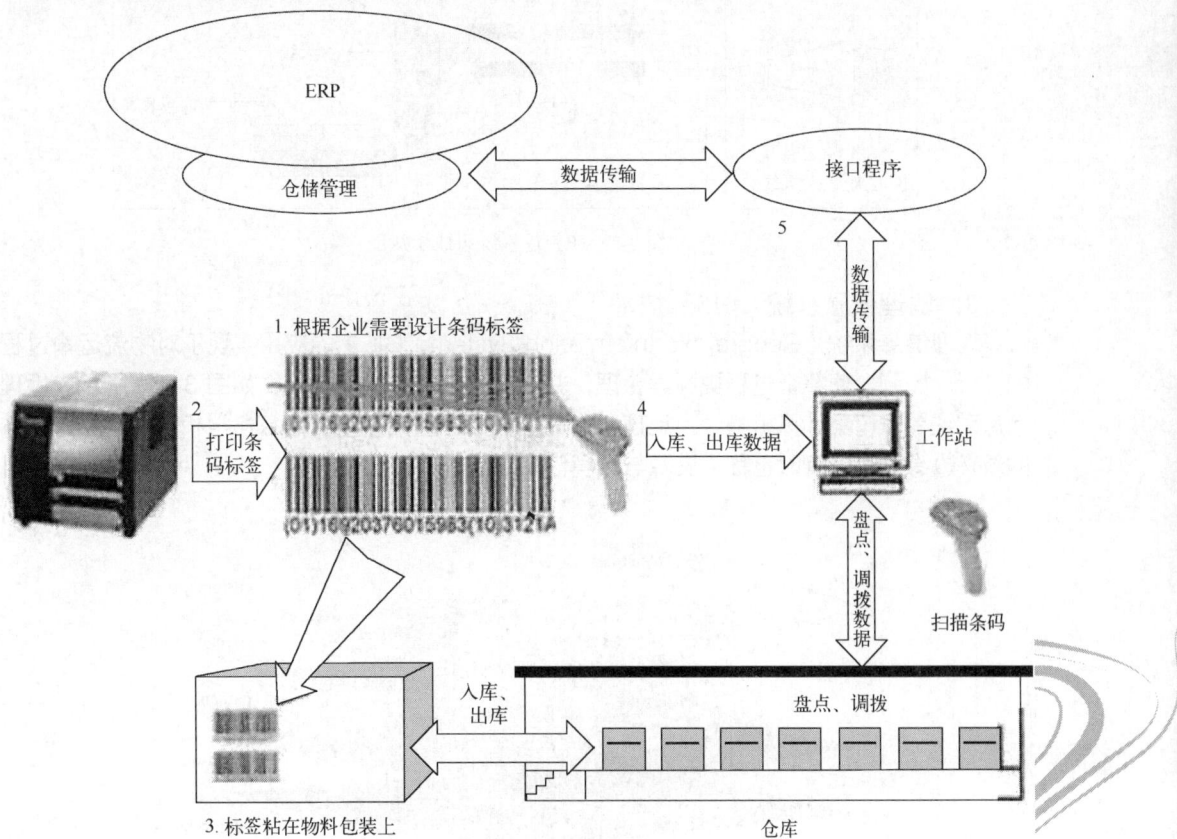

图 3-20　ERP 系统中的条码技术

2. 射频识别（RFID）技术

射频识别技术（Radio Frequency Identification，RFID）是相对较新的自动识别技术，可以通过非接触的方式识读信息，通过感应、无线电或微波能量进行双向通信，保密性和抗恶劣环境的能力较强，如图 3-21 和图 3-22 所示。

图 3-21　电子卷标内部结构

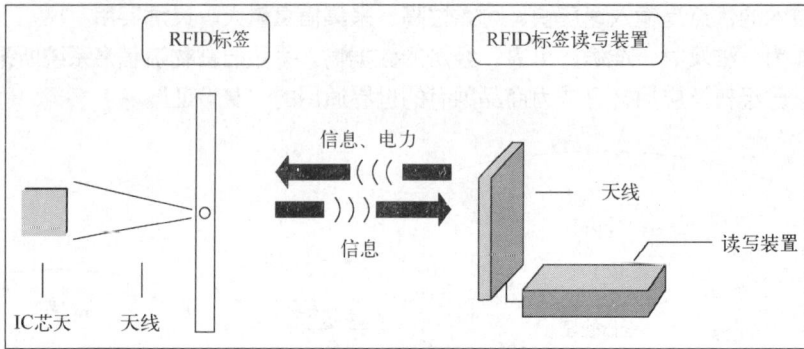

图 3-22　RFID 系统组成示意图

3．地理信息系统（GIS）技术

地理信息系统（Geographic Information System，GIS）的应用实现了对物流运输过程的分析、控制，使整个过程更科学合理，并确保整个过程的安全性，如图 3-23 所示。地理信息系统是一门集计算机科学、地理学、环境科学、空间科学、信息科学和管理科学为一体的新兴边缘学科，有时也称为资源与环境信息系统。

图 3-23　GIS 分层图形技术

4．全球定位系统（GPS）技术

与其他导航系统相比，全球定位系统（Global Positioning System，GPS）的特点是定位精度高、实时导航、执行操作简便、全球、全天候作业、抗干扰性能好、保密性强、功能多、应用广。GPS是军民两用的系统，其应用范围极其广泛，如图3-24所示。

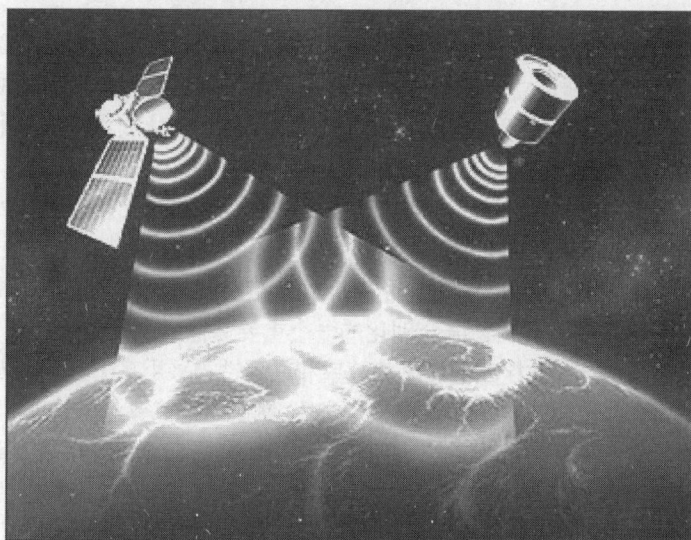

图 3-24　GPS 全球定位系统工作示意图

全球定位系统在物流方面的应用包括汽车自定位、跟踪调度、陆地救援；内河及远洋船队航线的测定，航向的调度、监测及水上救援；空中交通管理、进场着陆、航路导航和监视；铁路运输管理等，GPS 支持下的物流企业流程，如图 3-25 所示。

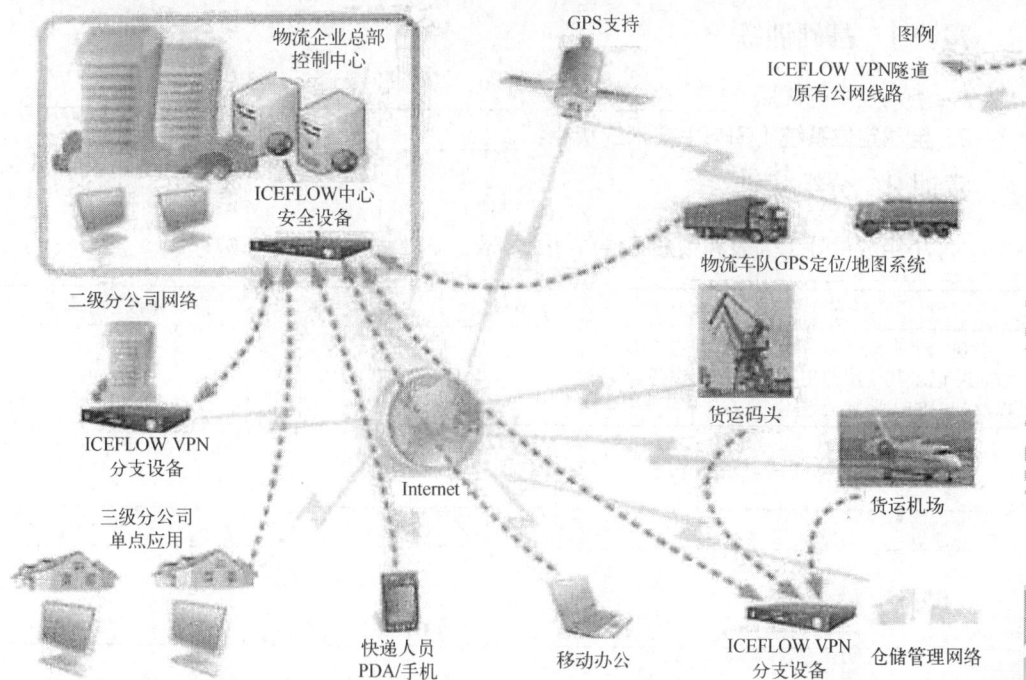

图 3-25　GPS 支持下的物流企业流程

3.6 案　例

　　上海联华生鲜食品加工配送中心有限公司是联华超市股份有限公司的下属公司,于 1999 年 12 月在闸北区合资注册成立。注册资本 500 万元。公司主营生鲜食品的加工、配送和贸易。公司拥有资产总额近 3 亿元,是具有国内一流水平的现代化的生鲜加工配送企业,建筑面积为 35 000m²,年生产能力 20 000t,其中,肉制品 15 000t,生鲜盆菜、调理半成品 3 000t,西式熟食制品 2 000t,产品结构分为 15 大类约 1 200 种生鲜食品;在生产加工的同时配送中心还从事水果、冷冻品以及南北货的配送任务。

　　企业物流电子商务化,是由物流管理的基础物流信息,是用信息流来控制实物流,因而企业纷纷将物流信息化作为实现物流合理化的一个重要途径,主要做法有:① 普遍采用条码技术和无线射频识别技术,提高信息采集效率和准确性;采用基于互联网电子数据交换技术进行企业内外的信息传输,实现订单录入、处理、跟踪、结算等业务处理的无纸化。② 广泛应用仓库管理系统(WMS)和运输管理系统(TMS)来提高运输与仓储效率。如沃尔玛同休斯公司合作发射了专用卫星,用于全球店铺的信息传送与运输车辆的定位及联络,公司 6 000 辆运输货车全部装备了卫星定位系统(GPS),每辆车在什么位置、装载什么货物、目的地是什么,总部一目了然,更利于合理安排运量和路程,最大限度地发挥运输潜力。沃尔玛公司的巨大成功,与其卓越的物流管理思想及实践密切相关。

第二部分　任务实践页

实训 1　基础训练

1. 条码技术的优点: _____。
2. 全球定位系统(GPS)技术的功能: _____。

实训 2　分组实训

1. 小组成员分工列表和预期工作时间计划表。

任务名称	承担成员	完成工作时间	老师建议工作时间
参观一个本地区或者企业的一家物流中心,查看并记录其使用的主要物流机械设备、装置以及利用的主要物流技术。			

2. **任务工作记录和任务评价。**

项目	记录
工作过程	签名:
个人收获	签名:

续表

项目	记录
存在的问题	签名：
任务评价	（教师）签名：

实训 3　拓展实训

了解物流信息系统组成及其功能。

项目四　电子商务客户关系管理

项目情景创设

"网络价值的增速等于用户数量的平方"，这是梅特卡菲定律的精髓。当世界经济进入了电子商务时代后，以客户为中心的客户关系管理成为电子商务时代制胜的关键。现代企业在激烈的市场竞争环境下已越来越意识到与客户之间建立和保持坚固的纽带关系对企业长期发展的重要性，企业、供应商、分销商及客户连成一体的价值链成为企业之间竞争的核心。

案例：CRM 软件

引入实例：以上古知客 CRM 软件为例，完成客户关系的管理。具体的进行客户关系管理的步骤如下。

第一步：登录阿里软件网站 http://www.alisoft.com/cms/apps/new-index/index.html，如图 4-1 所示。进行用户注册，如图 4-2 所示。

图 4-1　阿里软件的首页

第二步：注册成功后，登录阿里软件网站，查找上古知客 CRM 软件，并免费开通该软件，如图 4-3 所示。或直接登录上古知客 CRM 网站 http://zkcRm.com，申请使用该软件。

第三步：进入上古知客 CRM 软件首页，如图 4-4 所示，选择客户管理页面。

图 4-2 用户注册页面

图 4-3 选择上古知客 CRM 软件页面

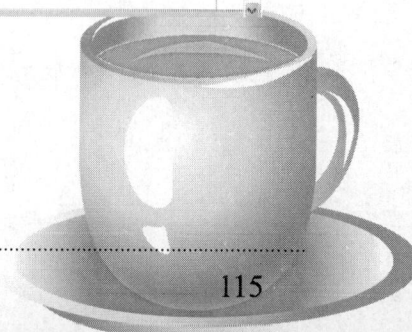

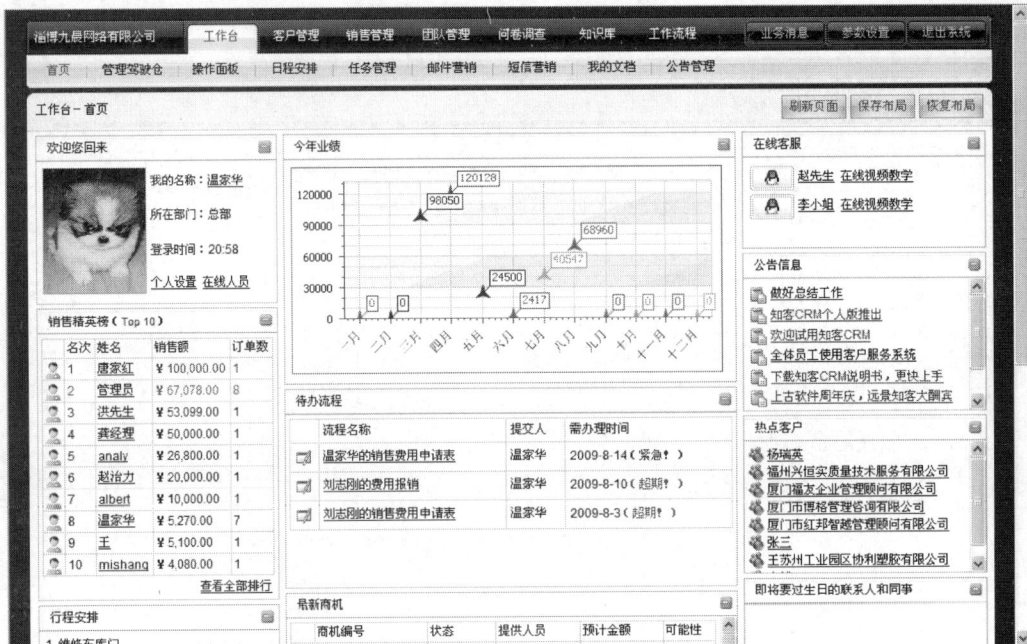

图 4-4　上古知客 CRM 软件首页

第四步：添加客户资料，如图 4-5 所示。

图 4-5　客户管理的"客户资料"页面

第五步：添加联系人名片，如图 4-6 所示。

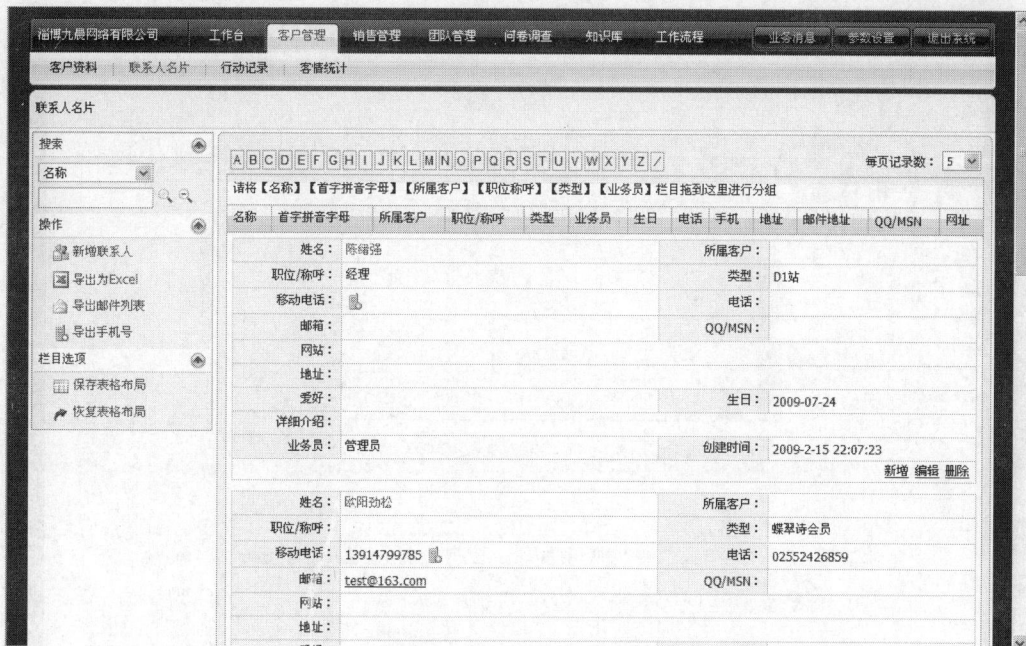

图4-6 "联系人名片"页面

第六步：添加行动记录，如图 4-7 所示。

图4-7 "行动记录"页面

第七步：根据不同的统计项，分析客户的情况，如图 4-8 所示。

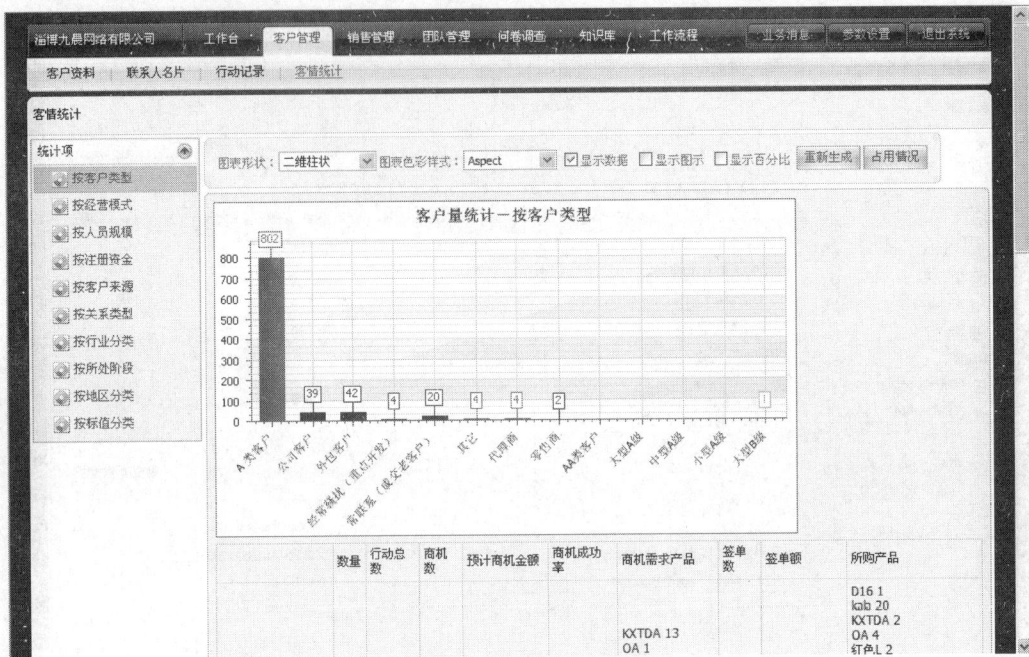

图 4-8 "客情统计"分析页面

通过以上的操作即可在线实现企业的客户关系管理。

通过以上的网络平台各种功能的使用完成客户关系管理的流程,可以知道仅仅以建立客户为中心的数据库来提升客户满意度和维系客户忠诚,并通过网络平台在线完成客户关系管理是无法满足现代企业的真正需求的。企业还应该认识到,每一次客户接触都是至关重要的机会,呼叫中心已成为客户关系管理战略的焦点的潜力。因此,电子商务客户关系管理项目需完成以下四个任务:了解电子商务客户关系管理的基础知识、建立并提升客户满意度和忠诚度、建立以客户为中心的数据库以及熟悉呼叫中心的主要业务内容。

任务一　了解电子商务客户关系管理的基础知识

第一部分　任务学习引导

本任务要求了解电子商务客户关系管理的概念,明确电子商务客户关系管理的重要性,掌握电子商务客户关系管理的主要内容。

4.1　电子商务客户关系管理的重要性

在电子商务时代,谁能掌握客户的需求趋势,加强与客户的联系,有效地挖掘和管理客户资源,谁就能获得市场竞争优势,在激烈的竞争中立于不败之地。在这种形势下,以客户为中心的客户关系管理理念(Customer Relationship Management, CRM)便成为企业战略的指导思想,客户关系管理也成为企业的核心战略之一和制胜的关键。

1．电子商务客户关系管理的驱动因素

电子商务客户关系管理（e-CRM）是指企业借助网络环境中信息获取和交流的便利，充分利用数据仓库和数据挖掘等先进的智能化信息处理技术，把大量客户资料加工成信息和知识，用来辅助企业经营决策，以提高客户满意度和企业竞争的一种过程或系统解决方案。

在当今全球处于激烈竞争的环境下，客户对"产品与服务的种类、获得的时间、地点以及方式"具有了完全支配的权利。随着竞争压力的不断加剧，企业必须以"互联网的速度"听到客户的心声并做出及时的回应，才能保持好与客户的关系。在这样的背景下，可以看到应用 e-CRM 主要的驱动因素包括以下内容。

① 通过网络提升客户体验。

② 实施自助系统用以提升服务质量，从而能在增加客户满意度和客户忠诚度的同时又能降低营销成本、销售成本以及客户服务成本。

③ 为协作型服务质量管理数据库建设、整合各个渠道客户交互的每一个方面，其中包括电子化渠道或其他的一些传统渠道，将这些整合的信息汇总到一个集中的数据库产生一个完整的客户观察数据库。

2．电子商务客户关系管理的特点

在传统条件下实现客户关系管理有较大的局限性，主要表现在客户信息的分散性以及企业内部各部门业务运作的独立性，e-CRM 是一个完整的收集、分析、开发和利用各种客户资源的系统，具有以下特点。

① 通过企业内部网或 Internet，集中了企业内部原来分散的各种客户数据，形成了正确、完整、统一的客户信息，并为各部门所共享。

② 客户与企业任一个部门进行沟通，都能得到一致的信息。

③ 客户可选择电子邮件、即时通信工具、Internet、企业内部网等多种方式与企业联系都能得到满意的答复，因为在企业内部的信息处理是高度集成的。

④ 客户与公司交往的各种信息都能在客户数据库中得到体现，并通过网络随时更新客户资料，最大限度地满足客户个性化的需求。

⑤ 公司可以充分利用电子商务客户关系管理系统，可以准确判断客户的需求特性，以便有针对性地开展客户服务，提高客户忠诚度。

3．电子商务客户关系管理的重要性

2009 年，经济危机、裁员、下滑、过冬等成为曝光率最高的字眼。在经济不景气的环境下，现代企业的决策需要随需应变，精准客观的数据信息是所有科学决策的前提基础，市场数据的有效获取，对企业信息化支持的要求变的越来越高。因此，在电子商务发展迅猛的今天，e-CRM 系统渐渐成为企业整个销售、营销服务管理体系科学化运作的基础，同时也成为企业提升核心竞争力、决胜同业竞争的重要手段。

（1）e-CRM 可以为客户提供更加个性化的服务

e-CRM 强调的是企业要与客户之间达有有效的、实时的互动，即在"以客户为中心"的理念下，无论是维系旧客户还是发掘新客户，e-CRM 可以在网络中实现同步操作，利用大型数据库来管理客户的信息，利用数据挖掘和数据仓库技术对海量的客户数据和商业数据进行智能化分析，按照客户的需求及时提供个性化商品和服务。例如中国的卓越亚马逊网上书店的 CRM 系统，通过分析每位客户的原始资料和历史交易记录，进而推断出客户的消费习惯、消费心理、消费层次、忠诚度和潜在的价值，然后再向客户推荐他想要的书籍，这样

客户进行交易的可能性比较大，也会使企业拥有更多忠诚的客户。

（2）e-CRM 可以及时有效地筛选出正确的客户群

e-CRM 可以对企业的客户进行了准确地划分和管理，对开展电子商务起着举足轻重的作用，可以使企业电子商务活动更有针对性，更有效率。由于开发一个新客户的成本一般比维系一个老客户的成本要高出 5~10 倍，因而维系一位老客户给企业带来的价值比开发一个新客户的价值要大得多。e-CRM 可以实行差异化营销策略及时回应大多数老客户的需求，提高老客户的忠诚度。因此，有价值客户的识别以及有价值客户识别出来以后，如何培育客户忠诚度，并实现对企业的价值最大化，即所谓的客户保持，是客户关系管理中必须完成的基本任务。合理的采用 e-CRM 可以筛选出正确的客户群，使企业在进行电子商务活动时花费尽量少的代价而获得较多的利润。

（3）e-CRM 可以带给企业更多的应用价值

① 降低成本、增加收入。

在降低成本方面，e-CRM 使销售和营销过程自动化、网络化，大大降低了销售费用和营销费用。并且，由于 e-CRM 使企业与客户产生高度互动，可帮助企业实现更准确的客户定位，使企业能及时地留住老客户，获得新客户的成本显著下降。在增加收入方面，由于e-CRM 中掌握了大量的客户信息，可以通过数据挖掘技术，发现客户的潜在需求，实现交叉销售，可带来额外的新收入来源。并且，由于采用了客户关系管理，可以更加密切与客户的关系，增加订单的数量和频率，减少客户的流失。

② 提高业务运作效率。

由于网络的应用，实现了企业内部范围内的信息共享，使业务流程处理的自动化程度大大提高，从而使用业务处理的时间大大缩短，员工的工作也将得到简化，使企业内外的各项业务得到有效的运转，保证客户以最少的时间，最快的速度得到满意的服务。所以，实施 e-CRM可以节省企业生产、销售的周期，降低原材料和库存，对提高企业的经济效益大有帮助。

③ 保留客户，提高客户忠诚度。

客户可以通过网络，采用多种形式与企业进行交流和业务往来，企业的客户数据库可以记录分析客户的各种个性化需求，向每一位客户提供"一对一"的个性化商品和服务，而且企业可以根据客户的不同交易记录为其提供不同层次的优惠措施，鼓励客户与企业开展业务。

④ 有助于拓展市场。

企业使用 e-CRM 系统，通过网络无时空限制地对市场活动、销售活动进行预测、分析，能够从不同角度、全天 24 小时地提供有关产品和服务成本，利润数据，并对客户分布、市场需求趋势的变化，及时做出科学的预测，以便更好地把握市场机会。

⑤ 挖掘客户的潜在价值。

每一个企业都有一定数量的客户群，如果能对客户的深层次需求进行研究，则可带来更多的商业机会。企业使用 e-CRM 中产生了大量有用的且不断更新的客户数据，只要加以深入利用即可发现很多客户的潜在需求。

4.2 电子商务客户关系管理的主要内容

1. 电子商务对客户关系管理的关键性要求

先进的客户关系管理应用系统必须借助 Internet 工具和平台，实现与各种客户关系、渠道关系的发生同步化、精确化，符合并支持电子商务的发展战略，最终成为电子商务实现的基本推动力量。实现 e-CRM 系统应用的关键性要求有以下几点。

（1）客户信息同步化

为了使各企业级的部门能自如协调、系统能同步化运转，从而实现一个连贯的、掌握客户关系全程的客户关系管理大系统，企业在客户关系管理中，实现对客户完整的、实时的交互信息的同步传递、共享是很关键的。提高客户信息系统的同步性，要求客户关系管理应用系统在支持传统的客户沟通渠道或支持基于网络的客户方面既有所侧重又相互兼容，来自面向客户的整个渠道及功能模块的沟通应用达到同步化。

（2）建立基于 Internet 的 e-CRM 系统

从更广泛的意义上来讲，客户关系管理只是通过明确的规则和流程帮助公司控制员工与客户的互动，Internet 将交流和达成交易的权力更多地移向客户一端，企业不得不给予客户对双方关系的更多控制权。Internet 观念和技术必须处于客户关系管理系统的中心，只有真正基于 Internet 的 e-CRM 系统才能够支持企业全面电子化运营的需要。

（3）支持和开发电子商务

e-CRM 应用系统不仅要提供电子商务的对接口，还要全面支持和开发电子商务。e-CRM 系统中应包含的整套电子化解决方案，要能够支持电子商务的销售如 B2B 以及 B2C 交易；要满足企业开展个性化营销及电子店面创建的需求；在支付方面，要支持并提高 Internet 和客户机/服务器应用能力；在客户服务方面，客户关系管理的自助式客户支持应用软件要使客户在线提交服务请求，并与交流中心链接，营造一种闭合环路的客户支持环境；越来越多的组件要建立在 Web 浏览器上，以适应电子商务对数据不断进行实时访问的要求。

2．电子商务客户关系管理主要内容

e-CRM 作为一个专门管理企业前台的管理思想和管理技术，提供了一个利用各种方式收集和分析客户资源的系统，也提供了一种全新的商业战略思维。一般说来，e-CRM 主要包括三个方面的内容：销售自动化、营销自动化和客户管理。这三个方面是影响商业流通的重要因素，对 e-CRM 项目的成功起着至关重要作用。

以上古知客 CRM 软件为例，说明 e-CRM 包括的主要内容。登录上古知客 CRM 软件首页 http://cia.golongsoft.com/cia/Office/Office_Module.aspx，如图 4-9 所示。

上古知客 CRM 软件主要有"工作台"、"客户管理"、"销售管理"、"团队管理"、"问卷调查"、"知识库"以及"工作流程"七大模块，其中"工作台"、"客户管理"、"销售管理"是其主要功能模块。

"工作台"模块的主要功能是对企业进行全面管理，还可以对客户实施网络营销。"管理驾驶仓"是专为企业老板、销售总监定制的老板视图，这里汇总了公司业务工作的重要数据，包括了销售人员业绩的 KPI 指标；年度的订单走势统计、客户所处阶段统计图、订单统计（按客户类型分）、行动进程概要统计。"邮件营销"和"短信营销"则集成了批量短信和邮件发送功能，通过短信和邮件接口，客户可以发布产品说明，各类通知，客户关怀、生日祝贺等信息。这对销售过程中的售前和售后服务有极大的帮助。

"客户管理"模块的主要功能是建立客户关系，分析客户资料，为企业提供客户分析的数据，如图 4-10 所示。"行动记录"作为客户跟踪的第一手信息，忠实记录业务员每一次对客户跟进的情况。"客情统计"按行业、区域、类型等对客户进行分类统计，形成分类统计图和详细数据表格，供企业管理者直观地了解到当前的销售形势，一眼就能辨认哪些行业、类型的客户是企业的重点客户，哪些区域的销量最好。

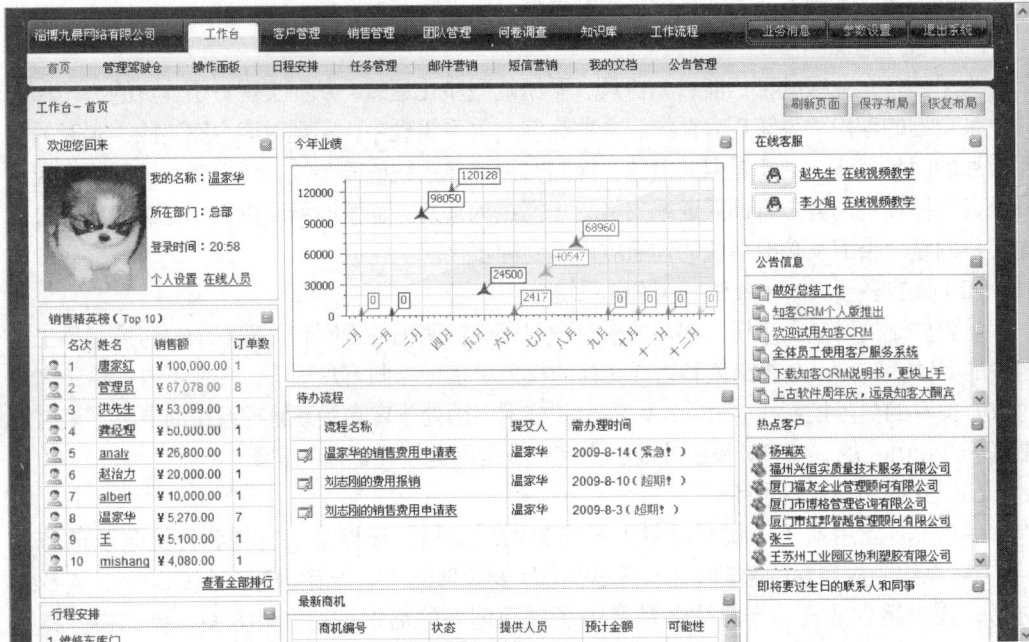

图 4-9　工作台页面

图 4-10　客户管理页面

　　"销售管理"模块能够管理公司的销售过程，从产品管理、商机挖掘、销售预测到销售订单管理、销售人员管理、销售情况统计、老板视图，不但能掌握公司的销售现状，还能通过销售员工的计划和市场反馈，预测以后的销售情况；不但能了解整体销售情况，还能深入到每一位员工、每一款产品，了解员工的个人销售业绩，某款产品的销售贡献度，如图4-11所示。

图 4-11　销售管理页面

"销售漏斗"是一个形象的概念，是销售人员直销，代理商分销时普遍采用的一个销售工具。漏斗的顶部是有购买需求的潜在客户，漏斗的上部是将本企业商品列入候选清单的潜在客户，漏斗的中部各个阶段分别对应销售机会跟踪过程中的客户，漏斗的下部是基本上已经确定购买本企业的商品，只是有些手续还没有落实的潜在客户。漏斗的底部就是所期望的成交的用户。"销售报表"按年度、季度、客户、商品等要素，形成销售报表，不但可以查看到所有客户、商品在过去时间中销售的详细数据，还可以分客户、分商品、分时间段，进行选择性的查看更为具体的销售数据。

第二部分　任务实践页

实训 1　基础训练

1. 电子商务客户关系管理是_____

2. 电子商务客户关系管理的驱动因素有_____。
3. 电子商务客户关系管理的特点有_____。
4. 电子商务客户关系管理的关键性要求有_____

实训 2　分组实训

1. 小组成员分工列表和预期工作时间计划表。

123

任务名称	承担成员	完成工作时间	老师建议工作时间
了解电子商务客户关系管理的重要性及主要内容			

2. 任务工作记录和任务评价。

项目	记录
工作过程	签名:
个人收获	签名:
存在的问题	签名:
任务评价	（教师）签名:

实训 3　拓展实训

1. 了解客户关系管理的概念、产生背景及发展趋势。
2. 分析电子商务与客户关系管理的关系。

任务二　建立并提升客户满意度和忠诚度

本任务要求了解客户满意度和忠诚度的概念，明确建立并提升客户满意度和忠诚度的重要性，掌握提升客户满意度和忠诚度的方法。

第一部分　任务学习引导

4.3　建立并提高客户满意度

1. 建立并提高客户满意度的重要性

客户满意度是指客户对企业以及企业的商品/服务的满意程度。客户满意度是一个相对的概念，是客户期望值与最终获得值之间的匹配程度。客户的期望值与其付出的成本相关，付出的成本越高，期望值越高。客户参与的程度越高，付出的努力越多，客户满意度越高。宝马公司"以客户为本"的客户满意度建设一直被大家交口称赞。

作为世界顶级汽车制造商，宝马公司希望成为客户心目中的第一选择；同时，客户也成为了宝马公司的第一要素。因此宝马公司十分重视客户满意度及其售后服务的发展与维护。长期以来，宝马公司本着一切均以客户为导向，稳步完善售后服务的原则，不断建设和完善售后服务基础设施，积极实施一系列卓有成效的售后服务计划来提高客户满意度，其中包括完善销售和服务网络，建立宝马培训中心，设立宝马零部件配送中心，成立宝马客户服务中心，启动宝马和 MINI 道路救援服务，标准化保养服务等措施。

除此之外，华东区各家宝马经销店也采取了内容多样的行动提升客户满意度。

① 想客户所想，在展厅内备有手机充电站、擦鞋机和伞架，为客户提供方便。

② 为客户准备计算机、无线网络、电视、杂志、茶水、咖啡、水果和糕点等娱乐休闲和餐饮服务。

③ 在车辆交付给客人时可赠送引用水、平安符等精美礼品以此表达对顾客的一份心意。

④ 随新车赠送客户关怀手册保养知识/车辆保养贴士，并人性化地夹在新车的遮阳板里。

⑤ 建立快速通道和绿色预约通道，以减少客户的等候时间。

⑥ 组织高品味的客户联谊会，如财经讲座、珠宝鉴赏、红酒品尝等。

⑦ 组织车主进行车辆使用培训。

⑧ 组织车主进行爱心自驾游。

2．提升客户满意度

客户满意度与客户的忠诚度彼此独立，一般的满意度对客户的忠诚度积极意义不大，只有当客户达到非常满意、完全满意的程度，客户才会表现出较高而且较为稳定的忠诚度。提高顾客满意度的战略意义也就在此。"以客户为本"是提升客户满意度的关键。以下是一套提高客户满意度的封闭流程，基于假设企业或公司都能持续地正确理解客户服务的基础。

① 倾听客户的声音。不仅是在调查或者受到投诉的时候，而应是每时每刻——所有与客户间的日常接触。

② 对客户反映的事实负责并且采取行动当客户对账单存有疑问时，要将其作为一次客户关系恶化的情况来处理——因为你缺乏与客户间的良好沟通！

③ 集中关注并把资源放在那些对客户有影响的项目上，从而达到提供更简单，快捷和有价值的服务。要找出深层次的原因，而不是表面现象。

④ 利用一套共同的指标来量度不同的项目成效。这些指标必须从客户立场出发。假如一段时间内客户对账单的质询大量减少，说明你们之间的沟通改善了（客户满意度也同样如此）。

⑤ 调和部门之间的商业协助能帮助相关员工处理客户关系，要系统化地做出即时性的协作，而不是交换。

⑥ 追踪所发生的一切——找出你在客户工作中作产生的作用。这需要依据趋势的判断来进行适当调整，而不是单次记录下满意度调查得来的反馈内容。同样，还需要在整个流程中跨部门的协调。

⑦ 回到第一点，重新开始。确保倾听客户的声音并付诸实施的行动是一个激情与毅力共同推动着的过程。

4.4 建立并提升客户忠诚度

1．建立客户忠诚度的重要性

不可否认，客户满意度是导致重复购买最重要的因素，当满意度达到某一高度，会引起忠诚度的大幅提高。客户满意度却不等于客户的忠诚度，客户满意度是一种心理的满足，是客户在消费后所表露出的态度；但客户的忠诚是一种持续交易的行为，表现为促进客户重复购买的发生。在一本《客户满意一钱不值，客户忠诚至尊无价》的有关"客户忠诚"的书中提到："客户满意一钱不值，因为满意的客户仍然购买其他企业的商品。对交易过程的每个环节都十分满意的客户也会因为一个更好的价格而更换供应商，而有时尽管客户对企业的商品和服务不是绝对的满意，但企业却能一直锁定这个客户。"与企业利润息息相关的客户忠诚度理所当然应受到企业的重视。

（1）建立客户忠诚是企业实施 e-CRM 战略所追求的根本目标

客户忠诚是指客户高度承诺会在未来一贯地重复购买偏好的商品或服务，并因此产生对同一品牌或同一品牌系列商品或服务的重复购买行为，而且不会因为市场态势的变化和竞争性商品的营销努力的吸引而产生转移行为。

客户忠诚是企业取得竞争优势的源泉，因为忠诚的客户趋向于购买更多的商品、对价格更不敏感，而且主动为本企业传递好的口碑、推荐新的客户。因此，拥有长期忠诚客户的企业比拥有低单位成本、高市场份额但客户流失率高的对手更有竞争优势。随着对客户忠诚度的重要性理解的不断加深，客户忠诚度已替代客户满意度而成为许多企业 e-CRM 战略追求的基本目标，企业实施 e-CRM 的目的就是通过合适的客户保持战略，不断强化客户的关系持续意愿，最终建立忠诚客户，从而实现长期稳定的客户群。

（2）客户忠诚度的建立给企业带来的巨大的应用价值

通过在线的数据收集与定期更改所得出的对客户概况分析，对企业提升客户满意度与维系忠诚的客户起着至关重要的作用。

① 帮助企业明确认知客户的满意度与忠诚度。

客户的满意度与忠诚度是两个不可量化的指标。由于种种原因现今的企业所做的大多也只是设立网上问卷，然后得出一般的定性的结论，而缺乏一套严密、令人信服的量化分析方法。利用对客户概况的分析，国外现今已实施了对客户的满意度与忠诚度进行量化考核的指标。可资借鉴的方法之一是根据 ISO／DIS10014《全面质量管理经济效果指南》中给出的一些概念，这将有助于企业获得客户的质量评价，并设法提高客户的满意度。另一种是由美国密歇根大学商学院教授、CFI 国际集团董事长福内尔创立的"美国客户满意度指标（ACSI）体系"。这套体系为企业提供了一个衡量企业整体经营状况、支持企业决策的强有力工具。

② 帮助企业找准目标受众体、识别忠诚客户。

许多企业都会犯的一个错误就是不断地扩大客户范围，不断地进行各种各样的营业推广，试图留住所有的客户，但却忘记了"不可能留住所有客户"的原则。企业经过一段时间的重点培养后，在所选择的目标受众中应该能够识别出哪些人真正成为了忠诚的客户，甚至要进一步明确的认知这些忠诚客户对于商品的忠诚度所处的层次。在线数据库基础上所得出的客户概况分析就恰恰帮助企业做到了这一点。

③ 有利于企业实施主流化营销。

"主流化"战略可以简单地概括为先低价销售或免费赠送商品，以便取得最大化市场份额，使企业的商品成为市场主流，从而锁定客户群；再通过商品的升级、相关服务收费或会员费来取得利润的营销战略。现在，越来越多的企业开始应用主流化营销战略。主流化营销的战略是在传统营销模式下不能想象的商务形式，电子商务的出现使其成为了可能，并牢牢地抓住了市场。利用在线的客户概况分析可以帮助企业获取一大部分客户的信息，并且可以把这些客户进一步的培养成为企业的忠诚客户。

④ 有利于企业建立有效的 e-CRM 系统。

电子商务客户关系管理形式多种多样，如 B2B、B2C、C2C 电子商务客户关系管理。企业首先要建立基于网络的 e-CRM 系统，在网上以电子邮件方式的广告发出后，根据客户的反馈由 e-CRM 系统决定效果最好的广告和细分市场，也就是找出最可能购买商品的人（市场细分）以及如何识别潜在客户（细分定位）。当 e-CRM 系统识别出潜在客户后，就会将相关内容和商品服务信息在线直接传输给这些潜在客户。

⑤ 强化客户对企业的信任度、建立良好的客户口碑。

提升客户忠诚度失败的很大一部分原因是企业永远只是从自身的利润出发来培养客户的忠诚度。这样，去掉企业众多的营销手段的伪装后，客户看到的是其伸向他们钱包的手。如果真正想要留住忠诚客户，企业首要做的是从客户的真实需求出发，真正做到为客户着想。同时也只有值得信任的企业才有资格拥有为其树立良好口碑的忠诚客户。而在线的客户概况分析方法为强化企业信任度、建立良好客户口碑提供了设备与技术上的支持。

2. 认识并掌握忠诚客户

（1）识别忠诚客户

衡量客户忠诚度的信息来自于企业建立的基于网络的数据库。首先该数据库能够保留着过去与客户交易的信息。如果设立合理，数据库会提供如下的信息：客户在什么时候首次要求服务；客户参与服务的频率如何；客户采用什么服务；客户什么时候接受服务。功能全面提升的数据库会提供更多的客户信息，如年龄、性别、个人信息、经济信息、家庭地址、家庭状况、职业。其次，数据库在相当长的时间里记载并整合客户信息。

在判断客户是否忠诚的时候，这种整合的、详细的、历史性的数据起着重要的作用。历史数据经由分析、综合与应用成为建立客户概况的基础。这种概况的记录为企业识别忠诚客户并维系客户关系做好了充分的准备。此时，企业通过 e-CRM 系统收集的历史数据的价值便会真正突现。

（2）分析客户的忠诚度

① 建立客户忠诚分析的环境，目的是找出哪类客户曾经是忠诚的或曾经是不忠诚的。这种信息通过数据库的简单分析就可以得到。

② 收集并分析这些客户的记录然后得出其共有的特征。可能会得出如下的分析：忠诚客户是否居住在一个特定的地区？不忠诚的客户是否大多是妇女？忠诚客户是否在周末第一次点击？不忠诚的客户是否不经常接受服务？忠诚客户做什么？不忠诚客户拥有自己的住房吗？

③ 通过各种方式持续的了解忠诚与不忠诚客户的特征。妇女可能比男人更忠诚，老年人比年轻人更忠诚，大学毕业的人比非大学毕业的人更忠诚等。

④ 收集并分析完忠诚与不忠诚客户的种类之后，下一步就是要建立概况。概况就是基于对忠诚与不忠诚客户的相关关系。如忠诚客户：男，35～45 岁，工薪层，拥有自己的房子。不忠诚客户：女，18～26 岁、45～60 岁，失业，租房。这样关于忠诚与不忠诚客户的概况就建立起来了。

（3）确认并掌握忠诚客户

通过 e-CRM 系统中数据库的记录，可以使用诸如"N"代表不忠诚客户，"Y"代表忠诚客户，"—"代表尚待定论的客户。以预测为基础，公司能够采取行动把处于边缘的与看起来不会忠诚的客户变成忠诚客户。一旦企业拥有了有关客户忠诚的知识，就会使网络中传送的信息多样化。对忠诚客户传送一种信息，而对潜在的非忠诚客户可以发送形式各异的信息。每一个信息都针对一位客户的偏好，但最重要的就是知道客户的态度与行为。拥有这样的业务智能，所有的业务可能都会成为现实。

电子商务是一种全新的交易方式，势必会影响客户对企业的商品或服务的转移成本的主观评价，进而影响客户的满意与信任，并最终影响客户忠诚度的发展趋势。为客户提供个性化增值服务是建立忠诚客户群的关键，但在电子商务背景下个性化增值创新被竞争对手模仿的速度加快，因此要建立高水平的忠诚客户群，企业必须具有更强的个性化增值创新能力；另外由于转移成本的逐渐降低，当客户对企业提供的价值不满意时，客户随时都可能选择其他企业的商品或服务，留给企业修复关系的时间很短，这也使建立忠诚客户群更加困难。因此，采用 e-CRM 系统能够帮助企业迅速地找到忠诚客户，不受时间空间限制的及时统计、分析客户资料，有效地掌握客户关系；而忠诚客户愿意为企业传递好的"口碑"和推荐新的客户，网络使得"口碑"的传递、新客户的推荐更快、更方便、更广泛，这些都会给企业带来巨大的间接效益。

3. 维系并提升客户忠诚度

引入爱立信公司推出客户忠诚度计划的案例，说明怎样维系并提升客户忠诚度。

整个电信行业正在面临完全不同于以往的转变。在融合趋势中，移动业务对固定业务的替代日益明显。同时，运营商在过去十年中将移动业务单独分离运营的模式即将面临改变。运营商们开始重视审视移动、固话的整合服务。与此同时，网络接续与业务提供日益分离，服务体系的重点也从网络质量的保证走向多元化的业务提供和客户体验的管理。随着 3G 时代的来临，以客户为中心，以创造客户体验为主线成为一个时代的要求。由于竞争更加激烈，竞争能力逐渐演化，中国的电信运营商能否在客户关系管理，客户资产提升中赢得竞争优势是放在各个企业面前的一个巨大挑战。

爱立信咨询公司基于对通信运营服务领域的长期深入的洞察与研究，拥有和国内外众多运营商在客户服务与管理方面的合作经验。在收集分析了行业内外的众多案例的基础上，最近帮助中国某电信运营商设计了面向未来的客户忠诚度计划。这一计划的实施将表明最新理念与方法在中国的运用。

爱立信咨询公司为中国某电信运营商的移动业务的客户忠诚度计划进行了整体规划，包括忠诚度计划的目标、客户群、类型、提供的利益、成本、沟通、合作伙伴、组织结构和绩效指标等要素以及相应的流程和规范。该咨询服务能够实现从客户保留的角度对移动业务的客户进行细分；从被动的客户保留到主动的、前瞻性的客户挽留的转变；针对电信、多媒体和 IT 等的融合趋势，建立起跨业务、跨行业融合的创新客户忠诚度体系。

项目的实施分为两个阶段。首先是资料收集阶段即输入阶段，在此阶段主要收集数据，了解该运营商在移动业务的战略；了解现有的积分计划；收集行业内外、国内外的客户忠诚度计划的最佳实践案例。然后进入设计和规划阶段，制订该运营商移动业务的客户忠诚度计划的目标、框架、流程和规范，对 IT 实施提出建议。

全新设计的客户忠诚度计划帮助该运营商在进行各类业务的具体服务营销方案的设计时，针对客户忠诚度计划提供参考，也可以指导各省市的分公司统一进行业务的规划，使该运营商面对即将到来的 3G 所带来的全新格局的客户忠诚度计划有全国统一的管理规范的操作的指南。该计划还可以为 IT 部门的进一步平台开发和建设提供信息输入。

3G 时代的竞争将进一步表现在客户层面。企业只有真正把客户当成上帝来对待，企业的发展才有方向，企业的创新才有源泉，企业的文化才有内涵。而对客户忠诚度计划的认真改造是众多专业工作的一个重要组成部分。从以上案例中，可以得出维系并提升客户忠诚度的方法。

（1）给忠诚客户真正的超值服务

在供需双方彼此互不谋面的网络市场上，客户比以往任何时候都渴望诚信，决不能因为某些原因而让客户忠诚度打折扣。建立牢固客户关系和提供更高水准服务的公司更有可能赢得市场份额。Bain&Company 咨询公司的退休经理 Reichheld 在其研究中发现，客户保持率增加5%，则利润增加25%～95%。据 Bain&Company 咨询公司对一些具有代表性的公司所做的调查显示，在这些公司的客户群中，认为该公司值得忠诚的数字不到一半。这些公司在不到5年的时间里会丢失一半客户，而客户在真正接受超值服务时是不会背叛该公司的。

一个客户所碰到的每个问题都可能造成长期忠诚度平均下降20%。而吸引一个新客户的成本可以是留住一个当前客户的成本的5～7倍。更值得注意的是，企业需要花16倍的成本把一个新客户培养成与当前客户具有同样赢利水平的客户。在削减成本成为主流的今天，要提高客户忠诚度，需要在新技术方面进行投入。盛大网络公司董事长陈天桥坦诚，他挖到的第一桶金，不是分给了创业伙伴，而是花大力气建立起了如今傲视同行业规模的呼叫中心。利用网络和互联网技术来提高客户忠诚度，花费实际上是最经济的方式。

（2）注重客户体验

不光不能让客户满意度和忠诚度打折扣，还要加强客户的体验。任何一次体验感下降，客户都可能离开而成为竞争对手的客户。国内最大的网上机票预订企业携程旅行网是在美国纳斯达克上市的公司。目前国内众多旅行企业和宾馆饭店跟携程旅行网建立了合作伙伴关系。商业用户利用携程旅行网的网络，可以很方便地预订机票和酒店服务。网络所能带来的商业上的便利，实际上是在提升客户忠诚度方面的一个强有力的工具。

（3）真正的以"客户为中心"提供"用心"服务

发展一个忠诚的客户群所需要的不仅仅是领先的技术，还需要在实践上有一个变化，需要一个以客户为中心的观念。改变商务理念，使得具备技术实力的企业可以更得客户的尊敬，客户将更加忠诚于企业。

很多企业都会犯这样的错误：强迫客户面对没完没了的电话等待，没有及时回答的E-mail；每当一个电话被转到一个新的客户代表那里后，都要客户重复提供同样的信息。这样会打击原本忠诚的客户。保持牢固的客户关系常常需要的不仅仅是一个漂亮的网站、一流的客户体验和在线支持。直接的客户接触也许能为赢得客户忠诚度提供最显而易见的机会。

第二部分　任务实践页

实训 1　基础训练

1. 客户满意度是指_____。
2. 客户忠诚度是指_____。
3. 维系并提升客户忠诚度的方法有_____。

实训 2　分组实训

1. 小组成员分工列表和预期工作时间计划表。

任务名称	承担成员	完成工作时间	老师建议工作时间
分析提升客户满意度和忠诚度的方法			

2. 任务工作记录和任务评价。

项目	记录
工作过程	签名:
个人收获	签名:
存在的问题	签名:
任务评价	（教师）签名:

实训 3　拓展实训

1. 了解客户满意度与忠诚度的关系。
2. 以自己最喜欢的某件商品为例，分析对其产生满意度与忠诚度的原因。

任务三　建立客户数据库

第一部分　任务学习引导

本任务要求了解建立以客户为中心数据库的重要性，了解建立数据库的流程，并能使用电子商务平台在线建立客户数据库。

4.5　客户数据库的建立

1. 企业建立客户数据库的因素分析

客户数据库（customer database）是指收集的资料有助于今后实现利润、资格认证、产品和服务销售、客户关系维持等营销目标，是一个有组织的收集关于个人或预期客户的综合性信息集合。

管理学大师彼得·德鲁克曾说过，商业的唯一目的就是创造消费者。无论是传统企业还是正在进行电子商务的企业，在其不断成长的过程中，会逐渐积累起来相对稳定的客户群体，这一客户群体将是企业发展的核心因素。随着市场竞争的激烈程度与日俱增，企业的客户群体已经成为企业赖以生存的基础。因此，作为一个发展中的企业，维护、使用好属于自己的"重要资源"就显得非常重要了，而建立客户数据库，就是一个有效的方式。归纳起来，建立客户数据库的因素主要有以下几点。

① 可以帮助企业准确地找到目标客户群体。

② 帮助企业判定客户和潜在客户的消费标准。

③ 帮助企业在最合适的时机以最合适的商品满足客户的需要，从而降低成本、提高销售效率。

④ 帮助企业结合最新信息和结果制订出新的策略，以增强企业的环境适应性。

⑤ 发展新的服务项目促进企业发展，并促成购买过程简单化，提高客户重复购买的概率。

⑥ 运用数据库建立企业与客户的紧密联系，从而建立稳定、忠实的客户群体。

2. 企业构建客户数据库的基本原则

（1）完整地保存原始客户的数据资料

现在的数据库具有非常强大的处理能力，但是无论怎样处理，原始数据总是最宝贵的，有了完整的原始数据，随时都可以通过再加工，获得需要的结果，但如果原始数据缺失严重，数据处理后的结果也将失去准确性和指导意义。

（2）区分内部客户资料与其他渠道获取的客户资料

企业内部资料主要是一些销售记录、客户购买活动的记录以及促销等市场活动中获得的直接客户资料。这些资料具有很高的价值，具体表现在：首先是这些资料具有极大的真实性，其次是这些资料是企业商品的直接消费者，对公司经营的商品已经产生了理性的认识。外部数据是指企业从数据调查公司、政府机构、行业协会和信息中心等机构获得的，这些数据最重要的特征是数据中记载的是企业的潜在客户，是企业展开营销活动的对象。但是，这些数据存在着真实性较差、数据过时、不符合企业要求的问题，需要在应用过程中不断地修改和更正。

（3）确保数据安全

如果这些数据意外损失或者外流，将给企业造成难以估量的损失。因此需要严格地加强安全管理，建立数据库的专人管理和维护的机制。

（4）及时更新客户资料

数据库中的数据是死的，客户的动态是活的，企业要想充分享受数据库带来的利益，千万别怕浪费精力和金钱，一定要尽可能地完成客户资料的随时更新，将新鲜的数据录入到数据库中，这样才有意义。

3. 电子商务客户关系管理系统的基本框架

利用 e-CRM 系统，企业能及时地搜集、跟踪和分析每一个客户的信息，从而充分地了解客户的真实需求，真正做到一对一个性化客户服务，同时还能观察和分析客户行为对企业收益的影响，使企业与客户的关系及企业利润得到最优化。

电子商务客户关系管理系统主要有三部分组成，如图 4-12 所示，即 Web 服务器、数据仓库和数据挖掘模块。Web 服务器上运行面向员工、客户、伙伴的 Web 应用程序，其主要业务是处理销售和客户服务。业务系统把数据存到数据仓库中，需要数据时，从数据仓库获取数据。挖掘模块根据决策需要采用合适的挖掘算法对数据仓库中的数据进行挖掘，并把结果返回给决策系统，然后生成报表输出。

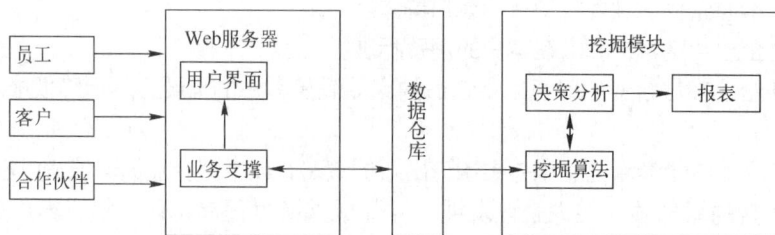

图 4-12　电子商务客户关系管理系统框架

4．在电子商务平台上建立客户数据库

（1）在电子商务平台进行客户关系管理的必然性

① e-CRM 是电子商务模式发展的必然结果。

企业会更多地关注企业内部的运作效率和商品质量的提高并以此增强企业的竞争力，因而客户渴望得到进一步的咨询和服务通常要经过复杂的自行联络过程，常常无法在第一时间达成交易。但在电子商务模式中，互联网作为高附加值的工具，使客户可进行各种交易，而且可以帮助客户搜寻商品信息或向客户提出建议和服务信息，直至交易达成，客户的服务要求能够得到充分的满足。电子商务具备让传统企业更有效率地运作的机能，因而 e-CRM 是电子商务模式所导致的交流超越和环节精简的必然结果。

② 电子商务和客户关系管理的一体化。

在目前市场竞争激烈，客户关系显得尤为重要，只有将电子商务和客户关系管理一体化才能使企业的资源运用和价值实现发挥出最大效能。企业必须把实现电子商务看作是客户关系管理整体战略的首要部分。在电子商务基础上的良好的 e-CRM 是企业把握客户的真实需求、改善企业与顾客的相互关系、培植忠诚客户的核心内容，也是整个企业系统高效运行的必要前提。

③ 在线租用成为 e-CRM 应用的新趋势。

CRM 项目实施的资金问题，一直是大多数企业对其望而却步的原因。企业要花费很多资金对客户进行研究，购买合适的硬件和软件，聘请咨询顾问，对员工进行培训，及进行其他与 CRM 实施相关的活动。从几十万到上千万不等的实施及咨询费用，使企业的决策人往往无法保证成本效益的最大化。近年来蓬勃发展的 SaaS 模式则将此难题消弭于无形，SaaS 的运营模式为托管运营、在线租用。采用这种形式部署 CRM 系统，最大的特点便是投入资金极少，在线 CRM 每一年的费用普遍只需几千元。

（2）使用 e-CRM 软件，在电子商务平台上建立客户数据库

阿里软件的客户管理系统 2.0 是典型的 e-CRM 软件，能够提供一站式网络营销工具和个性化信息服务，帮助企业将决策与运作融入全球化市场；还能够将企业内部的信息流、资金流、物流和业务流整合起来，有效的实现企业的无边界管理。我们将以客户管理系统 2.0 为例，通过阿里软件在线平台建立客户数据库。

具体的应用阿里软件客户管理系统 2.0，建立客户数据库的步骤如下。

第一步：登录进入客户管理系统 2.0，http://www. alisoft. com/portal/itrade/index. html，如图 4-13 所示。

图 4-13 客户管理系统 2.0 的用户登录页面

总经理或系统管理人员进入系统后，可在首页看到工作台，工作台由常用报表、快捷功能、公司经营状况、销售月对比以及客户排名五大内容组成，如图 4-14 所示。

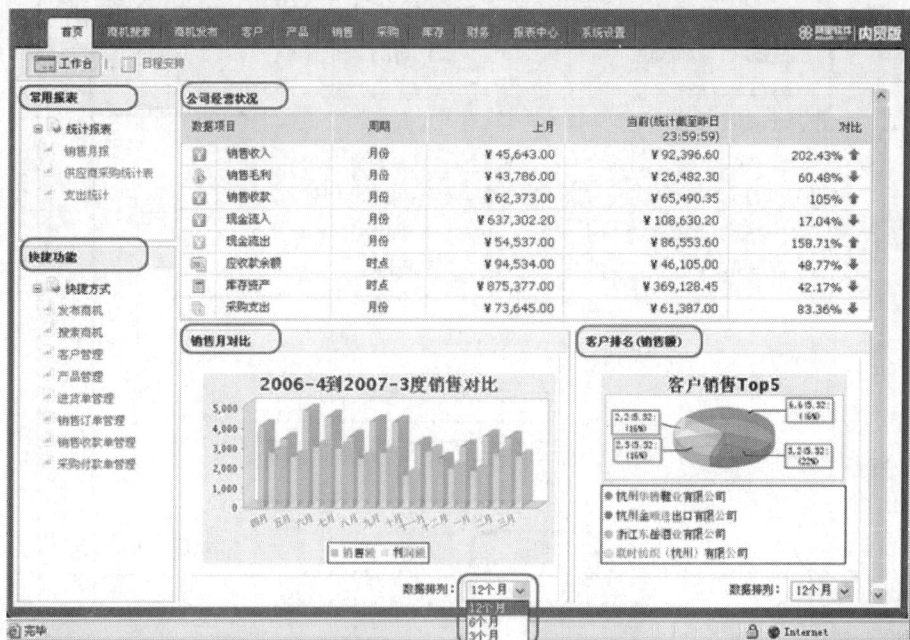

图 4-14 客户管理系统 2.0 的首页界面

第二步：选择客户模块，在客户管理子模块中，新建客户。

阿里软件客户管理系统 2.0 客户模块包括客户管理、邮件营销两大子模块。在客户管理子模块，可新建客户，并且可修改客户信息与任意客户新建联系记录等操作，帮助管理每个客户的详细信息，还可批量导入客户信息，将公司的每个客户信息管理得井井有条。

选择系统一级菜单中的"客户"，单击"新建"按钮，或右击客户列表中任一记录选择"新建"，如图 4-15 所示。

图 4-15　客户管理中新建客户界面

在新建客户页面，请输入公司名称、联系人、选择客户分组等，如图 4-16 所示。

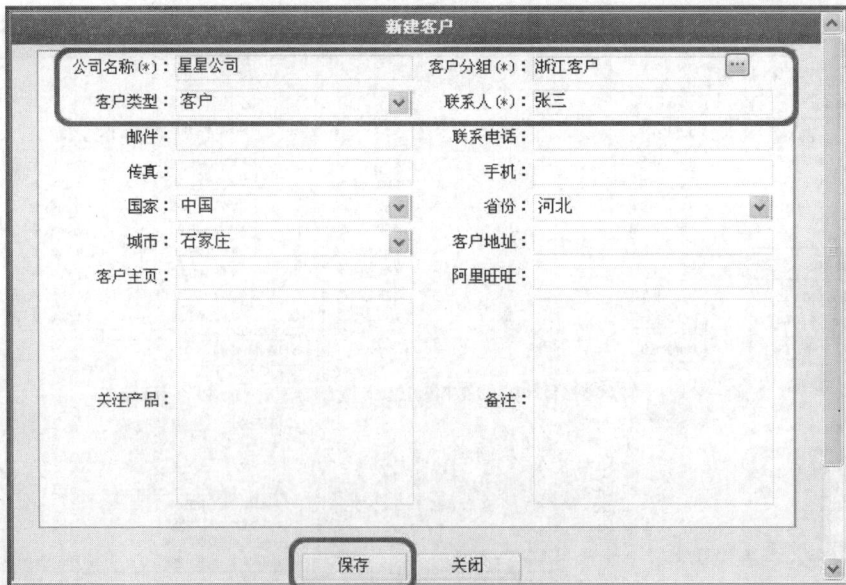

图 4-16　客户管理中输入客户资料界面

第三步：选择客户模块，在客户管理子模块，新建客户分组。

在客户模块左侧窗口中，右击"全部客户分组"，单击"新建"按钮，如图 4-17 所示。在以下新建客户组窗口中，输入客户组名称，单击"保存"按钮即可，如图 4-18 所示。在返回的客户页面中，可以看到刚新建成功的客户组，如图 4-19 所示。

图 4-17 客户管理中新建客户分组界面

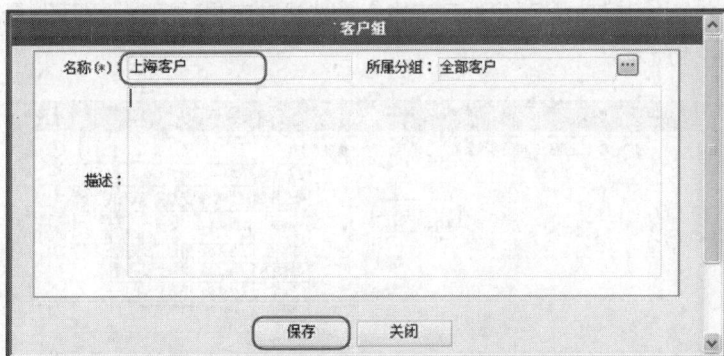

图 4-18 客户管理中客户组界面

图 4-19 客户管理中客户分组显示界面

第四步:选择客户模块,在客户管理子模块中,将客户分配给指定的负责人。

分配客户功能够将客户分配给指定的负责人或业务员,按拥有者查看即可知道哪个员工负责哪些客户,使得企业的客户管理一目了然。选择客户列表中一个客户信息,右击"分配客户",进入分配客户页面,如图 4-20 所示。

图 4-20　客户管理中分配客户界面

单击右上角的□□按钮，从弹出的列表中双击选择该客户的负责人即可，最后单击"保存"按钮，如图 4-21 所示。

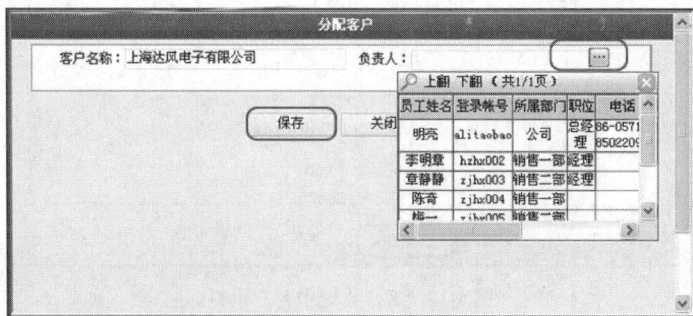

图 4-21　客户管理中分配客户操作界面

第五步：选择客户模块，在客户管理子模块中，新建客户联系记录。

联系记录管理功能可以建立多个与客户联系的记录，帮助管理与客户的日程安排，以免遗漏联系的记录。选择一条客户信息，右击选择"新建联系记录"或单击上方菜单中的"新建联系记录"按钮，如图 4-22 所示。

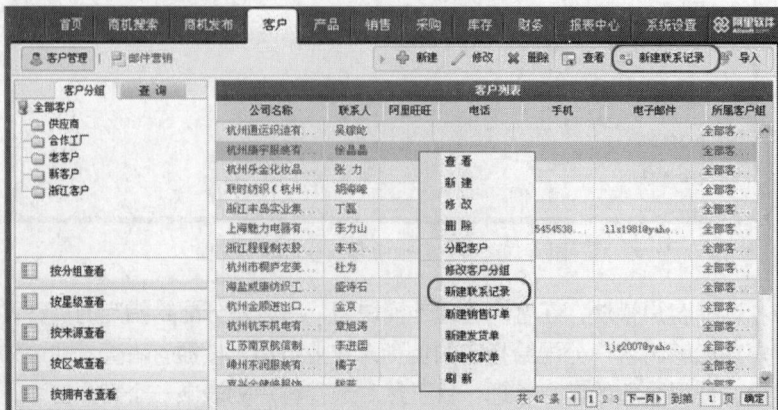

图 4-22　客户管理中新建联系记录界面

在新建联系记录页面，需输入主题，选择联系类型，再输入联系的内容（尽量详细），最后，单击"保存"按钮即可，如图4-23所示。

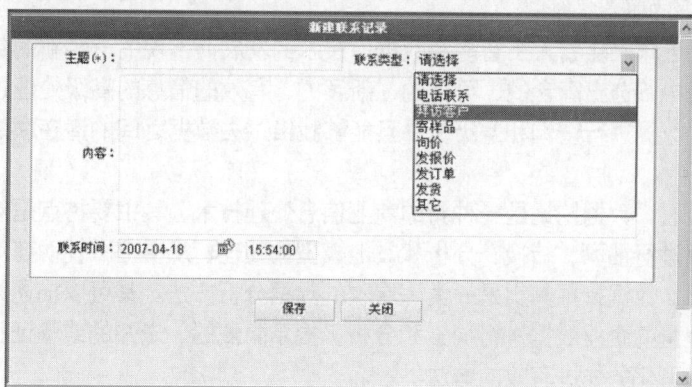

图 4-23 客户管理中新建客户联系内容界面

通过以上的实际操作即可在线完成企业客户数据库的建立。

4.6 客户数据库的使用

1. 企业使用客户数据库的基本用途

（1）确定潜在客户

许多企业通过广告宣传其商品或服务来产生销售。企业通过数据库的分类来确定最佳预期客户，然后向他们发函，打电话或上门联系，努力把他们转化为客户。

（2）建立客户联系

企业可以为报价单建立理想目标客户评价标准；再从客户数据库中搜索最接近理想标准的客户；收集这些客户的反应率，以便企业可更精确地调整目标。如一周后发出感谢信；5周后发出新的报价单；10周后（假如客户没有回复），打电话并提供一个特定折扣。

（3）强化客户忠诚

企业通过记忆客户的编号，发出适当的礼物、折扣券和有趣读物等，建立客户的兴趣和热情。如德国玛斯公司。玛斯公司不仅是糖果业的领头人，也是宠物食品的领头人。玛斯公司编辑了拥有猫的每户家庭的名单和各种情况。玛斯公司获得这些名字是通过接触兽医和免费提供《怎样照料您的猫》的小册子，凡要这本小册子的人需要填写问卷。最后，玛斯公司还了解猫的名字、年龄和生日。现在玛斯公司每年为德国家庭寄发猫的生日贺卡，猫食新样品或玛斯公司品牌的折扣券。猫的主人会高兴吗？当然，这是不言而喻的。

（4）促进客户再购买

企业可以安装自动邮件程序，发送生日贺卡或周年纪念卡、圣诞购物提示或淡季促销物给数据库中的客户。该数据库可以帮助企业吸引客户准备行动前更换产品或提高档次。通用电气公司的客户数据库能够描述出每个顾客的地理位置、信里特征、媒体特征、电气用具购买历史等。通用电气公司的直接营销者能够确定曾在本公司购买洗衣机的客户中，哪些将要更新了。根据客户购买家电产品的历史，可以推断哪些客户会对该公司的新近推出的录像机感兴趣。

2. 企业利用客户数据库的手段

（1）数据挖掘

① 数据挖掘的概念

数据挖掘是近年来随着人工智能和数据库技术的发展而出现的一种新的数据处理方法，是从海量的数据中筛选出隐含的、可信的、新颖的、有效的信息的高级处理过程。数据挖掘不仅能对过去的数据进行查询和遍历，并且能够找出过去数据之间的潜在联系，从而促进信息的传递。

从商业角度看，数据挖掘是一种新的商业信息处理技术，其主要特点是对商业数据库中的大量业务数据进行抽取、转换、分析和其他模型化处理，从中提取辅助商业决策的关键性数据。简而言之，数据挖掘其实是一类深层次的数据分析方法。其可以描述为，按企业既定业务目标，对大量的企业数据进行探索和分析，揭示隐藏的、未知的或验证已知的规律性，并进一步将其模型化的先进有效的方法。

② 数据挖掘的主要流程

数据挖掘的主要流程是定义问题、数据预处理、算法应用、结果分析以及知识的运用。定义问题就是要清晰地定义出业务问题，确定数据挖掘的目的。数据预处理主要是选择在大型数据库和数据仓库目标中提取数据挖掘的目标数据集，这主要涵盖了客户登录该电子商务网站时的背景信息以及过去的购买以及点击流信息，然后进行数据再加工，包括检查数据的完整性及数据的一致性、去噪声、填补丢失的域、删除无效数据等。算法应用是根据数据功能的类型和数据的特点选择相应的算法，在净化和转换过的数据集上进行数据挖掘。结果分析是对数据挖掘的结果进行解释和评价，转换成为能够最终被用户理解的知识。知识的运用是将分析所得到的知识集成到业务信息系统的组织结构中去。

③ 数据挖掘应用领域

● 客户细分。

利用数据挖掘技术可对大量的客户分类，提供针对性的产品和服务。这种一对一的关系从客户的角度来看是个性化的，甚至让他觉得是独一无二的。事实上，对于电子商务环境中的企业来说，一对一营销是互联网使得大规模定制成为可能之后的一种针对同类客户的网络营销方式。

● 客户流失和保持分析。

在客户流失和保持分析系统中，数据挖掘技术根据以前拥有的客户流失数据建立客户属性，服务属性和客户消费数据与客户流失可能性关联的数学模型，找出客户属性，服务属性和客户消费数据与客户流失的最终状态的关系。

● 可以判断价值客户。

在管理客户组合时，理想的状况是拥有多层面的、具有不同利润贡献的客户群组。也就是说，第一层面的客户组群处于成熟期，在目前能够贡献丰富的利润；而第二层面的客户组群尚处于成长期，在目前的利润贡献很低，甚至没有，但该层面的客户组群是企业未来的盈利引擎；第三层面的客户群组尚处于开拓期，在目前没有利润贡献，但该层面的客户群组是企业永续经营的增长引擎。

● 可以分析客户满意度。

客户满意度与客户忠诚度密切相关，随着客户满意度的增加，客户忠诚度也会随之增加。所以，企业与客户交往的目标就是尽可能的增加客户满意度。

（2）数据仓库

"数据仓库之父" William. H. Inmon 在其著作《构建数据库》一书中对数据仓库给了如下描述。"数据仓库（Data Warehouse）是一个面向主题的、集成的、相对稳定的、反映历史变化的数据集合，用于支持管理决策。"

数据仓库最根本的特点是物理地存放数据，而且这些数据并不是最新的、专有的，而是来源于其他数据库的。数据仓库的建立并不是要取代数据库，而是要建立在一个较全面和完善的信息应用的基础上，用于支持高层决策分析，而事务处理数据库在企业的信息环境中承担的是日常操作性的任务。W. H. Inmon 的数据仓库的定义涵盖了几个基本要素：即主题性、集成性、稳定性及时间相关性。

（3）数据集市

数据集市（Data Marts）相当于数据仓库的一个子集，也称为"小数据仓库"，是一个针对某个主题的经过预统计处理的部门级分析数据库，如销售数据集市、营销数据集市、库存集市和财务集市等。数据集市将数据仓库的概念——即联机分析从事务处理系统收集来的销售、库存其他业务数据引入了中小型企业以及大型企业中的各个部门。

不是在单一的数据库中存放企业的所有数据，数据集市中只包含了公司业务某一方面的数据子集，如财务、库存或员工等方面的数据。实际上，数据集市为某一特定领域提供的数据可能比数据仓库提供的更为详细。目前，数据集市一般理解为企业级数据仓库的主题数据库，是企业级数据仓库的一个子集，是数据仓库管理系统下的一部分。

3．企业客户数据库的使用

如前所述，客户管理系统 2.0 是阿里软件推出了为中小企业量身定制的完整的企业管理工具，涵盖了网络营销、客户管理、销售管理、库存管理、采购管理、财务管理等各个方面，将网络营销和企业内部管理完美结合。因此，下面仍将以阿里软件客户管理系统 2.0 为例，通过阿里软件在线平台有效地使用客户数据库。具体的应用阿里软件客户管理系统 2.0，使用客户数据库的步骤如下。

第一步：登录客户管理系统 2.0，进入客户模块中的客户关怀页面，新建客户关怀。

客户关怀是客户管理系统 2.0 的独特之处，可以加强企业和客户的粘合度，这是企业保留更多客户的重要手段。

在一级菜单中选择"客户"，在二级菜单中单击"客户关怀"按钮，选择需要关怀的客户，单击三级菜单中的"新建客户关怀"按钮，或者右击，选择"新建关怀"，如图 4-24 所示。

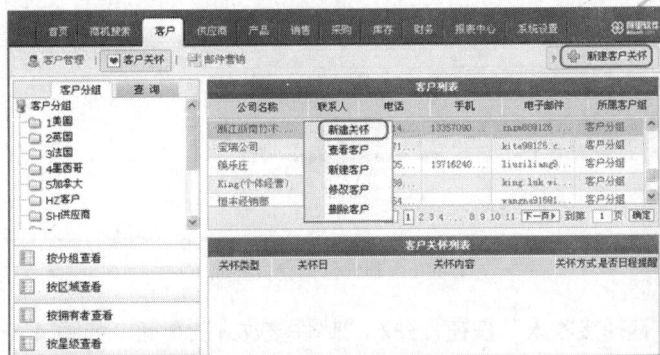

图 4-24 新建客户关怀界面

在新建客户关怀页面，请输入关怀类型、关怀方式、关怀内容等，然后单击"保存并返回"按钮即可，如图 4-25 所示。

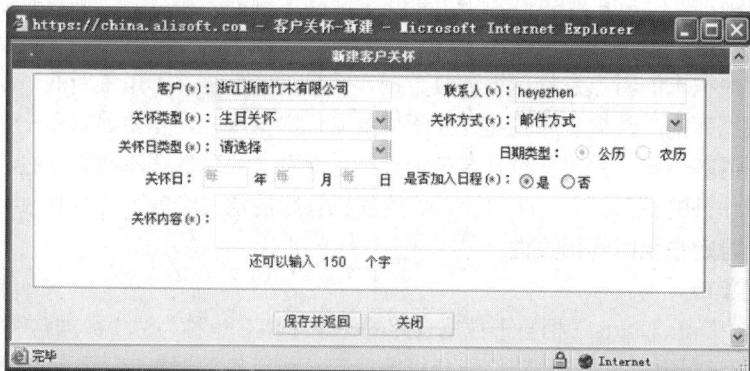

图 4-25　客户管理系统 2.0 的首页界面

第二步：进入客户模块中的邮件营销页面，与客户进行商品信息交流。

邮件营销是指通过以邮件的形式群发产品信息，与客户进行商品信息交流。该模块提供了选择商品、选择历史邮件两种方式进行邮件营销。选择商品进行邮件营销的方式是指从商品库中选择新商品作为邮件营销的内容。选择历史邮件的方式是指从已发送过的历史邮件中选择一个邮件作为邮件营销内容。

进入邮件营销模块，单击左边的"选择产品"按钮，如图 4-26 所示。这时会弹出商品列表，若当前页没有所要的商品，可通过上方的搜索栏，通过"产品名称"、"产品组"、"产品型号"中的一个或多个条件快速查找到要的商品，"产品名称"、"产品型号"可支持模糊查询；在所需的产品前打勾，单击"确定"按钮；这时看到刚选择的产品已在列表中，可对其作"移除"操作，也可单击上面的"选择产品"按钮，继续添加产品，最后单击"下一步"按钮。

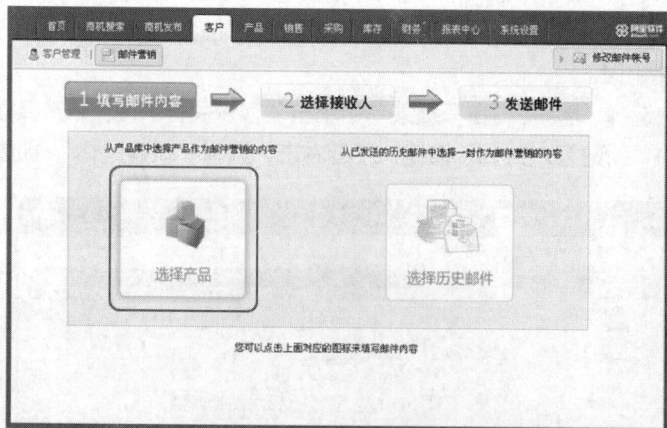

图 4-26　邮件营销首页界面

单击右边的"选择接收人"按钮，进入"邮件接收人"页面，如图 4-27 所示。选择邮件接收人，可使用系统提供的搜索功能，通过公司名称、客户分组快速找到所要的邮件接收者，公司名称支持模糊查询；在邮件接收人前打勾，单击"确定"按钮；这时看到刚选择的接收人已在列表中，可对其作"移除"操作，也可单击上面的"选择接收人"按钮，继续添加产品，最后单击"下一步"按钮。

图 4-27　邮件营销首页界面

　　在邮件页面，可看到刚选择接收者的邮箱地址已在"接收人"栏，可单击右边的"选择接收人"按钮继续添加接收者（单次最多可选择 10 人），系统默认的邮件主题是"新产品推荐邮件"，也可自行输入主题，如图 4-28 所示，请选择邮件模板，最后单击下方的"发送邮件"按钮，这时可看到邮件已经发送成功，若想发送更多邮件，可单击蓝色字的"点此"按钮，继续发邮件。

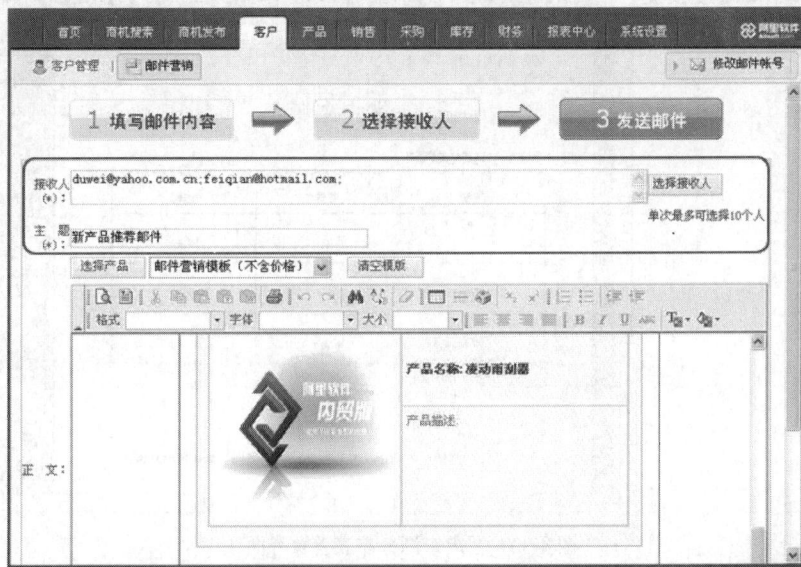

图 4-28　发送邮件首页界面

　　第三步：进入报表中心模块，进入客户界面，分析客户并作出决策。
　　报表中心集中了销售、采购、库存、财务、客户 5 大模块的各种报表，其主要功能是为企业集中地提供各种报表，帮助企业迅速了解各个方面的总体情况。

选择客户模块，查看客户区域分布表和客户来源分布表。

客户分布表主要负责有关客户方面的报表管理，包括客户区域分布表，如图 4-29 所示，客户来源颁布表，如图 4-30 所示。每一种报表都有检索功能，能使企业按照各种检索条件快速检索到相应的信息。

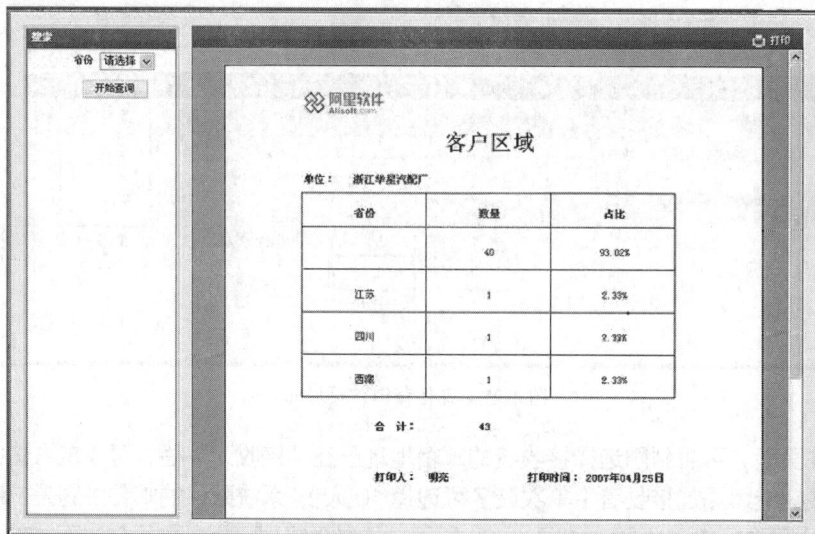

图 4-29　客户区域分布表首页界面

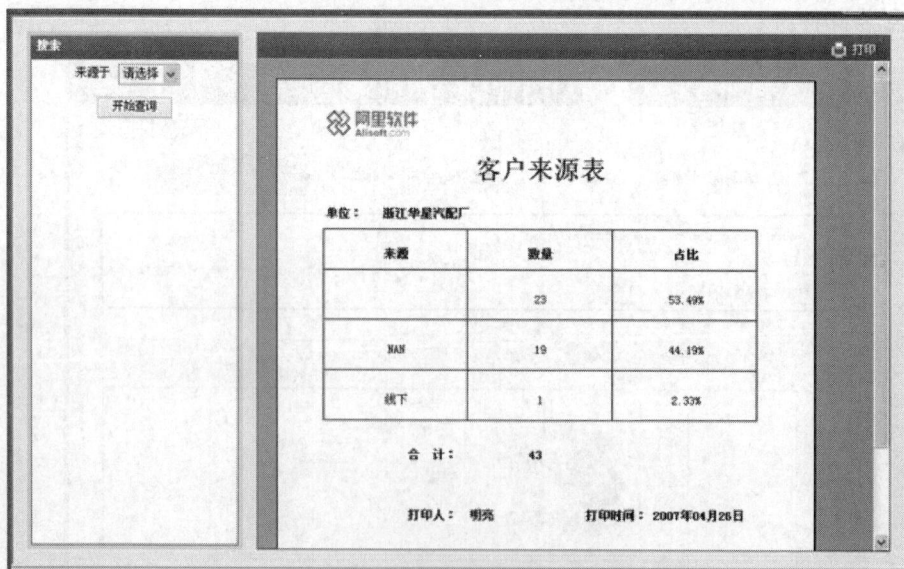

图 4-30　客户来源分布表首页界面

还可以选择销售、采购、库存、财务模块，查看相关的报表。

在报表中心导航页面，可看到销售、采购、库存、财务 4 大模块的联系图，清楚地展现了 4 个模块的相互关系，各大报表可从左侧树状菜单中连接，也可直接选择右侧导航图中的各报表名称，查看相应的报表情况，如图 4-31 所示。

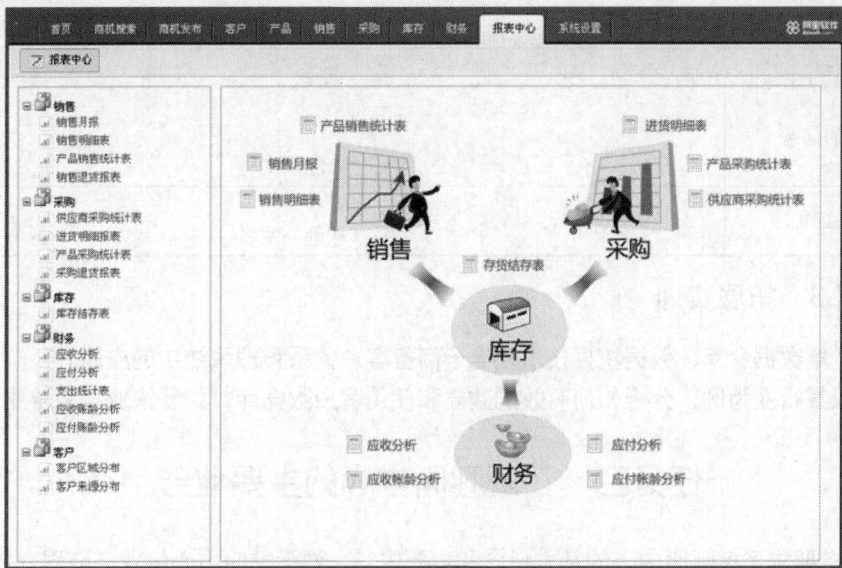

图 4-31 报表中心首页界面

第二部分 任务实践页

实训 1 基础训练

1. 企业建立客户数据库的因素有_____

_____。

2. 企业构建客户数据库的基本原则有_____。

3. 电子商务客户关系管理系的组成部分_____。

4. 企业使用客户数据库的用途是_____。

实训 2 分组实训

1. 小组成员分工列表和预期工作时间计划表。

任务名称	承担成员	完成工作时间	老师建议工作时间
建立客户数据库（使用上古知客 CRM、客户关系管理 2.0、E 网打进、阿里软件网店版等软件）			

2. 任务工作记录和任务评价。

项目	记录
工作过程	签名：
个人收获	签名：

续表

项目	记录
存在的问题	签名：
任务评价	（教师）签名：

实训 3　拓展实训

1. 了解数据仓库、数据挖掘技术在电子商务客户关系管理系统中的应用。
2. 以某行业为例，分析如何有效的建立和使用客户数据库，如餐饮业、旅游业等。

任务四　了解呼叫中心的主要业务

本任务要求了解呼叫中心的基本概念和主要内容，熟悉呼叫中心的业务流程，并能使用各种工具完成客户服务。

第一部分　任务学习引导

4.7　呼叫中心和 e-CRM 的关系

1．呼叫中心的概念

呼叫中心（ Call Center – CC ）在国内也称为"客户服务中心"（ Customer Care Center – CCC ），是一种基于电话、计算机、传真机等通信、办公设备于一体的交互式增值业务系统。用户可以通过电话接入、传真接入、访问 Internet 网站等多种方式进入系统，在自动语音应答或人工座席帮助下访问系统的数据库存，获取各种咨询服务信息或完成相应的数据处理。呼叫中心是企业利用现代通信手段集中处理与客户交互过程的机构。

2．呼叫中心的类型

① 在呼叫中心产业中，多数企业是按照不同的使用性质进行分类的，即自营型呼叫中心、外包型呼叫中心和 ASP（ 应用服务提供商 ）型呼叫中心 3 类。

● 自营型呼叫中心

自营型呼叫中心是企业自身建立起独立的呼叫中心，其运营指标要从以下几个方面来评估：服务级别、呼损率、平均通话时间、后续工作时间、转接率、单个呼叫成本、人员流失率等。

● 外包型呼叫中心

外包型呼叫中心是指租用他方的呼叫中心设备、座席、人员和运营管理，完成客户服务、市场营销等诸多活动的类型。

外包型呼叫中心的各种业务都可以拆分成外包业务，如建设外包、应用外包、系统硬件外包不含座席代表）、座席外包、运营管理外包、招聘/培训外包等。一些富有经验的外包运营商可以提供全套的一条龙服务。

● ASP 型呼叫中心

ASP（Application Service Provider，应用服务提供商）型呼叫中心，是将各种应用软件安装在数据中心（IDC）或服务器群上，通过网络将应用软件的功能或基于这些功能的服务，以有偿的方式提供给使用者，并由 ASP 负责管理、维护和更新这些功能和服务，提供给使用者优质完善的服务。

② 按功能分，有传统的电话呼叫中心、Web 呼叫中心、IP 呼叫中心、多媒体呼叫中心、视频呼叫中心、统一消息处理中心等。

③ 按人员的职业特点分，有正式呼叫中心和非正式呼叫中心两种。

④ 按应用分，主要有电信呼叫中心、银行呼叫中心、邮政呼叫中心、民航呼叫中心、企业呼叫中心以及政府呼叫中心等。

3. 呼叫中心的构成

典型的呼叫中心由 6 部分组成，即程控交换机（PBX）、自动呼叫分配器（ACD）、交互式语音应答（IVR）、计算机语音集成（CTI）服务器、人工座席代表（Agent）和后台业务处理系统。虽然各公司的呼叫中心不尽相同，但呼叫中心环境下的基本技术差别不大，如图 4-32 所示。

图 4-32 呼叫中心基本的构成

（1）程控交换机（Private Branch Exchange，PBX）
程控交换机为呼叫中心提供内外的通道。

（2）自动呼叫分配器（Automatic Call Distribution，ACD）
自动呼叫分配器的作用是将外界来电均匀地分配给各个代表。

（3）交互式语音应答（Interactive Voice Response，IVR）技术
交互式语音应答技术给呼叫中心带来了强大的生命力。

（4）计算机语音集成服务器（Computer Telephony Integration，CTI）
CTI 对整个呼叫中心进行全面管理，是呼叫中心的心脏所在。

（5）人工座席代表（Agent）

通常，呼叫中心的工作人员被称为座席（业务代表），业务代表组成的小组被称为座席组（业务组）。

（6）后台业务处理系统

后台业务处理系统负责整个过程中信息的收集、处理和反馈，利用这些信息，可以更好地提供客户服务，提升企业的服务水平。

4. 呼叫中心与 e-CRM 的关系

2009 年，由于受到国际金融危机的影响，我国各电子商务服务运营商不同程度地面临着市场需求的萎缩、融资困难等现实问题，而 B2C（企业对个人）电子商务却因此遇到了难得的发展机遇。事实上，无论是传统企业的电子商务还是新兴的电子商务公司，呼叫中心都逐渐成为最实用的销售手段。如凡客诚品，其主要销售方式就是让客户通过呼入电话来购买衬衫；携程网的呼叫中心有 3000 个座席，其 90% 的收入都来自呼叫中心的销售。呼叫中心弥补了电子商务在网络虚拟环境下实现交易的各种不足，完善了电子商务的售后服务，开拓了新的营销思路。

电子商务在中国发展迅速，不论是 B2B、B2C 还是 C2C，都促使 e-CRM 与呼叫中心的强强联合，不但可以拓宽企业现有管理模式，还可以使企业借助先进的信息化管理手段，更精准的接触目标客户、更有效的销售跟进、更便捷的全面管理监控；通过业务资源的整合，打造科学高效的业务流程，有效降低服务成本；完整精确的企业市场数据信息的获取，可以为企业的科学决策提供重要依据。呼叫中心在企业整体 e-CRM 平台中处于直接与客户交互的位置，是获取客户资料与信息的最直接有效途径，e-CRM 与呼叫中心的整合为企业提供了更多的客户管理优势。

① 通过 CRM 数据库，接入客户的资料（基本信息和业务信息）会直接弹屏。

② 在线记录客户问题，并适时分配到企业的 CRM 业务流程。

③ 通过查询业务流程的进展或结果直接反馈给呼叫中心接入的客户。

④ 呼叫中心为企业建立了统一的业务受理途径，CRM 为企业搭建了统一的业务处理平台。

⑤ 客户的问题可以得到更及时、准确的处理和回复。

4.8 了解呼叫中心的主要业务

1. 呼叫中心的主要功能

① 及时、准确地接听客户电话，了解终端客户的各类服务需求和问题，并进行相应的解答、安慰。

② 把客户服务中的问题及时转达到相应的部门，解决客户的问题。

③ 对购买客户给予及时的回访，了解车辆的使用情况。

④ 对客户服务需求问题的解决情况进行回访、督促、检查，考核问题的解决。

2. 呼叫中心应用的典型流程，如图 4-33 所示。

3. 呼叫中心的主要业务

呼叫中心是在一个相对集中的场所，由一批服务人员组成的服务机构，通常利用计算机通信技术，处理来自企业、客户的电话垂询，尤其具备同时处理大量来话的能力，还具备主叫号码显示，可将来电自动分配给具备相应技能的人员处理，并能记录和储存所有来话信息。一个典型的以客户服务为主的呼叫中心可以兼具呼入与呼出功能，当处理客户的信息查询、咨询、投诉等业务的同时，可以进行客户回访、满意度调查等呼出业务。

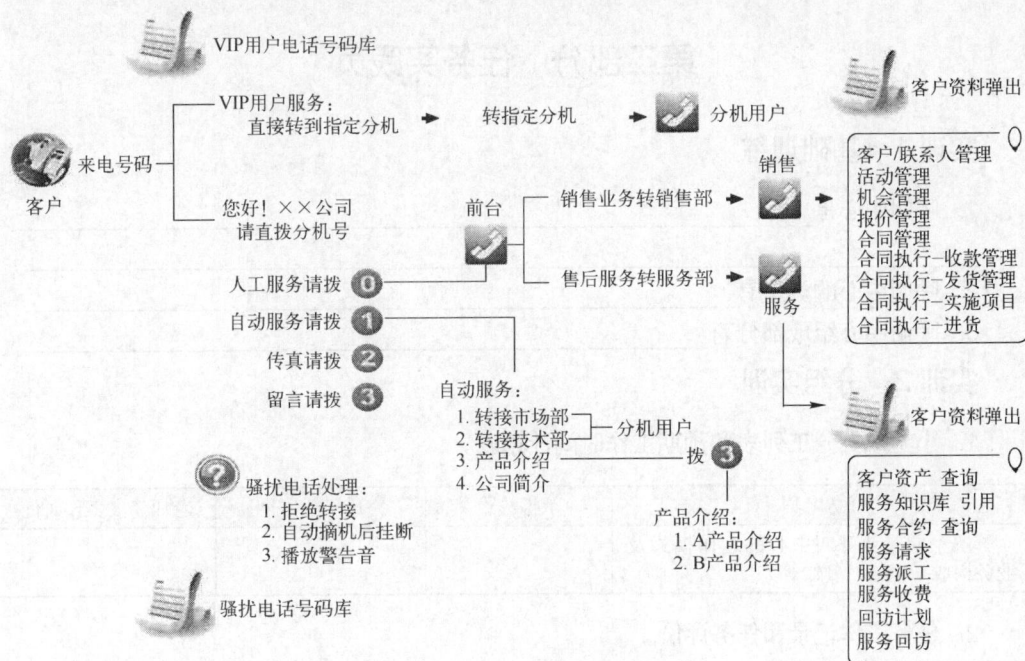

图 4-33 呼叫中心典型流程

现代的呼叫中心，应用了计算机电话集成（CTI）技术，使呼叫中心的服务功能大大加强。CTI 技术是以电话语音为媒介，用户可以通过电话机上的按键来操作呼叫中心的计算机。接入呼叫中心的方式可以是用户电话拨号接入、传真接入、计算机及调制解调器（MODEM）拨号连接以及 Internet 网址（IP 地址）访问等，用户接入呼叫中心后，就能收到呼叫中心任务提示音，按照呼叫中心的语音提示，就能接入数据库，获得所需的信息服务。并且存储、转发、查询、交换等处理。还可以通过呼叫中心完成交易。所以未来的发展趋势是多媒体接入。

目前，企业呼叫中心的主要业务有以下 4 个方面。

① 紧急事故的指挥救援。

② 预购客户的咨询服务。

③ 售后、服务后的电话回访。

④ 客户服务需求的信息反馈。

另外，为了及时快速的服务于客户，提高服务能力和水平，有些企业的呼叫中心还增加了一项职能，即建立并管理客户服务信息资源。由于客户咨询的内容非常广泛，并且随着公司商品和业务的发展，很多服务内容会发生变化，客户服务信息资源中心的职能就是整理、收集客户呼叫服务所需的信息资源，包括新商品、新政策、新技术、新服务方式等信息资源，为一线呼叫人员服务。

如今，呼叫中心已经广泛地应用在市政、公安、交管、邮政、电信、银行、保险、证券、电力、IT 和电视购物等行业，以及所有需要利用电话进行商品行销、服务与支持的大型企业，使企业的客户服务与支持和增值业务得以实现，并极大地提高了相应行业的服务水平和运营效率。

第二部分　任务实践页

实训 1　基础训练

1. 呼叫中心是_____

_____。

2. 呼叫中心的类型有_____。

3. 呼叫中心组成部分有_____。

实训 2　分组实训

1. 小组成员分工列表和预期工作时间计划表。

任务名称	承担成员	完成工作时间	老师建议工作时间
了解不同行业呼叫中心的运作模式及业务构成（电信、餐饮等）			

2. 任务工作记录和任务评价。

项目	记录
工作过程	签名：
个人收获	签名：
存在的问题	签名：
任务评价	（教师）签名：

实训 3　拓展实训

1. 了解中国呼叫中心的发展现状。

2. 分析自建呼叫中心与外包呼叫中心的区别。

项目五 电子商务的创业

项目情景创设

近年来，电子商务蓬勃发展，对企业、政府和个人的生产、管理和生活方式产生了深远的影响。今天探讨的电子商务的创业，以网上开店为例，更多的是与个人有关，通过建立网上商店，任何人都可以成为老板。而对于学生而言，意义更为重大，在条件许可的情况下，在校期间就可以建立网店，一方面可以锻炼自己的创业意识和能力，理论联系实际，提升综合素质，为以后从事实际工作或创业打下良好基础；另一方面通过良好经营，也可能为自己赚点儿生活费，可谓一举两得。

案例：网上开店

引入实例：以淘宝网为例，讲解如何通过淘宝网的平台实现个人在网上开店。

在淘宝网上开店的具体流程如下。

第一步：登录淘宝网 http://www.taobao.com/，申请免费注册，成为淘宝会员。如图5-1、图5-2、图5-3、图5-4、图5-5和图5-6所示。

图 5-1 免费注册页面

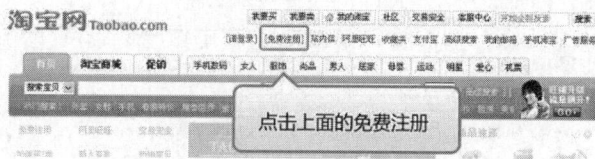

图 5-2 邮箱注册（填写信息）

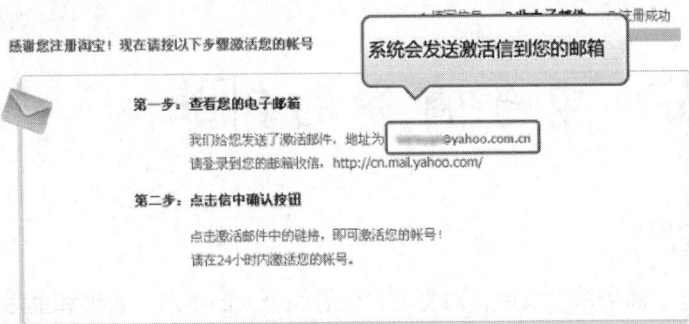

图 5-3　收到邮件

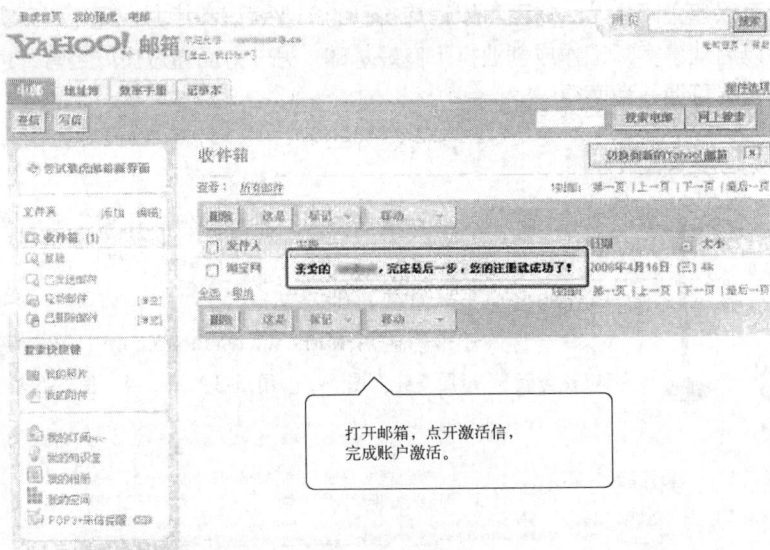

图 5-4　查看邮件

图 5-5　激活注册账户

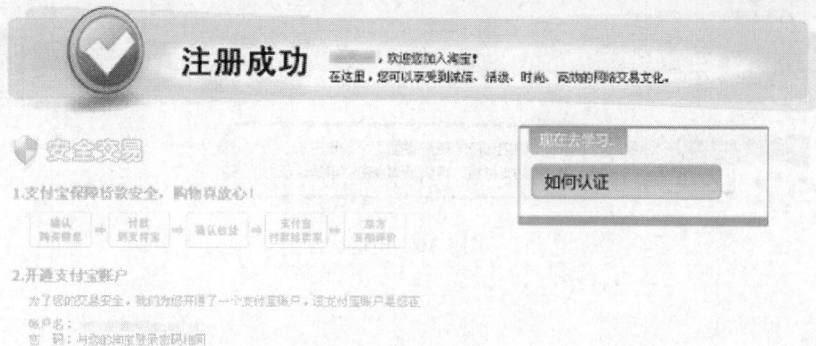

图 5-6 注册成功

第二步：申请认证，如图 5-7 所示。

图 5-7 个人认证流程图

① 申请认证，如图 5-8、图 5-9、图 5-10、图 5-11、图 5-12、图 5-13、图 5-14 和图 5-15 所示。

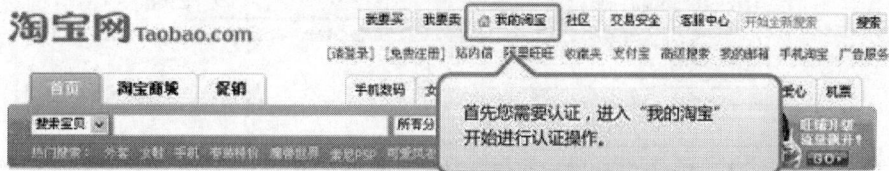

图 5-8 进入我的淘宝

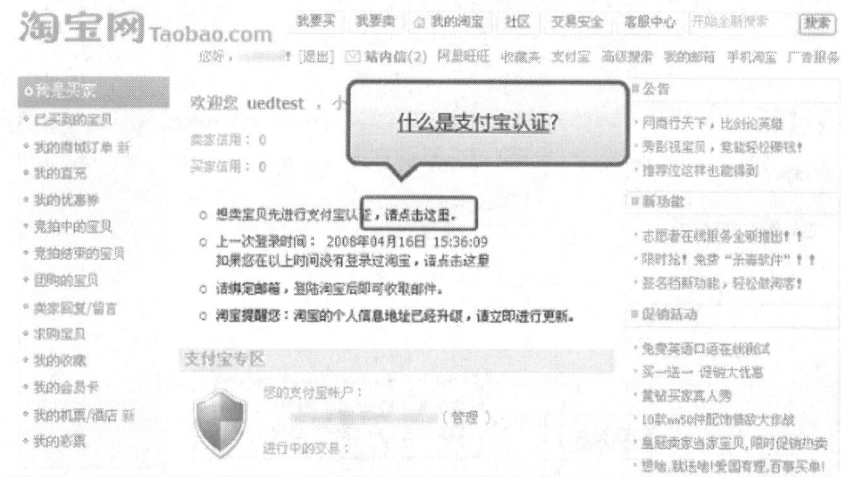

图 5-9 支付宝的认证

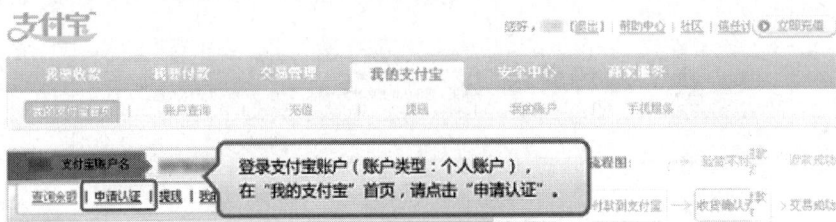

图 5-10　申请认证

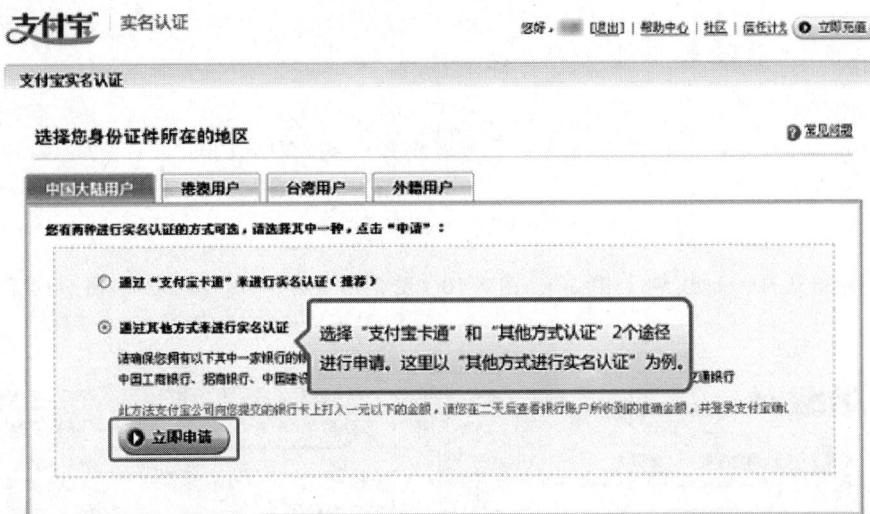

图 5-11　实名认证

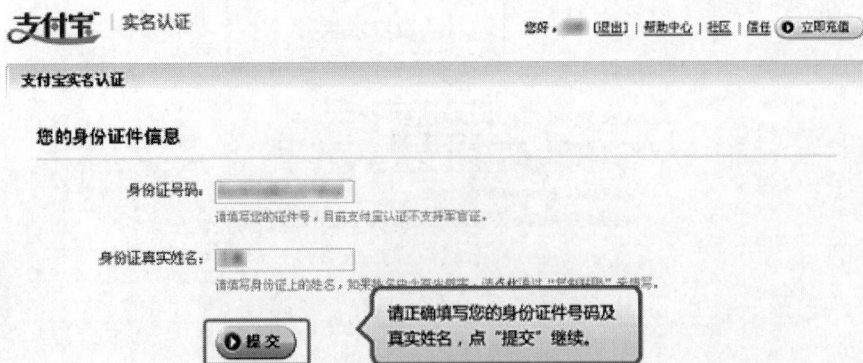

图 5-12　填写身份信息

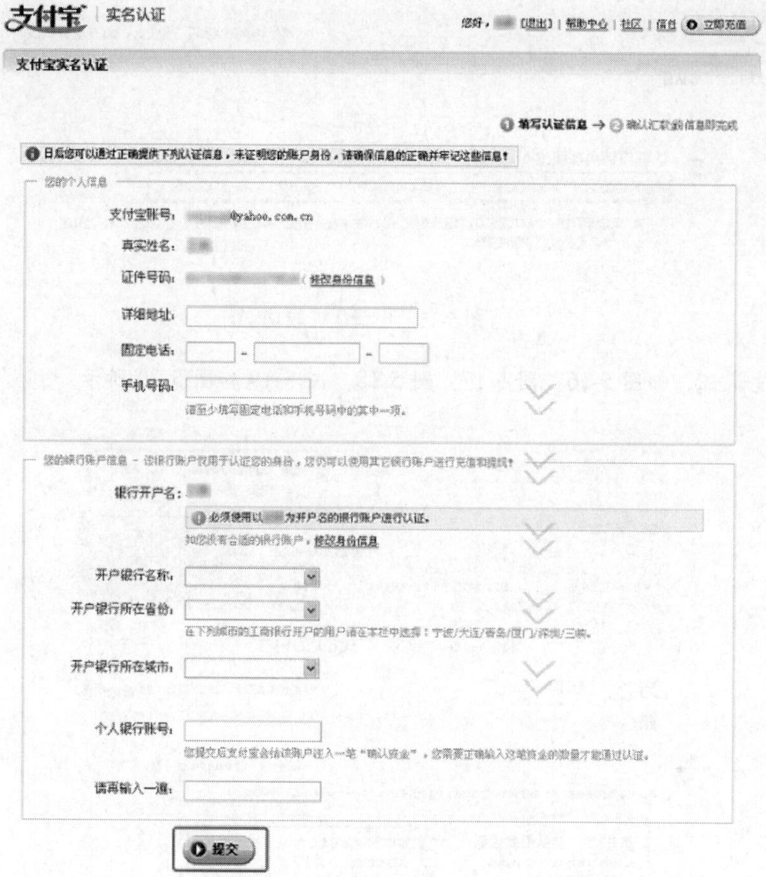

图 5-13　填写认证信息

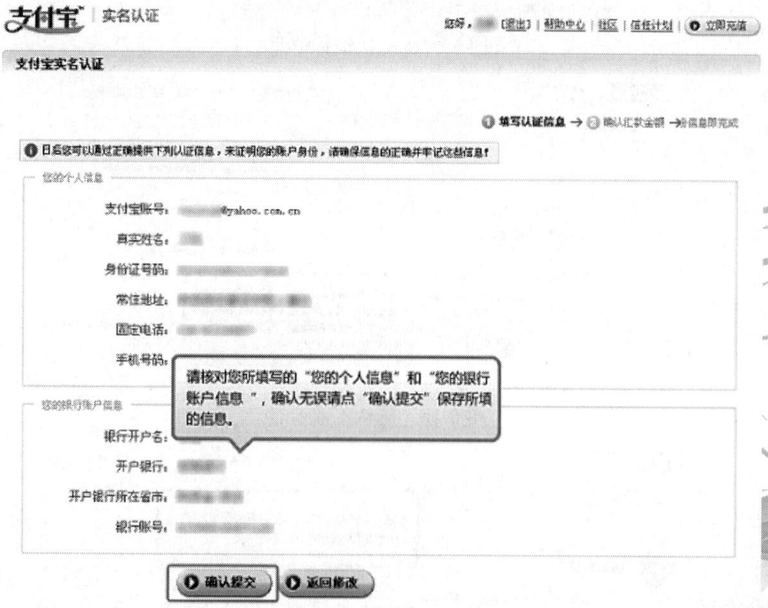

图 5-14　填写银行信息

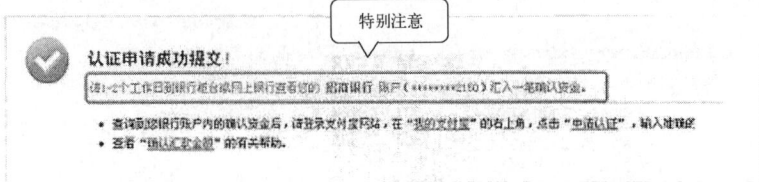

图 5-15　申请认证成功

② 通过认证，如图 5-16、图 5-17、图 5-18、图 5-19 和图 5-20 所示。

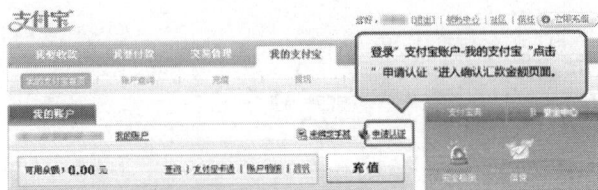

图 5-16　登录"我的支付宝"

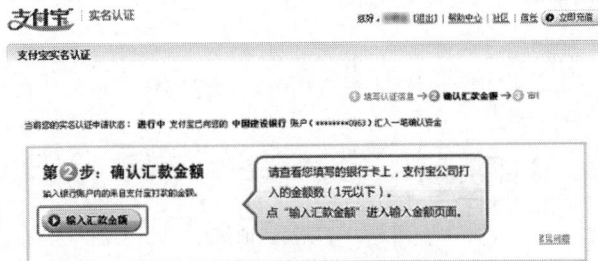

图 5-17　确认银行信息

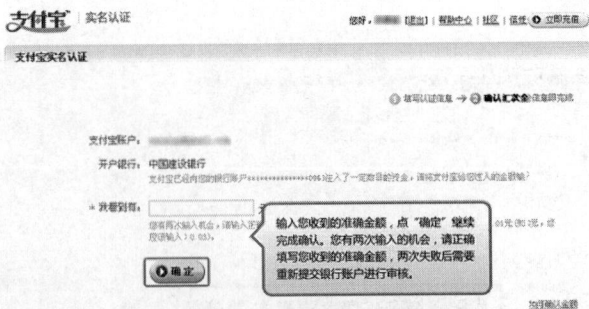

图 5-18　确认汇款金额

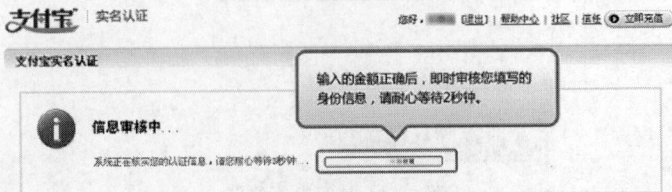

图 5-19　核实身份信息

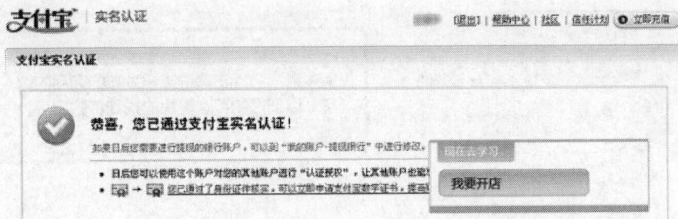

图 5-20 实名认证成功

第三步：发布宝贝并开设店铺。

① 发布宝贝流程，如图 5-21、图 5-22、图 5-23、图 5-24、图 5-25、图 5-26、图 5-27 和图 5-28 所示。

图 5-21 "我要卖"

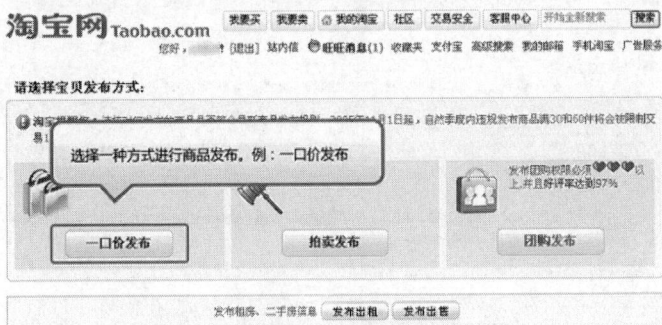

图 5-22 "一口价发布"

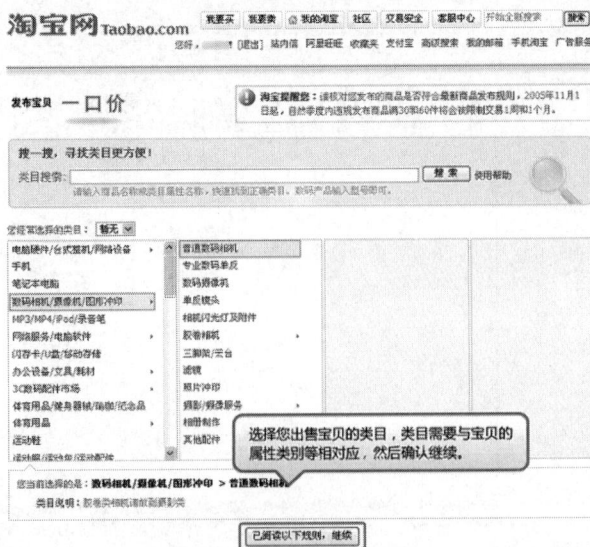

图 5-23 选择出售宝贝类目

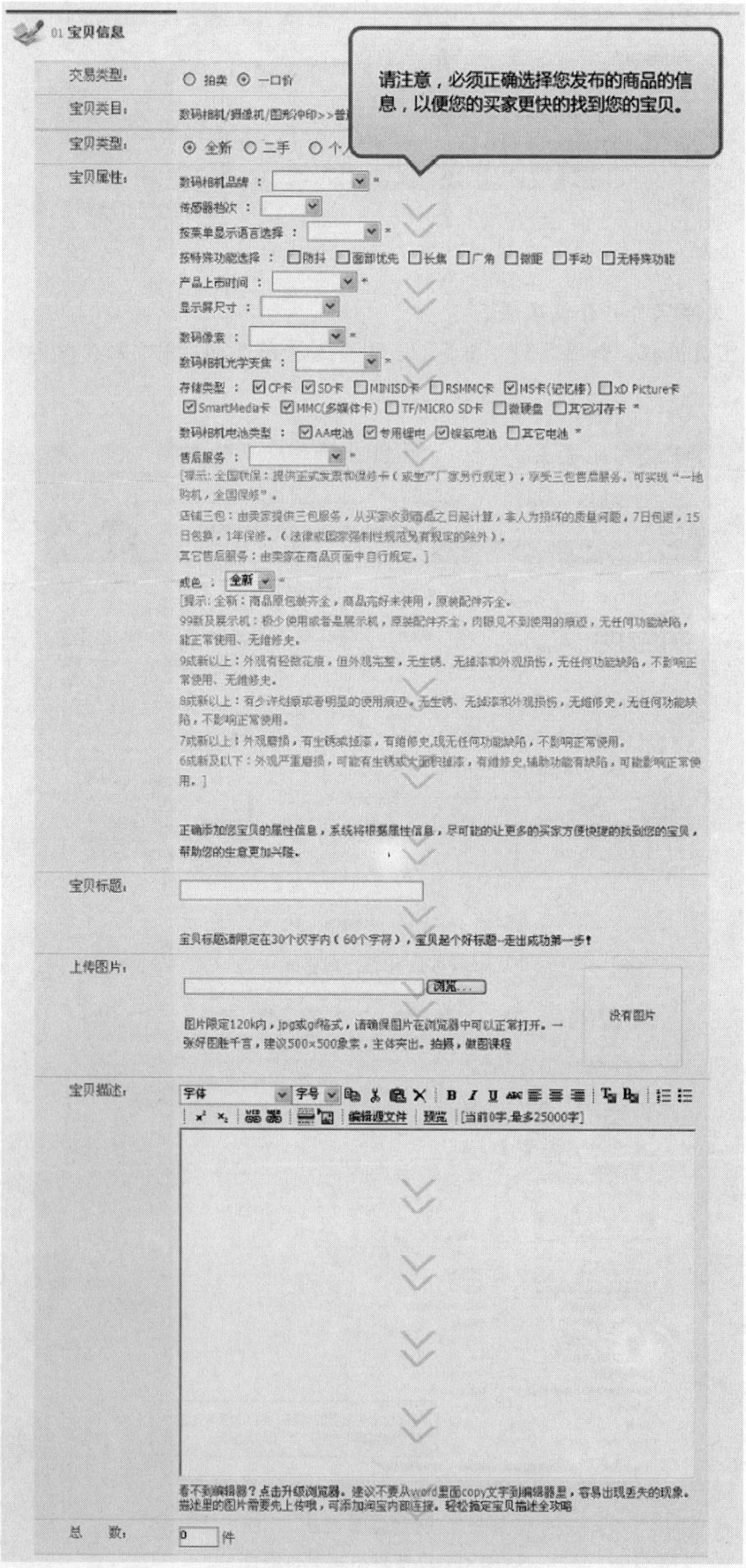
01 宝贝信息
请注意，必须正确选择您发布的商品的信息，以便您的买家更快的找到您的宝贝。
交易类型：
拍卖 一口价
宝贝类目：
宝贝类型：
全新 二手
宝贝属性：
宝贝标题：
宝贝标题请限定在30个汉字内（60个字符），宝贝起个好标题--走出成功第一步！
上传图片：
浏览...
没有图片
宝贝描述：
总 数：
件

图 5-24 填写宝贝信息

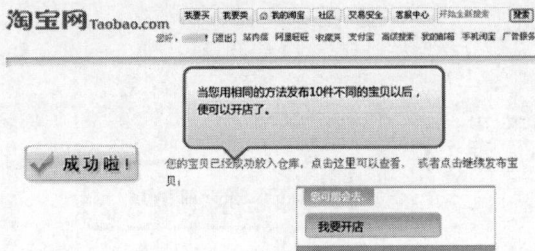

图 5-25　发布宝贝成功

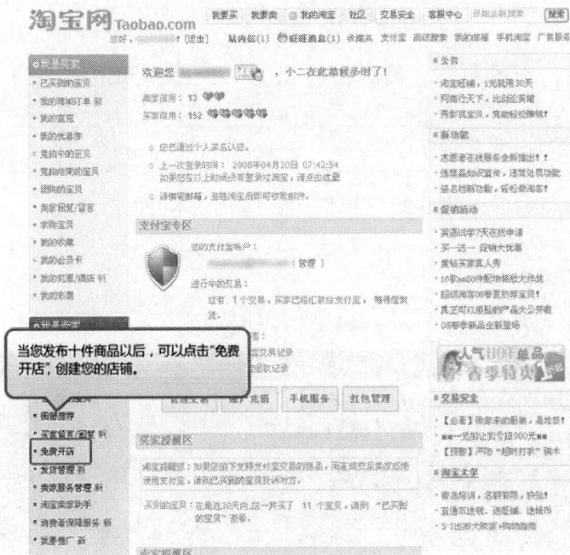

图 5-26　免费开店

图 5-27　填写店铺相关信息

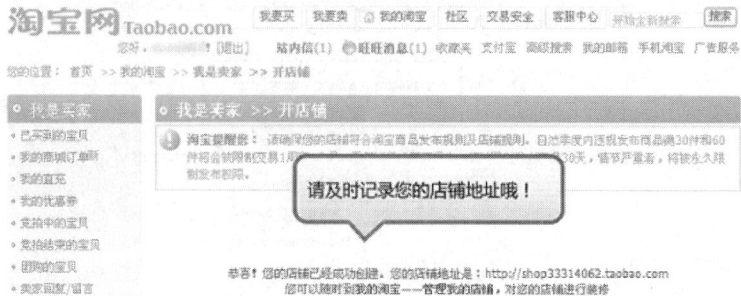

图 5-28　店铺创建成功

② 店铺设置功能，如图 5-29、图 5-30、图 5-31、图 5-32、图 5-33 和图 5-34 所示。

图 5-29　店铺功能设置的基本流程

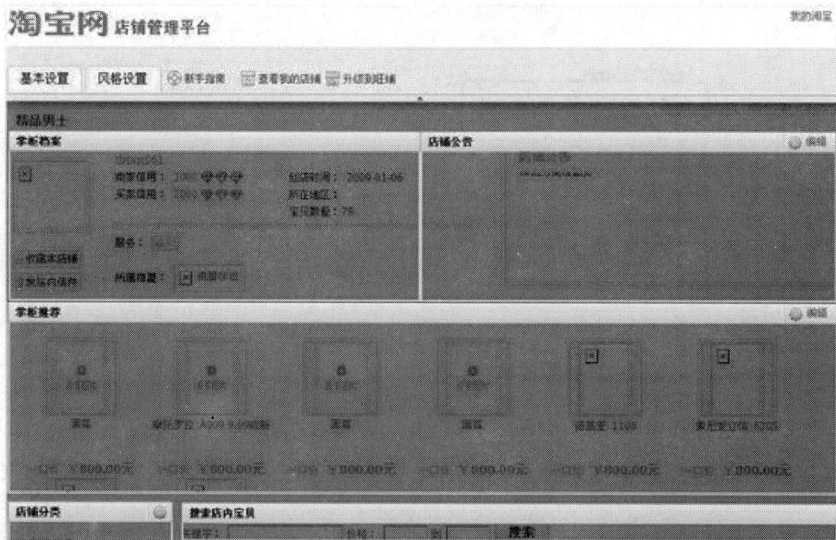

图 5-30　店铺管理平台

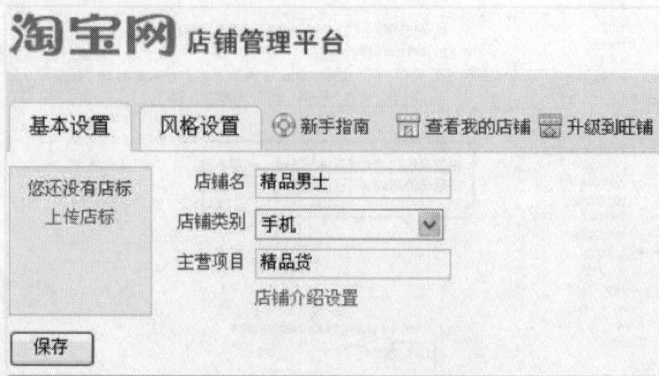

图 5-31　基本设置

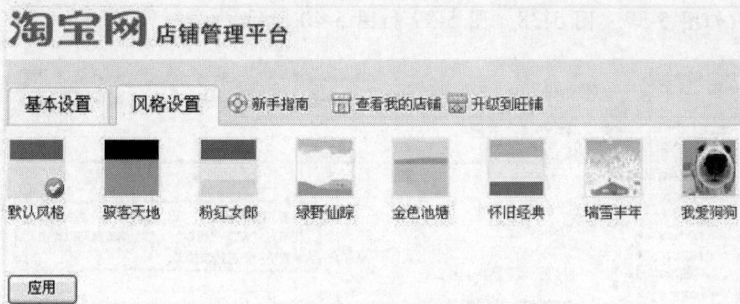

图 5-32 风格设置

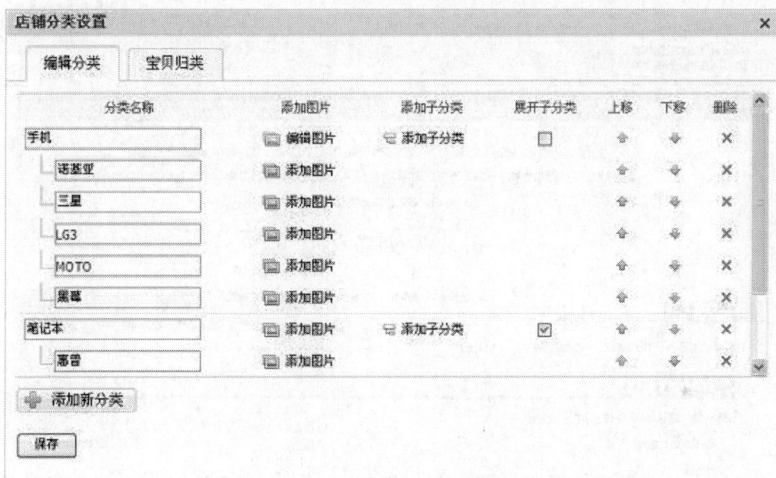

图 5-33 店铺分类设置

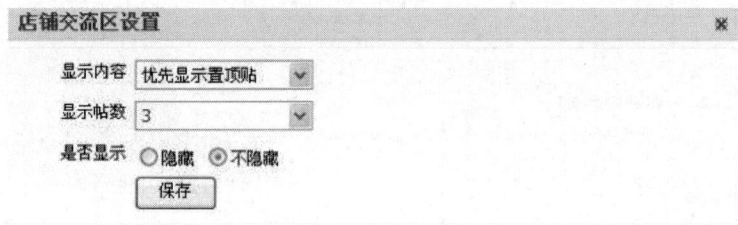

图 5-34 店铺交流区设置

第四步：宝贝出售中，如图 5-35 所示。

图 5-35 宝贝出售中的管理

第五步：宝贝成交流程，如图 5-36 所示。

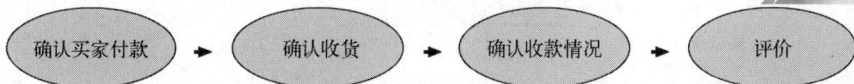

图 5-36 宝贝成交流程

① 发货，如图 5-37、图 5-38、图 5-39 和图 5-40 所示。

图 5-37 准备发货

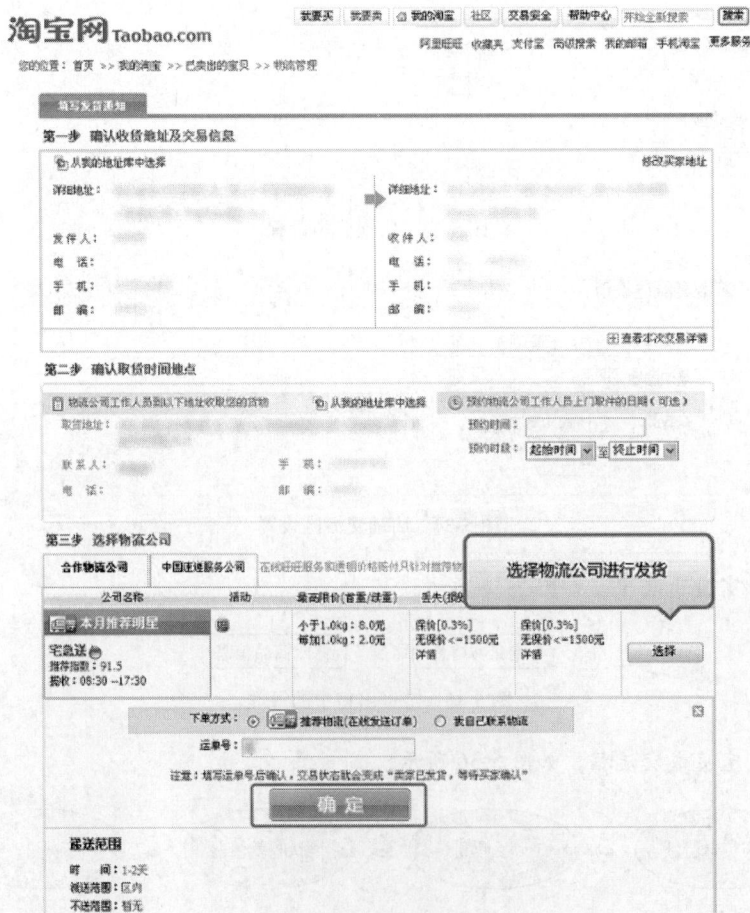

图 5-38 填写发货通知

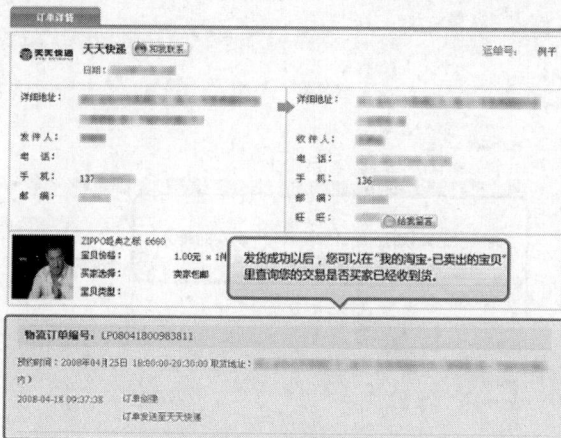

图 5-39 查询物流订单详情

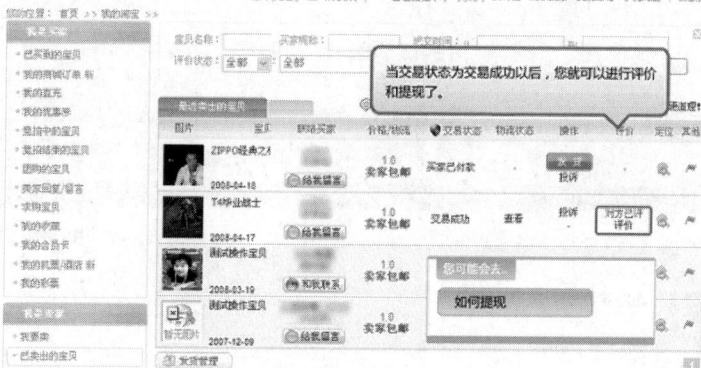

图 5-40 发货操作完成

② 评价，如图 5-41、图 5-42 和图 5-43 所示。

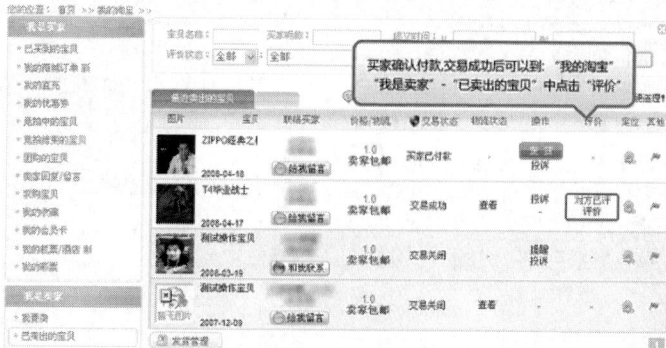

图 5-41 准备评价

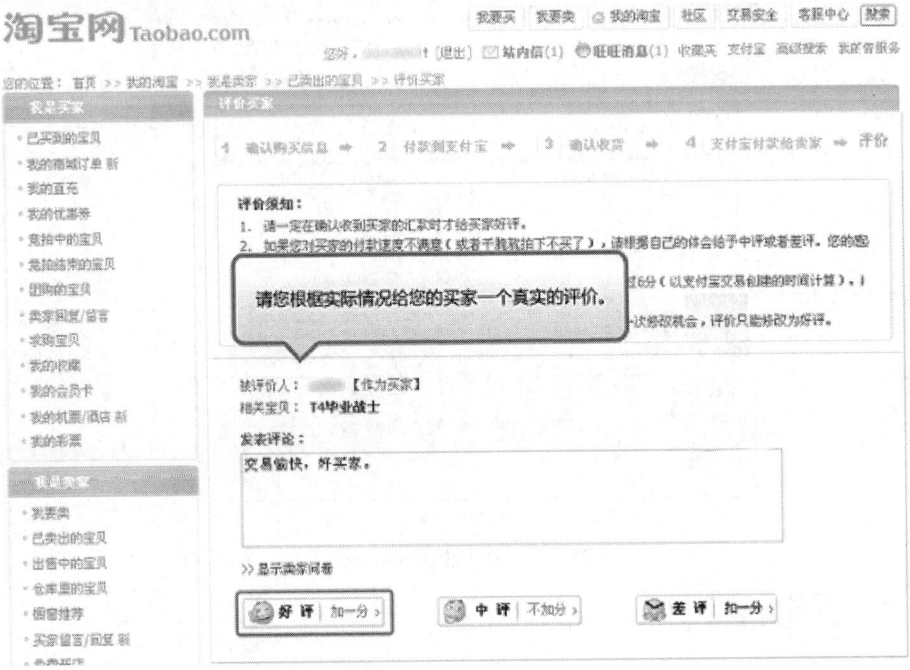

图 5-42　填写评价内容

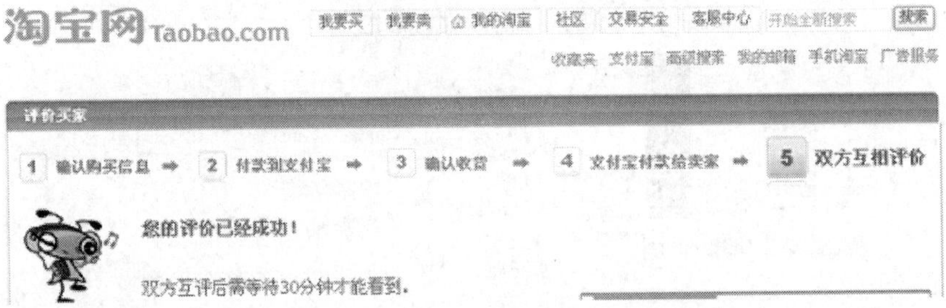

图 5-43　评价成功

③ 提现，如图 5-44、图 5-45 和图 5-46 所示。

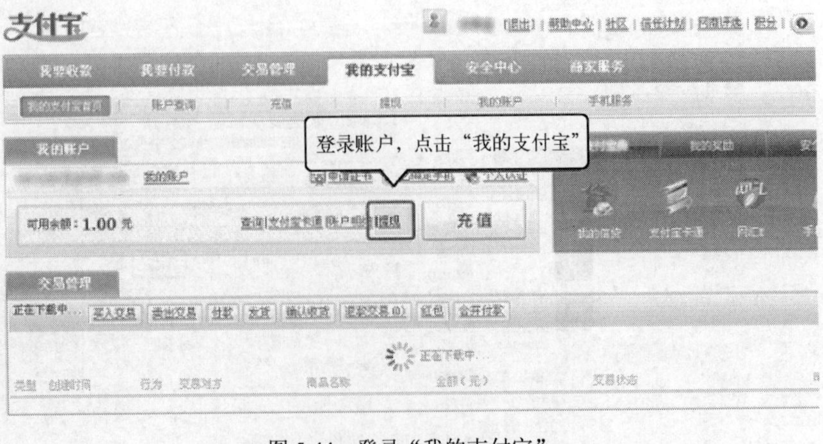

图 5-44　登录“我的支付宝”

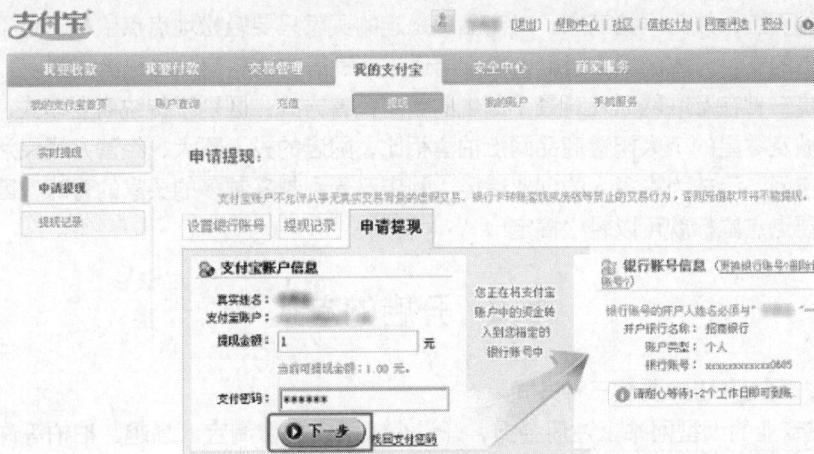

图 5-45　申请提现

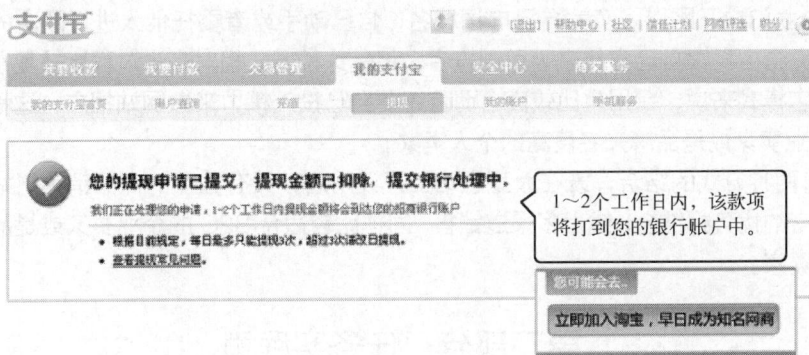

图 5-46　提现成功

通过以上的实际操作即可完成个人淘宝网上开店。

通过以上的个人淘宝网上开店流程的介绍，可以知道在网上开店需完成 5 个任务，即了解网店的相关知识、网上开店的准备工作、网上开店的基本流程、网店推广的方法、物流配送的应用。

任务一　了解个人网上开店的理论知识

第一部分　任务学习引导

本任务要求了解网店的相关知识，了解什么是网店。熟悉主要的网上开店的方式。掌握网上开店的经营方式。

5.1　什么是网店

网店，顾名思义，就是经营者在互联网上注册的虚拟网络商店。经营者将自家商品的信息发布到网页上，成为网络商家；对商品感兴趣的买家只要轻松地点点鼠标，足不出户就可以通过网上的支付方式向卖家付款，卖家再通过邮寄等方式将商品发送给买家。

网店是一种在互联网时代背景下诞生的新型销售方式，区别于传统商业模式，与大规模的网上商城及零星的个人闲置商品网上拍卖相比，网店的投入不大、经营方式灵活，有着较高的利润空间，已成为许多人的创业途径。网店已受到越来越多的买家的青睐，因为一切都简单到只要点点鼠标就可以轻松搞定!

5.2　开店的方式

现在，网上开店主要有三种方式。

① 在专业的大型网站上注册会员，开设个人网店。像淘宝、易趣、拍拍等许多大型专业网站都向个人提供网上开店的服务，只需支付少量的相应费用，甚至是免费的，就可以拥有个人的网店，进行网上销售。

② 自立门户开网店。卖家自己申请域名，自己动手或者委托他人进行网店的设计，网店的经营完全由卖家自己宣传来吸引浏览者。但是这种方式相对来说过程比较复杂，相比较第①种网店模式来说，费用也比较高，而且还要自己投入精力来做网站推广，这种方式适合B2C的企业卖家或是品牌知名度高的个人卖家。

③ 前两种方式的结合，既在大型网站上开设网店，又有独立的商品销售网站。这种方式将前两者的优势相结合，线上多渠道销售，同样比较适合B2C的企业卖家或是品牌知名度高的个人卖家。

第二部分　任务实践页

实训 1　基础训练

经营网店的方式有哪些?

实训 2　分组实训

1. 小组成员分工列表和预期工作时间计划表。

任务名称	承担成员	完成工作时间	老师建议工作时间
找出网店和传统店铺相比的优势			

2. 任务工作记录和任务评价。

项目	记录
工作过程	签名：
个人收获	签名：

续表

项目	记录
存在的问题	签名:
任务评价	（教师）签名:

实训 3　拓展实训

分析某些实体卖家不在网上开店的原因有哪些。

任务二　网上开店的准备工作

本任务要求了解网上开店的前期准备工作，了解适合网上销售的 10 种行业商品，掌握店铺的定位与进货的渠道。

第一部分　任务学习引导

5.3　网上开店的前期准备

开网店前，需要做好充分的准备，从硬件到软件；从店铺定位到货源选择；每一步都对网店经营的未来起着至关重要的作用。

1．硬件准备

网上开店需要一些硬件设施，下面列举一些，有些设施也并非是必需的。

（1）移动电话或座机电话

如果都有最好啦！这样最方便客户联系我们的，客户打过电话来询问，那就是说明客户非常的有意向！客户也非常希望这个网店老板能很好地接电话。所以说，一个方便客户联系的移动电话是很必要的。同时目前的淘宝旺旺工具还支持移动聊天，即使你不在线，也可以把旺旺信息转到手机上面，实现移动商务。

（2）计算机及其网络

网上开店，网上销售，无法登录互联网肯定是不行的。其实上网可以有很多种，如果你是上班族，你可以在公司上网，回到家也可以上网来照顾你自己的小店。同时查询资料也需要利用网络，与客户收发电子邮件也需要利用网络，与客户随时沟通还是需要网络，网上开店，计算机和网络是必需的。

（3）数码相机

300 万像素就可以啦，至于什么品牌那就根据自己的喜好来选择吧，因为网上开店主要的一部分就是通过图片给自己的客户展示产品，拥有了自己的数码相机，可以最快速地把自己的商品，多角度地、细致地展现在客户面前。

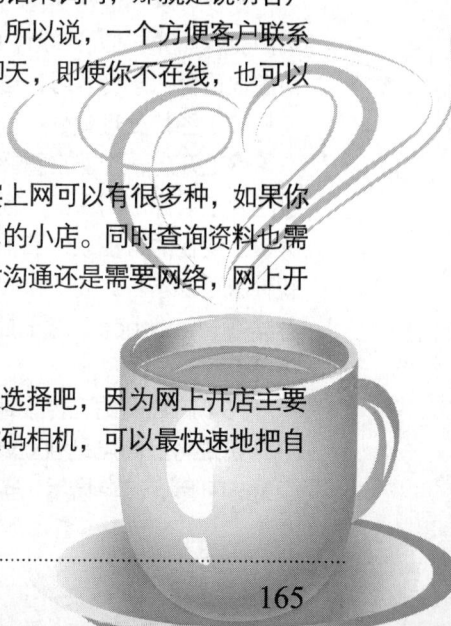

（4）传真机

如果自己的网上开店进入实际操作阶段，会有很多客户需要和你签订合同。这也是法律方面的保证，同时很多资料的收发也离不开传真机！所以传真机也是很重要的设备。

（5）打印机

店主能打印一些产品相关资料。

以上是一些网上开店的基础硬件设备，因为网上开店经营的策略有很多种，所以根据不同的经营策略，也可以选择其中的某几个设备进行组合，如果是整天在家办公的 SOHO，手机就没有很大的必要了，当然既然是 SOHO 也不可能没有手机。

2．软件准备

除了硬件，网上开店也需要一些软件方面的准备。关于软件方面，不要因为自己没有学过计算机而担心，只有不断地挑战自己，才能得到新的辉煌啦，其实也不是很难的一件事情。

（1）基本的上网操作技能

首先要会打开自己的网上商店，如果自己的网站连自己都不会打开，那怎么可以呢？同时需要具备一些上网最基本的技能。

（2）熟练收发电子邮件

要拥有自己的电子邮箱，网上开店做生意，电子邮件还是比较重要的一种沟通方式。

（3）熟练运用聊天软件

比如 QQ、msn、淘宝网站的淘宝旺旺等。主要需要练习打字，打字要熟练些，否则客户会认为你不认真，打字聊天是最好的联系方式，你的生意就是在手指敲击键盘的时候谈成的。

（4）学会应用软件如 Word

这是入门级的文字编辑软件，学会基本的操作后，就可以很方便地编写合同，编写自己的网站文档啦！文档编写的好坏程度在网上销售中有很大的影响。

（5）拥有自己的产品网上商店

网上商店可以自己建设，也可以委托专业的网站建设公司来建设，还可以利用一些 C2C 站点来搭建，如淘宝、易趣等，这几种方式以最后一种最为简单、高效、经济。

（6）学会基本的网站设计软件

至少可以知道网上商店的建设原理，并且还可以为自己的网店建设几个漂亮的宣传广告页面。基本的网站设计软件主要是 Office 系列软件中的 Frontpage，还有就是 Dreamweaver，前者很适合初学者学习，当然后者的优势就是更专业。

（7）图片处理软件

网上开店一个非常重要的部分就是要有精美的产品图片或宣传图片，因为客户主要是通过图片来看你的商品的，很差劲的图片会流失很多的客户，是否能做出合适的产品图片最为关键。现在的作图软件有很多种，其实只需要简单的作图，所以只要能熟练的操作一款作图软件就可以了！比如 Photoshop、Fireworks 以及微软公司的画图工具等，但是笔者强烈推荐学习 Photoshop。对于批量加工、修改图片，还需要掌握一些图片处理软件，如光影魔术手等。

（8）FTP 网站上传软件

如果网上商店是独立域名自主管理的话，FTP 上传下载工具是必需的。如 FlashFXP、CuteFTP 等，简单易用。当然，如果是在淘宝、易趣申请的网上商店，可以不了解这些软件，可以利用淘宝、易趣提供的后台管理系统进行管理。

3. 心理准备

目前中国的网店中，真正赚钱的比例并不是太高，所以在开店之前要认真分析比较，如果在经营中遇到波折，也要平心面对。在网上开店大部分和现实中还是一样的，你会碰到很多好的和不好的买家，被骂别灰心，被夸也别骄傲，抱个平常的心去对待。

5.4 适合网上销售的 10 种行业产品

什么行业的产品是最应该也最适合尽早介入电子商务，在网络上展开行销活动的呢?以下列举 10 种行业产品，作为参考。

1. 书籍

最早在网络上销售的产品应该是书了。目前世界头号电子商务网站——美国的亚马逊就是以卖书起家的。在国内，也很早就有网上卖书的站点了，当当网是卖书卖得最好的 B2C 站点之一。网上卖书最普通的做法就是把书的封面、作者、出版社以及价格等信息发布上网，做得好的还会把简介也发布到网站。国外有一著名计算机书籍的出版社做得更彻底，干脆把整本书的内容都放在网上，你完全可以不付一分钱就通读该书。但这个网站信奉的是人们的阅读习惯还是以书本为第一选择，没有几个人愿意坐在计算机面前把《红楼梦》给读完的。所以读者在网上大概浏览了书的内容后，对书发生兴趣，买书的可能性绝对比在计算机上读的大。

2. CD

尽管 MP3 来势汹汹，大有取代 CD 之势，不过现在的主流音乐载体还是以 CD 为主。在网上销售音乐 CD，一个最大的优势就是利用 MP3，把新出炉的 CD 中的主打歌录制成 MP3，让有兴趣购买 CD 的网友先听为快，而且可随意挑选索引，这绝对比在音像店购买方便得多。另外 CD 的包装也相对比较容易邮寄，所以难怪亚马逊和 8848 上的 CD 都卖得挺红火的。

3. 软件

可能国内在网上卖软件的还不多，这跟国内商业软件开发公司不多有关。但在国外，这个却屡见不鲜，特别是一些可以立刻通过网上下载的小个头软件。在国外，软件销售是属于那种一手交钱一手交货的交易。连接到某个软件公司的主页，选定某个产品后，输入你的信用卡账号，立刻付款，然后立即下载该软件，以及相应的解密码，几分钟就拿到了你要的商品了，一切都是通过网上进行，开发程序的人是最喜欢这种便捷的方式。在国内，随着网上支付技术的解决，在线销售软件的站点必将增多，可以预见，不少的软件公司都会直接在自己的站点上销售和分发软件。

4. 计算机整机和配件

DELL 公司是目前世界上通过网络卖出计算机最多的公司，也是全球排名前列的计算机销售商。在网络上卖计算机可以减少库存，减少中间价格盘剥，直接为客户量身订做，成本可以做得比其他在商店销售的计算机低。这就是 DELL 公司公开的秘诀。而上网的人多多少少对计算机都有一定的了解，在网上销售计算机配件，第一时间接触到最终用户，对于数量不少的 DIY（计算机组装机爱好者）来说，在网上往往能提早买到还未能在本地市场上卖的配件。

5. 特色礼品

逢年过节，探亲访友，送上一些有地方特色的礼品总能让亲友感受到你的关怀和爱意。特色礼品如工艺品、土特产、小玩意等地方性很强的东西，除非规模非常大，否则很难在多个不同的城市销售。而网络却轻而易举地实现了这点。销售特色礼品，商品的照片和文字介绍以及典故等是非常重要的，在具备了这些要素以后，你的特色礼品店迎来的将是五湖四海的顾客，而这些人或许这辈子根本就不会从你的现实商店门口经过。

6. 成人用品

揭开性的神秘面纱，成人用品已经开始显示其存在的必要性和巨大的市场空间。然而传统的观念让大部分的中国人都不敢轻易踏进街头的情趣商店。网上成人用品店必将在很短的时间内盛行起来，原因有：卖的人可以正大光明、大做广告；买的人可以偷偷摸摸、无人知道；网络多媒体技术可以图文并茂地介绍各种保健用品的特点和用法。

7. 增值信息

你可能发现你的 E-mail 地址变得值钱起来。你的电子信箱开始经常收到一些产品的信息、站点的信息甚至垃圾！那是因为你已经被卖掉了。现在网络上不少人开始在卖电子邮件地址，有的竟然达到 40 万个邮件地址 15 块钱人民币！这种不正常的现象预示着网络增值信息将是电子商务的另一种重要商品。电子邮件列表、网上调查分析报告、行情展望等，一切利用脑力、变成比特在网络上流动的东西都将可以在网络上销售，而产品的配送甚至不用任何费用，因为一般通过电子邮件就足够了。

8. 房产

事实上房地产的地域限制很大，厦门的房地产在北京做售楼广告没什么太大意义。但基于目前房地产广告在其他媒体上价格偏高，而且服务城市的城域网站的增多。在城域网上建立售房部，既可以在线接受订单，又可以随心所欲地大做广告。例如，在风云电子商城建立一个有最新 Flash 表现技术的售房站点，可以把建筑物的照片、介绍、图纸等上网，并在线接受顾客订单和看房约定的站点。

9. 百货日杂

油盐柴米酱醋这些生活必需品已经是人们非常熟悉的商品，只要认定某种品牌和规格，根本没有必要亲自再上商店挑选。所以目前有不少的小区百货店一个电话就可以送货上门，货到收款。同样，这样的商品在一个立足服务区域城市的电子商务站点上也是非常适合的。

10. 家用电器

这又是一种适合于城域电子商务站点经营的商品。一般家用电器销售店都有自己专门的配送队伍。而买家在买这些电器时价格的比较是必不可免的，因此常常会为了一个电饭煲跑遍半个城市。而如果把这些商品直接在网上销售，配合厂家的售后服务保证说明，则有价格优势的商家立即可以尝到甜头，而顾客也不必跑断腿了。

5.5 店铺的定位

网上有那么多的店铺，卖什么的都有。自己又该卖些什么呢？这就需要我们考虑好自己的店铺定位，制定开店的策略。

在决定开店以前，可以先给自己提几个问题：我喜欢什么？擅长什么？与别人比起来，我的优势在哪里？清楚自己的优势在哪里了以后，大概就可以知道自己要经营什么东西，自己的店铺该如何去经营了。

① 挖掘自己——喜欢什么、擅长什么。

② 创造定位——让店铺自己讲故事。

③ 改变产品——增添特色"附加值"。

④ 做特色——爱情主题、送礼主题、特定人群等。

⑤ 做稀缺——利用当地货源外地难以买到的优势。

⑥ 做整合——家居大卖场、IT 大卖场、化妆品大卖场。

⑦ 做平价——根据自己掌握的低价货源优势。

5.6 进 货 渠 道

确定卖什么之后，就要开始找源了。网店之所以有空间，成本较低是重要因素。掌握了物美价廉的货物，就掌握了电子商务经营的关键。

进货渠道主要有自身货源、厂家货源、批发市场、阿里巴巴进货以及品牌代理销售商。

自身货源：不需要通过外界而是凭借自己的手艺、创作、甚至创意提供产品。例如手工编制的产品、自行设计制作的衣服等。

① 厂家货源的优点：货源充足，价格最低。缺点：要求量大，容易积压。换货麻烦，服务滞后。

② 批发市场进货的要点。

● 多逛，多看，心中有数。

● 批发商的态度和服务比价格更重要。

● 批发商的推荐是可以借鉴的，自己的主见更要坚持。

● 新的货品可以少量进货，根据销售情况再二次进货。

● 找到货源稳定的批发商，建立长期稳定的合作关系。

③ 阿里巴巴进货的优点：货品丰富，途径便捷。可用支付宝，信用有保证。缺点：有量的要求，商品质量的不可把握性。

④ 品牌代理的优点：货品的品牌价值高，店铺的专业形象好。缺点：途径稀少，较难获得。

总之，不管是通过何种渠道寻找货源，低廉的价格的关键因素，找到了物美价廉的货源，你的网店就有了成功的基础。

第二部分 任务实践页

实训 1 基础训练

货品选择的方法有哪些?

实训 2 分组实训

1. 小组成员分工列表和预期工作时间计划表

任务名称	承担成员	完成工作时间	老师建议工作时间
总结出网上消费群体的特征			

2. 任务工作记录和任务评价

项目	记录
工作过程	签名：
个人收获	签名：
存在的问题	签名：
任务评价	（教师）签名：

实训 3　自学与拓展

对你来说，网店前期准备工作中什么是重点？什么是难点？讨论对难点的解决方案。

任务三　网 上 开 店

本任务要求了解个人在网上开店的各种途径，熟悉网上网上开店的基本流程并能使用任一途径在网上开设个人的店铺。

第一部分　任务学习引导

5.7　C2C 平台网上开店

在专业的大型网站上注册成为会员，开设个人网店。像淘宝、易趣、拍拍等许多大型专业网站都向个人提供网上开店服务，只需支付少量的相应费用，甚至是免费的，就可以拥有个人的网店，进行网上销售。

1. 淘宝网（www.taobao.com，如图 5-47 所示）

淘宝网（www.taobao.com）是国内首选购物网站，亚洲最大购物网站，由全球最佳 B2B 平台阿里巴巴公司投资 4.5 亿创办，致力于成就全球首选购物网站。

淘宝网，顾名思义——没有淘不到的宝贝，没有卖不出的宝贝。自 2003 年 5 月 10 日成立以来，淘宝网基于诚信为本的准则，从零做起，在短短的 2 年时间内，迅速成为国内网络购物市场的第一名，占据了中国网络购物 70％左右的市场份额，创造了互联网企业发展的奇迹。

图 5-47　淘宝网首页

2. 易趣网（www.eachnet.com，如图 5-48 所示）

　　易趣是全球最大的电子商务公司 eBay（Nasdaq：EBAY）和国内领先的门户网站、无线互联网公司 TOM 在线于 2006 年 12 月携手组建一家合资公司。通过整合双方优势，凭借 eBay 在中国的子公司 eBay 易趣在电子商务领域的全球经验以及国内活跃的庞大交易社区与 TOM 在线对本地市场的深刻理解，2007 年，两家公司将推出为中国市场定制的在线交易平台。

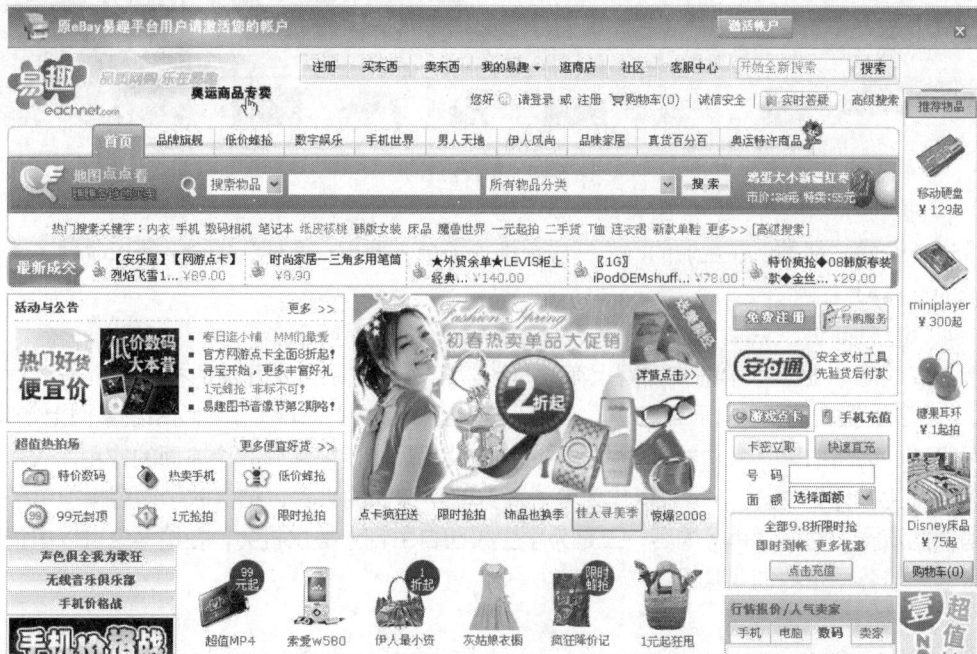

图 5-48　易趣网首页

3. 拍拍网（www.paipai.com，如图 5-49 所示）

腾讯拍拍网（www.paipai.com）是腾讯旗下电子商务交易平台，网站于 2005 年 9 月 12 日上线发布，2006 年 3 月 13 日宣布正式运营。依托于腾讯 QQ 超过 6.47 亿的庞大用户群以及 2.7 亿活跃用户的优势资源，拍拍网具备良好的发展基础。2006 年 9 月 12 日，拍拍网上线满一周年。通过短短一年时间的迅速成长，拍拍网已经与易趣、淘宝共同成为中国最有影响力的三大 C2C 平台。

图 5-49　拍拍网首页

这 3 个网站都是现在主流的网上开店之地，简单，使用，方便，安全，所以收到了大量网商的追捧和好评。

4. 信息商城（www.iemarket.com.cn，如图 5-50 所示）

深圳信息职业技术学院校园网上商城是该院信息经济系自主开发的校园网上购物、拍卖、学生创业实践的平台，于 2005 年 12 月份正式运行。网上商城拍卖购物系统集网上购物、商品管理、商品拍卖 3 大功能为一体。平台投入使用后，能够起到 3 个方面的作用，一是可以方便师生校园购物；二是可以作为电子商务教学实训的平台，结合教学内容模拟电子商务有关的流程、网络营销等内容；三是为学生校园自主创业提供机会，在校学生可以申请网上开店，培养学生的创业意识。

图 5-50　信息商城首页

5.8　自立门户开网店

　　业内专家认为，网民在淘宝、易趣等传统交易平台开网店非常便捷，但功能上以及使用上所受到的限制较多。独立网店模式为商家提供了一种全新的开店选择，让他们能够真正拥有自己品牌的独立专业网上商店，经营者自己亲自动手或者委托他人进行网店的设计，网店的经营与大型的购物类网站没有关系，完全依靠经营者个人的宣传吸引浏览者。

　　自立门户型的网店建设费用较高，同时还需要投入足够的时间与金钱进行网站宣传，优点是网店内容不需要像第一种类型的那样受到固定格式的限制，也不必交纳诸如商品交易费之类的费用。这一类网店相当路边的小店，如何吸引浏览者进入自己的网店，完全依靠经营者自己的推广，这种方式适合 B2C 的企业卖家或是品牌知名度高的个人卖家。

　　自立门户型的网店的建设方式有两种：一是完全根据商品销售的需要进行个性化设计，需要进行注册域名、租用空间、网页设计、程序开发等一系列工作，个性化较好，费用较高；二是向一些网络公司购买自助式网站模块，操作简单，费用较低，但是缺乏个性化。

　　下面重点介绍几个网络公司提供的自助式网站程序模板。

1．ShopEx（www.shopex.cn，如图 5-51 所示）

　　ShopEx 始于 2002 年，是国内最早的网店软件提供商之一；ShopEx 是目前国内网店系统持续研发最久的公司；ShopEx 是目前网店软件国内市场占有率最高的软件提供商；ShopEx 是目前网店软件行业内规模最大的公司；网上商店软件市场占有率第一。

图 5-51　ShopEx 首页

2．ECShop（www.ecshop.com，如图 5-52 所示）

ECShop 是康盛创想（Comsenz）公司推出的一款 B2C 独立网店系统，适合企业及个人快速构建个性化网上商店。经过近两年的发展，ECShop 网店系统无论在产品功能、稳定性、执行效率、负载能力、安全性和 SEO 支持（搜索引擎优化）等方面都居国内同类产品领先地位，成为国内最流行的购物系统之一。

图 5-52　ECShop 首页

3. HiShop（www.92hi.com，如图 5-53 所示）

HiShop 网店系统软件始于 2002 年，是国内最早的网店软件提供商之一；HiShop 网店系统软件目前下载累计突破了 50 万次；HiShop 关键字在百度及 GOOGLE 的搜索收录量居同行业产品第三名。

图 5-53 HiShop 首页

4. 卖否网（www.maifou.net，如图 5-54 所示）

卖否网是社区软件及服务提供商康盛创想（Comsenz）于 2007 年 11 月 5 日正式推出的一个免费网店托管服务平台。

图 5-54 卖否网首页

卖否网供给用户的不仅仅是免费开店系统，还包括免费域名、不限容量的免费网店服务器空间、不限流量的免费数据带宽、免费专业级网店搭建技术服务等一系列免费服务。

5.9 网上开店的基本流程

注册大型专业网站里的网上商店，就是按照相应规定在提供网上开店服务的大型专业网站里注册会员，获得网上商店的使用权与经营权，目前网上开店主要是采用这种方式。

目前在提供网上开店服务的大型网站上申请开店，主要需要如下三个基本步骤。

① 注册会员。进入注册界面，注册网站会员，目前注册会员基本上是免费的。

② 获得卖家认证。注册会员之后，要想开始网上销售服务需要通过网站进行的卖家认证，目前主要通过身份证认证、手机认证、地址认证等方式。

③ 通过卖家认证，上传商品，正式开展网上销售。

第二部分　任务实践页

实训 1　基础训练

分析既在大型网站上开设网店，又有独立的商品销售网站的方式的优缺点有哪些？

实训 2　分组实训

1. 小组成员分工列表和预期工作时间计划表。

任务名称	承担成员	完成工作时间	老师建议工作时间
写出易趣网上开店的流程			

2. 任务工作记录和任务评价。

项目	记录
工作过程	签名：
个人收获	签名：
存在的问题	签名：
任务评价	（教师）签名：

实训 3　自学与拓展

在淘宝、易趣、拍拍等 C2C 任一平台上开设网店。

任务四 网店的推广

本任务要求了解和掌握各种推广网店的方法。

第一部分 任务学习引导

5.10 网店推广的方法

买家能够接触到卖家店铺或商品信息的地方有很多，如商品搜索列表、论坛、促销页面、网页的广告位、别人的店铺等。所以要进行有针对性的推广，让更多的人记住自己的店铺，从而带动店铺的人气。下面介绍几种店铺推广方式，大家可以根据自身的需要来选择和组合合适的推广方式。

1. 商品名称

商品名称很重要，不能马虎了事，淘宝网规定商品名称在 30 个字以内，那么就要把这30 个字用足，加上什么吸引眼球的字眼，什么最低价，什么特惠活动之类的，然后商品的颜色及尺寸能描述则描述，如网店的经营项目是毛绒玩具，目前的活动是"你买我就送"，那么商品名称就是这种类型：精品毛绒玩具你买我就送 出口香港正版迪士尼天使米奇 50cm。

2. 利用论坛

论坛里暗藏着许多潜在买家，所以千万不要忽略了论坛的作用。记得把自己的头像和签名档设置好，并且做得好看些、动人些。再配合上好的帖子，无论是首帖，还是回帖，别人都能注意到你。分享你的生意经，在淘宝里的苦辣酸甜，读书听音乐的乐趣等。定期更换你的签名，把网店里的最新政策及时通知给别人。不仅要关注淘宝论坛，还要注意其他的你的潜在客户经常浏览的论坛，比如你要是卖美容产品的，就应该在一些女性论坛上进行宣传，你要是卖剃须刀的，就应该在男性论坛上进行宣传。

3. 友情链接

店铺开了一段时间后，可以私下里和别人联系，交换友情链接。通过交换店铺链接，可以形成一个小的网络，能增进彼此的影响力。尽量选择和你不是相同类别的，一方面不存在竞争，另一方面，还能很好地相互促进。如果对方的店名过长，影响你店铺的整体美观，还可以适当地修改对方的显示名字。

4. 联合促销

单纯的友情链接，只是摆在店铺的首页，其作用是有限的。而如果几个卖家合作，搞联合促销就能起到不一样的效果。尽可能找互补性质的店，如摄影书籍专卖和数码相机专卖店合作。在彼此的宝贝页面挂上对方的推荐宝贝，如果可能，加上吸引人的文字介绍。还可以直接推荐别人的店铺，单个宝贝，或者类别。和自己不同类别的卖家合作，对彼此的生意都有好处。

5. 人脉关系

一项题为"你在创业中遇到的最大问题是什么"的网络调查结果显示，"人脉关系"仅次于"资金"，名列第二位。人脉资源对于创业而言，其意义可见一斑。而拓展和维护人脉关系原本就是市场人的拿手好戏，他们工作的很大部分就是搞好人脉关系。创业之后，之前积累的人脉关系便犹如一个巨大的宝藏。你在网上开店了，你的亲戚朋友同学知道吗？多向他们宣传，他们可能就是你的第一个客户。

6．抢占推荐位，参加一元拍

只要你的信用等级达到一定的程度，就可以抢占淘宝等商城的推荐位，这一招大家都知道有用，但是也都知道难抢，所以就有好多人干脆放弃了，其实不要怕，一次抢不着，两次抢不着，都不要紧，反正也没什么损失，至少还能练练手不是吗？熟练了，终究有一天会抢到。

一元拍在淘宝首页是得到推荐的，所以被浏览的机会也就会有很多，很多人都怕亏本，但是，新店要想提高人气还是要搞一元拍的，拿出些不是很贵的东东进行拍卖，即使是亏也亏不多，而且买家还有可能顺便买点其他的东东呢，这样不就弥补过来了吗？而且一定要在拍卖的商品页面上多加些其他商品的链接，争取把一大部分不参加拍卖的买家吸引到其他商品上，如果能卖掉一件两件，这拍卖不是亏本也值吗？

7．聊天工具

上网的人估计怎么着也有好几种聊天工具在用，QQ 里可以写上自己的店铺地址，msn呢，可以修改自己的状态。我的一个朋友某天突然 msn 状态就变成：要进军网上商店啦！很多信息，其实都是在不经意间传达出去的。

8．充分利用个人空间、店铺介绍

单击你的用户名首先看到的就是个人空间，所以一定要把这里布置得漂漂亮亮，让人一看就能知道你店里卖的是啥，就产生到你店里看看的欲望。店铺介绍也应该写得有特色些，所有能激起用户购买欲望的东西都应该呈现出来。

9．利用评价宣传店铺

我们有时看到卖家作出的评价都非常简单，要么是"好买家"三个字，要么干脆什么都不写，其实，我们完全可以把这个发言的机会利用起来的，因为，很多买家在购买东西的时候会首先查看卖家的信用，那么我们就要趁机做个广告，比如可以这样评价买家：很好的买家，希望再次光临，老顾客一定会有优惠的。

10．印制名片

印制一张属于你自己的名片，给买家邮寄宝贝时不妨塞几张进去。名片好看的话，一定会被对方收藏的，还可能推荐给别人。如果你有实体店铺。那么不妨在实体店里放一些名片供别人随意取阅，当他们离开你的店铺，还有可能在网上继续浏览你的店铺，反之亦然。

11．搜索引擎

搜索引擎推广是指利用搜索引擎等具备在线检索信息功能的网络工具进行网站推广的方法。随着越来越多的网民使用搜索引擎来搜集信息，搜索引擎为网站带来的流量也越来越大。因此，近年来，搜索引擎推广营销的发展势头正如日中天，并且随着网络中多种专业搜索引擎和众多新面孔的搜索引擎的出现，搜索引擎在网络营销中的作用愈发突出，如国内外最流行的 baidu 竞价排名服务和 google adwords 右侧广告推广服务。各个搜索引擎都有免费的登录入口，可以提交要宣传的网站，过几周就可以在搜索引擎上查询到你的网站。

百度免费登录为 http://www.baidu.com/search/url_submit.html

Google 免费登录为 http://www.google.com/intl/zh-CN/add_url.html

第二部分 任务实践页

实训 1 基础训练

网店推广的方法还有哪些?

实训 2 分组实训

1. 小组成员分工列表和预期工作时间计划表

任务名称	承担成员	完成工作时间	老师建议工作时间
找出淘宝网上推广网店的方法			

2. 任务工作记录和任务评价

项目	记录
工作过程	签名:
个人收获	签名:
存在的问题	签名:
任务评价	(教师)签名:

实训 3 自学与拓展

你认为店铺推广的方法除书中介绍之外还有些什么好的方法? 运作时需要注意什么?

任务五 物 流 配 送

本任务要求了解物流配送中的各种商品的包装方法,熟悉送货的方式。

第一部分 任务学习引导

5.11 各种商品的包装方法

一般的卖家只注重在商品的售价上动脑筋,千方百计地打"价格战",而忽视运费对商品竞争力的影响。其实在网上,商品的售价都是非常透明的,同一件商品不同的卖家确定的价格相差并不大,也不宜太大——过高无人问津,过低容易给买家以"水货"的感觉。对于

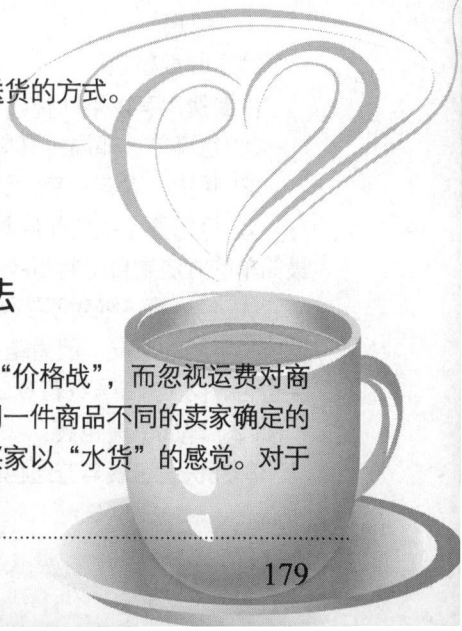

买家而言，购买一件商品，不仅需要支付商品售价对应的金额，而且还要支付运费，因此精明的买家往往不会单纯地以售价的高低来决定购买与否，而是会综合考虑售价和运费之后再做决策。运费首先涉及的是包装费，而且不同的包装方式对运费也有不同的影响。一件包装精美且成本低廉的物品对卖家来说无疑是一次极好的宣传，常用的包装材料有以下几种。

1. 纸箱

这是使用比较普遍的一种包装，其优点是安全性强，可以有效地保护物品，发货时，一般都要塞一些填充物，缺点是大大增加了质量——当然也就增加了运费。除了大家所熟知的邮政专用纸箱以外（这种纸箱不仅邮局有售，网上也有不少卖家在出售，价格比邮局的便宜），还可以自制纸箱。有人说自制纸箱麻烦，是的，但是自制纸箱也有其独特优点：一是成本低，可以充分发挥废旧纸箱、纸板的再利用价值，替自己省钱，也替社会节约资源；二是适应性强，可以制作符合物品外形的任意尺寸的纸箱，突破了邮政纸箱固定尺寸的限制。

2. 布袋

其优点一是成本低，可以从市场上批发到便宜的白布，或者用家中不用的白布缝制即可；二是质量轻，可以节省不少运费。缺点是对商品的保护性比较差。因此，布袋适用于包装衣物、布娃娃等柔软性较强的商品。

3. 泡泡袋

其优点除了价格相对较低、质量轻之外，还可以比较好地防止挤压，对商品的保护性相对较强，适用于包装那些本身有外包装（如礼盒、光盘盒）、体积较小、扁平形状的商品。

4. 牛皮纸

其优点和泡泡袋差不多，但是防挤压性较差，适用于包装那些本身有硬质外包装（如礼盒、鞋盒）、体积不是特别大的物品以及比较厚重的书籍。

5.12 发货的方式

开网店每个月有很大一笔邮寄方面的开销，虽说羊毛出在羊身上，但如果质量相同，价格一样，买家会选择邮费更低的，可见降低了运费将使你产品更具竞争力。

目前网上商店的发货方式主要有邮局，印刷品、平邮包裹、快递包裹、EMS；快递，周边城市、国内各大城市 1~3 天到货；货运，大件商品。

1. 邮局

（1）邮局普包

主要费用有以下几种。

① 包裹单：邮局包裹单 0.5 元/张，网上可 0.25 元左右购买到，不妨买一些存在家里。

② 邮费：以 500 克为计算单位，最好最省的方法是买打折邮票，大概 7 折。

③ 打包费：某些邮局对自带包裹箱的顾客收取 1~2 元不等的打包费。如果要省下来，最简单的方法是自带封箱胶，自己封。

④ 包裹箱：绝对不要买邮局的箱子，邮局的最低都要 2 元。有条件的卖家可以联络卖鞋或卖电脑的朋友。因为鞋盒和电脑配件的盒子绝对是很好的包裹箱材料。实在不行网上购买也可，网上 12 号纸箱 0.25 元即可买到。

（2）邮局快递包裹

邮局快递包裹与普通包裹大致相同。首重 500 克，费用在 7.00~16.00 元不等，视距离远近收取。

（3）邮政特快专递 EMS

邮政特快专递简称 EMS，是邮政系统最快的发货方式，使用航空邮递，一般省内 24 小时之内到达，外省一级城市之间 48 小时到达，全国范围内基本上是 72 小时到达，可打电话或登录网站查询物流状态，很方便，也很安全，丢失的几率非常低，但价格相对来说就比较昂贵了，单据费是 1.50 元，邮寄起价是 20 元 500 克，好象是 1000 公里之内每增加 500 克加 6 元，1000 公里以上每增加 500 克加 9 元，2000 公里以上每增加 500 克加 15 元。

2．快递

（1）代表性的快递公司

● 圆通快递：价格要比其他快递公司的价格便宜，但是缺点是有很多县级市和地级市都不到。圆通收费 1000 克一般需要 8 ~ 10 元；

● 申通快递：全国一般的城市基本上都到，如果圆通公司到不了的可以选择一下申通公司。申通收费 1000 克一般需要 10 ~ 12 元；

● 顺丰快递：比起上面的两家快递公司，顺丰快递的服务质量和服务态度都要好很多，但是价位也高出一倍，适合于急件和贵重物品以及易碎品，但是重量一定不要很重。顺丰快递 1000 克一般收费 20 元；

● 中铁快运：中铁快运好处很多，特别适合很重的大件商品，价格便宜，一般 0 ~ 200 公里范围内 1000 克 0.8 元，201 ~ 500 公里 1000 克 1.3 元，等等，一般是门到站的，如果到门，会多收钱的，50 ~ 200 元不等。

● 公路运输的物流公司：像这样的运输物流公司，都是站到站的，他们不负责取货和送货，所以这样的物流公司的运费很便宜，一件东西它们是按照大纸箱的规格算，也就 5 ~ 10 元钱一大件，这样的物流适合批发的商家选择、一般车站旁边就有好多。

（2）淘宝推荐物流快递：

目前与淘宝合作的物流公司有邮政、申通、圆通、宅急送、韵达、风火天地（上海同城）；其中邮政同时提供网上 EMS 和 e 邮宝两种服务产品。用户可以网上下单购买所需的物流服务。采用淘宝的推荐物流快递服务有以下特点。

● 价格更优惠：提供各物流公司的价格对比，同时享受低价策略。

● 多方位服务渠道：各个物流公司都有旺旺在线客服和论坛咨询答疑，随时恭候。

● 物流状态一目了然：交易双方可随时查看宝贝方位。

● 批量发货预约上门：可预约物流上门时间，并且可以使用批量发货功能。

● 优越的赔付条件：享受自己联系物流无法享受的各类无价保赔付条件。

（3）货运

● 物流货运公司。使用汽车托运，现在每个城市的货运公司都非常非常多，但是，每个公司涉及范围不够大，可达地点都不多，基本上每个公司都只走一条路线上的几个地点，但价格却很便宜，省内发货一般是 3 ~ 5 元一小箱，一般从外省厂家托运回来的货品，100 公斤左右不会超过 50 元，2 ~ 3 天就能到达。

● 火车托运。火车托运价格很低，全国范围内根据到站不同价格不同，从 1.0 ~ 3.0 元 10 公斤都有，最低收费是 1 元，大家可以去火车站买一份火车托运价格表来看看，而且速度很快，如果可以赶上当天的列车，火车到站时货品就可以到了，收货人取件时用传真件和身份证领取，很方便。

● 大型包裹快递公司或者物流配送公司。以上说的两种方式，虽然便宜，但都是不可以上门取货和送货上门的，有些麻烦。大型包裹快递公司或者物流配送公司就增加了此项服务，一个电话就到家里来取货，到货后直接送到收件人手中，和快递是一样，但价格便宜，但需要量大。

第二部分　任务实践页

实训 1　基础训练

快递发货的特点有哪些？

实训 2　分组实训

1. 小组成员分工列表和预期工作时间计划表

任务名称	承担成员	完成工作时间	老师建议工作时间
写发货过程中应该注意的问题			

2. 任务工作记录和任务评价

项目	记录
工作过程	签名：
个人收获	签名：
存在的问题	签名：
任务评价	（教师）签名：

实训 3　自学与拓展

以一家物流公司为例，写出物流公司运营的流程，以及盈利的方式。

参 考 文 献

[1] 王理平. 张晓峰译.电子商务管理新视角第 2 版. 北京：电子工业出版社，2003.

[2] 胡国胜，张国红.网络环境下消费者购买决策分析.工业技术经济，2006（11）.

[3] 周宁，李鹏.网络营销——网商成功之道. 北京：电子工业出版社，2008.

[4] 臧良运，纪香清.电子商务支付与安全. 北京：电子工业出版社，2006.

[5] 杨坚争，赵雯，杨立钒.电子商务安全与电子支付. 北京：机械工业出版社，2007.

[6] 张宽海.电子商务简明实用教材——金融与电子支付. 北京：北京大学出版社，2008.

[7] 马刚，李洪心.电子商务支付与结算.东北财经大学出版社，2009.

[8] 王绍军.电子商务与物流. 上海：上海交通大学出版社，2007.

[9] 刘萍编著.电子商务物流. 北京：电子工业出版社，2006.

[10] 张铎，林自葵.电子商务与现代物流. 北京：北京大学出版社，2002.

[11] 陆雨.电子商务物流.西南财经大学出版社，2008.

[12] 王汝林.移动商务理论与实务. 北京：清华大学出版社，2007.

[13] 宋文官，徐继红.电子商务概论.东北财经大学出版社，2007.

[14] 李玉清，方成民.网络营销. 北京：清华大学出版社， 2007.

[15] 陶世怀，徐国芹.电子商务概论. 大连：大连理工大学出版社，2007.

[16] （美）埃弗雷姆·特班. 戴维·金.电子商务管理视角.严建援译. 北京：机械工业出版社，2007.

[17] 毛恺勇.实施以电子商务为平台的客户关系管理新模式.消费导刊，2008.18.

[18] 陈显中.电子商务环境下的企业客户关系管理研究.商场现代化，2007.8.

[19] 戴艳红 .客户关系管理在电子商务中的应用研究.科技创业月刊，2007.8.

[20] 孙立燕.数据挖掘在电子商务客户关系中的应用.商场现代化，2008.8.

[21] 高琴，张卫钢.数据仓库与数据挖掘技术在 CRM 系统中的应用.中国管理信息化，2007.4.

[22] 浙江淘宝网络有限公司编著.C2C 电子商务创业教程.北京：清华大学出版社，2008.

高等职业教育课改系列规划教材目录

书　名	书　号	定　价
高等职业教育课改系列规划教材（公共课类）		
大学生心理健康案例教程	978-7-115-20721-0	25.00 元
应用写作创意教程	978-7-115-23445-2	31.00 元
高等职业教育课改系列规划教材（经管类）		
电子商务基础与应用	978-7-115-20898-9	35.00 元
电子商务基础（第3版）	978-7-115-23224-3	36.00 元
网页设计与制作	978-7-115-21122-4	26.00 元
物流管理案例引导教程	978-7-115-20039-6	32.00 元
基础会计	978-7-115-20035-8	23.00 元
基础会计技能实训	978-7-115-20036-5	20.00 元
会计实务	978-7-115-21721-9	33.00 元
人力资源管理案例引导教程	978-7-115-20040-2	28.00 元
市场营销实践教程	978-7-115-20033-4	29.00 元
市场营销与策划	978-7-115-22174-9	31.00 元
商务谈判技巧	978-7-115-22333-3	23.00 元
现代推销实务	978-7-115-22406-4	23.00 元
公共关系实务	978-7-115-22312-8	20.00 元
市场调研	978-7-115-23471-1	20.00 元
物流设备使用与管理	978-7-115-23842-9	25.00 元
电子商务实践教程	978-7-115-23917-4	24.00 元
高等职业教育课改系列规划教材（计算机类）		
网络应用工程师实训教程	978-7-115-20034-1	32.00 元
计算机应用基础	978-7-115-20037-2	26.00 元
计算机应用基础上机指导与习题集	978-7-115-20038-9	16.00 元
C 语言程序设计项目教程	978-7-115-22386-9	29.00 元
C 语言程序设计上机指导与习题集	978-7-115-22385-2	19.00 元
高等职业教育课改系列规划教材（电子信息类）		
电路分析基础	978-7-115-22994-6	27.00 元
电子电路分析与调试	978-7-115-22412-5	32.00 元
电子电路分析与调试实践指导	978-7-115-22524-5	19.00 元
电子技术基本技能	978-7-115-20031-0	28.00 元

书　名	书　号	定　价
电子线路板设计与制作	978-7-115-21763-9	22.00 元
单片机应用系统设计与制作	978-7-115-21614-4	19.00 元
PLC 控制系统设计与调试	978-7-115-21730-1	29.00 元
微控制器及其应用	978-7-115-22505-4	31.00 元
电子电路分析与实践	978-7-115-22570-2	22.00 元
电子电路分析与实践指导	978-7-115-22662-4	16.00 元
电工电子专业英语（第 2 版）	978-7-115-22357-9	27.00 元
实用科技英语教程（第 2 版）	978-7-115-23754-5	25.00 元
电子元器件的识别和检测	978-7-115-23827-6	27.00 元
电子产品生产工艺与生产管理	978-7-115-23826-9	31.00 元
电子 CAD 综合实训	978-7-115-23910-5	21.00 元
电工技术实训	978-7-115-24081-1	27.00 元
高等职业教育课改系列规划教材（动漫数字艺术类）		
游戏动画设计与制作	978-7-115-20778-4	38.00 元
游戏角色设计与制作	978-7-115-21982-4	46.00 元
游戏场景设计与制作	978-7-115-21887-2	39.00 元
影视动画后期特效制作	978-7-115-22198-8	37.00 元
高等职业教育课改系列规划教材（通信类）		
交换机（华为）安装、调试与维护	978-7-115-22223-7	38.00 元
交换机（华为）安装、调试与维护实践指导	978-7-115-22161-2	14.00 元
交换机（中兴）安装、调试与维护	978-7-115-22131-5	44.00 元
交换机（中兴）安装、调试与维护实践指导	978-7-115-22172-8	14.00 元
综合布线实训教程	978-7-115-22440-8	33.00 元
TD-SCDMA 系统组建、维护及管理	978-7-115-23760-8	33.00 元
光传输系统（中兴）组建、维护与管理实践指导	978-7-115-23976-1	18.00 元
网络系统集成实训	978-7-115-23926-6	29.00 元
高等职业教育课改系列规划教材（汽车类）		
汽车空调原理与检修	978-7-115-24457-4	18.00 元
汽车传动系统原理与检修	978-7-115-24607-3	28.00 元
汽车电气设备原理与检修	978-7-115-24606-6	27.00 元
汽车动力系统原理与检修（上册）	978-7-115-24613-4	21.00 元
汽车动力系统原理与检修（下册）	978-7-115-24620-2	20.00 元
高等职业教育课改系列规划教材（机电类）		
钳工技能实训（第 2 版）	978-7-115-22700-3	18.00 元

　　如果您对"世纪英才"系列教材有什么好的意见和建议，可以在"世纪英才图书网"（http://www.ycbook.com.cn）上"资源下载"栏目中下载"读者信息反馈表"，发邮件至 wuhan@ptpress.com.cn。谢谢您对"世纪英才"品牌职业教育教材的关注与支持！